경성기담 京城奇談

경성기담

펴낸날	초판 1쇄 2006년 7월 22일
	초판 19쇄 2019년 1월 16일
지은이	전봉관
사 진	양숙희
펴낸이	심만수
펴낸곳	(주)살림출판사
출판등록	1989년 11월 1일 제9-210호

주소	경기도 파주시 광인사길 30
전화	031-955-1350 팩스 031-624-1356
홈페이지	http://www.sallimbooks.com
이메일	book@sallimbooks.com

ISBN   978-89-522-0540-7   03900

※ 값은 뒤표지에 있습니다.
※ 잘못 만들어진 책은 구입하신 서점에서 바꾸어 드립니다.

경성기담
京城奇談

근대 조선을 뒤흔든 살인 사건과 스캔들

전봉관 지음

살림

 차례

1부 근대 조선을 뒤흔든 미스터리 살인 사건

죽첨정 '단두 유아斷頭乳兒' 사건　11
대낮 경성 거리에 나뒹군 아이 머리, 그 23일간의 대소동

몸통 없는 아이 머리 | 동요하는 민심 | 아기 무덤 수난 시대 | 걸인 공황 시대 | 마침내, 용의자 검거 | '뻐꾸기' 울음에 춤추는 경찰 | 머리 없는 사체 발견 | 다시 우는 뻐꾸기 | 23일 만에 사건 종결 | 무지가 빚은 범죄

안동 가와카미 순사 살해 사건　49
참혹히 살해된 일본 순사, 붙잡힌 조선 청년들은 과연 범인인가

가와카미 순사 실종되다 | 참혹한 사체 | 과수원 살인 사건 | 대범한 형제 | 곡성이 낭자한 법정 | 눈물의 상고장 | 가와카미 순사는 손이 셋? | 고향에 돌아가 부지런히 일하라

부산 마리아 참살慘殺 사건　81
난자당한 조선인 하녀, 싸늘히 웃음 짓는 일본 여주인

마리아, 변사체로 발견되다 | '마리아'라는 이름의 여인 | 기괴한 투서 | 다카하시 부인, 체포되다 | 제3의 인물, 이노우에 | 과연 단독 범행일까? | 그렇다면 공범? | 치열한 법정 공방 | 이상한 재판 결과

살인마교 백백교 사건　109
확인된 살인만 314건, 전 조선을 경악케 한 사교 집단의 최후

30년 동안의 비밀 | 백백교 최후의 밤 | 산중의 시체들 | 백백교의 기원 | 일제는 가고 백백교 세상이 온다 | 봄눈 내린 공판정 | 무지를 파고든 사교 | 18명 중 14명 사형

2부 근대 조선을 뒤흔든 스캔들

중앙보육학교 박희도 교장의 '여 제자 정조 유린' 사건   139
파렴치한 성추행인가, 악의적 무고인가? 불꽃 튀는 진실 게임

키스 내기 화투? | 한밤의 활극 | 에로 교장 Y선생 사건 | 용서받지 못할 만행 | 여론은 들끓고 | 회유와 흑색선전 | 목숨을 건 두 사내 | 반전, 또 반전 | 아수라장이 된 사문위원회 | 노원우의 또 다른 폭로

채무왕 윤택영 후작의 부채負債 수난기   183
순종 임금의 장인, 3백만 원 떼먹고 베이징으로 줄행랑

빚의 생리 | 차금대왕 윤택영 후작 | 폐하, 장인 빚 좀 갚아 주시옵소서 | 본인 재산은 3백 원밖에 없어 | 한 달 후 다시 이곳에서 만나겠소 | 베이징 엿장수 | 쇄도하는 빚받이 소송 | 비운의 여인, 순정효황후 | 채무왕의 귀환 | 초라한 도주, 그리고 최후

이인용 남작 집안 부부 싸움   221
이재극 남작의 백만금 유산을 둘러싼 음모와 암투

위기의 '조선 귀족' | 이인용 남작 집안의 부부 싸움 | 철없는 어린 신부 | 재정정리위원회의 활약(?) | 내 집에서 나가라 | 이전투구 법정 공방

이화여전 안기영 교수의 '애정 도피 행각' 251
'사랑의 이름으로' 가정을 버린 위대한 예술가의 비루한 사생활

가출 | 부르지 못한 '사랑의 찬가' | 사랑의 탈출 | 고난의 도피 생활 | 비운의 여인 | 무너진 사랑탑 | 남자의 간통은 무죄 | 위대한 예술가, 비루한 일상인

조선의 '노라' 박인덕 이혼 사건 281
'신여성 선두 주자'는 왜 남편과 자식을 버렸나

신여성의 결혼관 | 박인덕의 화려한 귀국 | 돌아오지 않는 어머니 | 잘못된 만남 | 남모를 고민 | 남편과 자식을 먹여 살려야만 합니까 | 행복의 조건

조선 최초의 스웨덴 경제학사 최영숙 애사哀史 309
명예와 사랑 버리고 조국 택한 인텔리 여성, 고국에 버림받고 가난으로 죽다

아돌프 황태자 | 스웨덴의 조선 여성 | 인도에서 생긴 '혼혈 사생아' | '마르크스 걸'의 멀고 먼 유학길 | 아돌프 황태자의 총애 | 향수병으로 가슴앓이 | 화물칸의 귀부인 | 선상의 기연 | 짧은 사랑, 긴 이별 | 압록강을 두고 맹세한 사랑 | 나는 돈의 철학을 알았소! | 조선의 여인, 최영숙

에필로그 342
사람 냄새 나는 인문학을 그리며

__ 일러두기

1. 이 책은 일제 강점기 신문과 잡지에서 10여 차례 이상 보도된 사건 가운데 역사책에서 한 줄 이상 기록되지 않은 사건을 엮은 것이다.

2. 이 책의 일부는 소설 형식으로 썼지만, 내용은 정밀한 고증을 거친 실화이다.

3. 생동감 있는 묘사가 필요하거나 믿기 어려운 황당한 내용은 신빙성을 높이기 위해 전문을 인용했다.

4. 인용문은 현대어 표기법과 문법에 맞게 다듬었다.

1부
근대 조선을 뒤흔든 미스터리 살인 사건

죽첨정 '단두유아 斷頭乳兒' 사건
대낮 경성 거리에 나뒹군 아이 머리, 그 23일간의 대소동

1933년 5월 16일(D+1)
몸통 없는 아이 머리 발견.

5월 17일(D+2)
부검결과 발표. "성별 남아. 연령 만1세 내외. 살아 있는 아이의 목을 벤 것. 범행 시간은 발견 시간부터 10시간 이내."

6월 1일(D+17)
무당 가족 다섯 명과 '뻐꾸기' 검거.

6월 5일(D+21)
머리 없는 아이 몸통 발견.

몸통 없는 아이 머리

1933년 5월 16일 오전 7시 30분, 경성 서대문경찰서에 급보가 날아들었다.

"여기는 죽첨정(서대문구 충정로) 3정목 금화장 부근인데, 식산은행 쓰레기 매립지에 몸통 없는 아이 머리가 발견되었으니 급히 와보시오."

식민 지배 23년째. 총독부는 조선의 치안 상태가 세계적인 수준이라고 자부했다. 경성은 만주처럼 마적 떼가 들끓지도 않았고, 상하이처럼 백주에 갱단이 총격전을 벌이지도 않았다. 총독부는 경성이 이렇듯 '안전한 도시'가 된 것은 일본의 '우수한' 경찰 조직 덕분이라고 선전했다. 그런데 그처럼 안전한 도시 한복판에서 대낮에 어린아이를 목 잘라 살해한 사건이 발생한 것이다.

이처럼 잔혹하기 이를 데 없는 흉악 범죄의 발생은 민심을 흉흉하게 할 뿐만 아니라 자칫 조선의 치안 유지를 주요한 명분으로 삼았던 식민 지배의 정당성을 위협할 수 있었다. 총독부는 범죄를 예방하지 못한 이상, 한시 바삐 범인이라도 검거해 실추된 위신을 회복해야 했다.

제보가 접수되자 경성 시내 전 경찰서에 비상이 걸렸다. 얼마 후 경찰 선발대 30여 명이 오토바이와 자동차를 몰아 허둥지둥 현장에 도착했다. 그러나 현장에는 어디서 소문을 듣고 모였는지 벌써 수십 명의 구경꾼이 운집해 있었다. 사건 현장은 몰려든 구경꾼으로 인해 몹시 훼손된 상태였다. 범인의 것인지 구경꾼의 것인지 알 수 없는 발자국이 어지럽게 찍혀 있었고, 쓰레기더미와 핏자국이 마구 뒤엉켜 있었다. 경찰은 즉각 비상 경계선을 긋고, 금화장 앞길과 마포 가는 전차 선로에 기마 경관을 배치해 일반인의 출입을 통제했다.

현장 보존 작업이 끝나갈 즈음, 기무라(木村) 서장 이하 서대문경찰서 간부들이 전부 나타났다. 경성지방법원 검사국 요다(依田) 검사의 지휘 아래 현장 조사가 시작되었다. 경기도 경찰부 노무라(野村) 형사과장은 사진반을 데리고 와서 사건 현장 곳곳을 누비며 수십 장의 증거 사진을 찍었다. 시내 각 신문사와 통신사는 기자를 급파하고 서둘러 호외를 발간했다.

사건 현장은 참혹했다. 잘린 머리의 뒤통수는 두 치 반이나 깨져 뇌수가 흘러내렸고, 매립지 곳곳에 핏자국과 뇌수 조각이 흩어져 있었다. 깨진 두개골 안쪽으로는 날카로운 칼로 뇌수를 파낸 흔적이 역력했다. 치마폭, 종이 주머니, 낡은 수건 이렇게 세 겹으로 감싼 머리는 쓰레기 매립장 귀퉁이에 대충 묻혀 있었다.

머리를 옮기는 도중에 흘린 것으로 추측되는 핏자국은 전찻길 건너 마포 방향으로 이어져 있었다. 경찰견 여러 마리를 풀어 도주한 범인을 추적했지만, 핏자국이 끊긴 프랑스영사관 부근에서 맴돌 뿐 결정적인 단서를 찾지 못했다.

정오쯤 현장 조사가 끝났다. 아이 머리는 곧장 경성제대 의학부로 옮겨져 부검에 들어갔다. 기자들의 집요한 질문 공세에 기무라 서장은 사건 개요를 짤막하게 언급했다.

▲ 금화장 고개_ 70여 년 전 이곳에서 뇌수 빼낸 아이 머리가 발견되었다.

"아직도 혈색이 선명한 것으로 보아서 범행은 금일 새벽에 있었다고 봅니다. 원한이나 치정 관계에서 나온 것이 아닌가 생각됩니다. 경성에서는 근래에 없는 중대한 사건입니다. 만전을 다하여 범인을 잡으려고 합니다. 범행 현장은 딴 곳인 것 같습니다. 아직 수사 중이므로 더 자세한 말은 할 수 없습니다."

범행은 대체 어디서 일어났을까? 피해자는 누구일까? 극악무도한 범죄의 동기는 무엇일까? 모든 게 오리무중이었다.

동요하는 민심

사건이 알려지자 경성 시내는 일시에 술렁거렸다. 아이를 키우는 부모는 혹시 자기 아이가 희생되지나 않았을까 해서 놀러 나간 아이를 찾느라 미친 듯 골목을 누볐고, 나병 환자, 걸인, 막벌이꾼은 혹시나 자신에게 불똥이 튀지 않을까 숨을 죽였다. 복덕방, 다방, 카페, 빨래터 가릴 것 없이 사람들이 모인 곳에서는 온통 흉악한 사건 이야기뿐이었다.

"아마 문둥병자의 짓일 걸세. 머리는 갖다 버리고 골과 몸뚱이는 삶아 먹은 게야. 나는 꼭 그렇게 보이는걸."
"아니야. 그렇다면 왜 골을 내어 먹나? 나는 등창병자가 그랬거나 아니면 간질쟁이 범행인 것으로밖에는 생각나지 않는데 그래."
"그도 그럴듯하지만 내 생각에는 모진 여자의 소행이라고 보이는걸. 남편에게나 본처에게 원한을 가지고서 하늘이 노할 범행을 한 거야."
"제 자식은 그리 못해. 어찌 산 것의 목을 베냐 말이야."

며칠 굶은 거지가 아이를 유괴해 난치병 환자에게 팔아먹은 것이다. 아니다, 시체를 파다가 몸은 먹고 머리만 갖다 버린 것이다. 시정에는 구구한 억측이 난무했다.

유례없는 흉악 범죄를 접한 치안 당국은 관할 서대문경찰서에 수사본부를 설치하고, 경성 시내 경찰을 총동원해 수사에 나섰다. 전화벨이 울리고, 오토바이가 내달리고, 수사대가 출동하고……. 경성 시내 경찰서와 파출소는 마치 벌집을 쑤셔놓은 듯 분주했다.

단서는 아이 머리, 치마폭, 종이 주머니, 낡은 수건, 단 네 가지. 당시는 DNA 검사가 개발되기 이전이었고 피해자의 몸통이 없어 지문을 감정할 수도 없었다. 이렇듯 조건이 열악한데도 하루 만에 부검 결과가 나왔다.

"성별 남아. 연령 만 1세 내외. 살아 있는 아이의 목을 벤 것. 범행 시간은 발견 시간부터 10시간 이내."

경성제대 법의학부 구니후사(國房) 교수는 송곳니가 났으니 만 1세 내외이고, 핏자국이 마른 정도로 보아 범행 시간은 10시간 이내이며, 머리를 짧게 잘랐으니 사내아이라고 '과학적으로' 설명했다. 담당 형사는 머리를 싼 치마폭이 고급 제품임을 근거로 가난한 집 아이는 아니라는 분석을 내놓기도 했다. 사건 발생 다음날에는 머리를 싼 종이가 쌀 봉투임을 밝혀내는 개가를 올렸다.

사건 발생 하루 만에 경찰서 인원을 총동원하여 불면 불휴로 활동하여 그 두부頭部를 싸서 버린 종이 주머니의 출처를 알아낸 서대문경찰서에서는 그것을 유일한 단서로 삼아 가지고 한층 더 맹렬히 활동하고 있다. 그러나 종이 주머니의 출처는 알았으나 그것을 사용하는 집이 쌀집, 과자점, 가루집 등 무척 많으므로 종이 주머니를 사 가지고 간 인물이 어떤 사람이었는지 일일이 인상을 기억하기 어려워서 경찰이 수사의 어려움을 겪고 있다.

경찰은 마포 일대 쌀집과 과자점을 샅샅이 뒤진 끝에 범행에 사용된 쌀 봉투가 '최춘홍 쌀집'에서 쓰는 봉투라는 사실까지 밝혀내고, 쌀집 고객을 일일이 찾아다니며 추궁했다. 그러나 별다른 혐의점은 찾지 못했다.

경찰은 '과학적 수사'를 통해 그 밖에 몇 가지 중요한 정보를 얻을 수 있었다. 뇌수를 파낸 흔적으로 보아, 범인은 나병, 매독, 간질, 등창 따위의 치료에 쓸 뇌수를 얻을 목적으로 아이를 죽였다. 쌀 봉투에 묻은 흙과 사건 현장의 흙이 다른 것으로 보아, 아이는 다른 곳에서 살해된 후 유기되었다. 목과 뒤통수에 남은 칼날의 흔적으로 보아, 범인은 칼 쓰는 데 익숙한 사람이다. 그리고 무엇보다도 경찰의 수사망에 걸리지 않고 교묘하게 자취를 감추는 것으로 보아, 범인은 매우 '영리한 자'다!

세계적으로 '우수성'을 자랑하는 일본 경찰도 부실한 단서 앞에서는 속수무책이었다. 시간이 흐를수록 사건은 미궁에 빠져들었고, 경찰의 무능을 질타하는 목소리가 커져 갔다. 사건이 장기화될 조짐이 보이자, 기무라 서장은 동요하는 민심을 의식해 다음과 같이 말했다.

"아직 범인을 체포하지 못했습니다. 사건이 오리무중으로 들어간다고 꾸지람을 해도 하는 수 없습니다. 그러나 과학적 수사 방법은 있습니다. 하여튼 보십시오. 최선을 다해 노력하고 있으니 머지않아 좋은 결과를 볼 겁니다. 언제쯤 잡히겠느냐고요? 그것은 아직 확언을 못하겠습니다."

아기 무덤 수난 시대

대낮 경성 거리에 아이 머리가 나뒹군 지 한참이 지나도 보호자가 나타나지 않았다. 그것은 아이의 보호자가 사건에 관련되었을 가능성을 시사했다. 그러나 아무리 사악한 인간이라도 부모로서 제 자식의 목을 베었을 리는 없고, 아이의 보호자와 범인의 '음험한 거래' 아래 범행이 자행되었을 것이라는 관측이 유력했다. 이러한 추리대로라면 아이의 보호자는 친부모가 아니라 팔아먹을 목적으로 아이를 얻어 와 기르는 사람일 개연성이 컸다. 경찰의 추리는 이처럼 어설폈지만, 행동만큼은 민첩했다.

서대문경찰서 수사대는 사건 발생지를 중심으로 죽첨정, 중림동, 합동 일대에 흩어져 거의 모든 가정을 호구조사했다. 개구멍받이를 키우는 사람이 발견되면 마치 범인 문초하듯 조사했고, 조금이라도 혐의점이 발견되면 가차 없이 유치장에 가뒀다. 대낮 경성 거리에 나뒹군 아이 머리 탓에 애꿎은 개구멍받이 보호자들이 수난을 겪었다. 그러나 호구조사 역시 실속 없기는 마찬가지였다.

믿었던 호구조사마저 수포로 돌아가자, 잔뜩 독이 오른 경찰은 난데없이 삽자루를 들고 나섰다.

18일(사건 발생 사흘째)부터 경찰은 최근에 죽은 어린아이를 매장한 공동묘지를 파보기 시작했다. 용산경찰서 공덕리 주재소 관내에는 최근에 죽어 매장된 아이가 셋 있었다. 급파된 순사는 아현리 이창호와 공덕리 최용석 두 명을 염리공동묘지로 데리고 가서 묘지 관리인 송태식을 입회시키고 지난 16일(사건 당일)에 매장한 이씨의 딸 영애의 무덤과 15일에 매장한 최씨의 아들 동식의 무덤을 파보았다. 그러나 모두 다 머리가 확실히 붙어 있어 결국 헛물이었다. 또 한 명은 부모가 출타하고 없어 19일에 다시 염리공동묘지로 데리고 가서 무덤을 파보기로 했다. 이와 같이 범죄의 단서를 포착하기 위해 가엾게 죽은 어린아이 무덤의 수난 시대를 연출하고 있다.

경찰은 무덤이 아니더라도 의심 가는 곳이면 어디든 일단 파고 보았다. 한동안 경성 시내에서는 '삽질' 하는 경찰을 어렵지 않게 볼 수 있었다. 이런 '삽질' 은 의외의 결과를 낳기도 했다.

5월 18일 오전, 봉래정 부근 언덕을 순찰하던 서대문경찰서 수사대 최태준 순사는 파묻은 지 얼마 되지 않은 어린애 시체 한 구가 전날 내린 비에 씻겨 드러난 것을 발견했다. 사흘 밤낮으로 사라진 아이 몸뚱이를 찾아다니던 수사대는 흥분과 기쁨을 감추지 못하고 서둘러 매장된 시체를 파보았다. 그러나 불행히도 시체에는 머리가 붙어 있었다. 한 살 가량 되어 보이는 여자 아이 시체였다. 단두 유아 사건과는 무관하지만 혹시 또 다른 살인 사건이 아닐까 하여 부

◀ **구경꾼의 출입을 통제하는 순사들**_ 경찰 선발대가 도착했을 때, 사건 현장은 이미 소문을 듣고 몰려온 구경꾼들로 몹시 훼손된 상태였다.

검해 본 결과, 병을 앓아 죽은 아이를 암매장한 것이었다.

이튿날 오후, 용산경찰서는 언덕에 갓난아이를 암매장한 흔적이 있다는 제보를 받고 형사를 급파했다. 그러나 매장된 시체를 파보니 아이의 목뿐만 아니라 탯줄까지 붙어 있었다. 이렇듯 경찰의 총력전은 종종 어처구니없는 웃음거리를 연출해 세상 사람들의 조롱과 손가락질을 받았다.

어린애 목 자른 사건을 수사하는 중에 포복절도할 '난센스' 한 막.

18일 오후 2시경, 서대문경찰서 형사들이 눈에 불을 켜고 사건 발생 현장인 금화장 뒷산 입구를 지키고 수상한 사람을 점검하고 있었다. 앞에는 노동자같이 보이는 사람이 뭉굴뭉굴하게 생긴 무슨 물건을 넣은 가마니를 등에 지고 가고, 뒤에는 물건 임자 같아 보이는 사람이 따라가는 것을 형사가 발견하고 검문을 하고자 고함을 질렀다.

"게 섰거라."

그러자 가마니를 지고 가던 사람은 짐짝을 집어던지고 줄행랑.

"옳다! 이것이야말로 사흘 동안 밤낮을 가리지 않고 찾던 어린아이 몸뚱이인 것이 틀림없다."

형사들은 한달음에 달려가서 가마니를 들춰 보았다.

"이크!"

가마니 속에 있는 물건은 틀림없이 시체는 시체이다. 그러나 기다리던 아이의 시체가 아니고 개 죽은 시체. 실망한 형사들은 어이가 없어 뒤통수를 치면서 발길을 돌렸다.

이 난데없는 개 시체인 즉 시외 왕십리 김삼갑이란 사람이 고기를 먹으려고 남의 집에서 기르는 개 한 마리를 몰래 때려잡아 가지고 짐꾼을 얻어 집으로 돌아가는 길에 이러한 난센스 한 막을 연출한 것이라고 한다.

실패와 실수를 거듭하면서, 세계적으로 우수성을 자랑하던 일본 경찰의 체면은 여지없이 구겨졌다. 5월 19일, 사건 발생 나흘째. 노무라 형사과장은 다음과 같이 시인했다.

"몇 가지 수사 방침은 이미 지시하여 실행해 보았으나 지금의 형편으로는 모두 실패한 셈이외다. 그리고 아직까지는 아무런 단서도 잡지 못하였으니 어느 때에나 해결하겠다고 말할 수는 없소이다. 당분간 두고 볼 밖에는 도리가 없겠고, 지금 생각하여 실행해 보려는 방침이 있으나 보안상 말할 수 없소이다."

걸인 공황 시대

5월 20일, 사건 발생 닷새째. 때 이른 장맛비가 내렸다. 근 120여 시간 동안 경성 시내 전 경찰은 잠 한숨 제대로 못 자고 백방으로 뛰어다녔다. 그러나 '영리한' 범인은 좀처럼 꼬리를 잡히지 않았다. 경찰은 용의자 검거는커녕 누가 죽었는지, 누가 죽였는지, 왜 죽였는지 아무것도 알아내지 못했다. 성과라곤 암매장한 유아 사체 몇 구와 개 무덤 몇 개를 발견한 것이 전부였다. '과학적 수사'를 한답시고 닷새 동안 실속 없이 헛심만 쓴 셈이었다. 서슬이 시퍼렇던 경찰의 위세도 한풀 꺾였고, 자신했던 과학적 수사도 한계에 다다랐다. 이제는 요행이라도 바라는 수밖에 없었다.

온종일 장대비가 쏟아지자, 개천에서 어린애 몸뚱이가 떠내려 오지나 않을까 하여 경찰은 쏟아지는 비를 가르며 경성 시내 개천을 샅샅이 뒤지고 다녔다. 작대기를 들고 흙탕물을 헤집다가 수상한 물체가 발견되면 불어 난 물 속으로 몸을 날렸다. 그러나 공연히 옷만 적실 뿐 소득이 없었다.

범인을 잡기 위한 경찰의 노력은 처절했다. 약이 올라 그런지, 잠을 못 자 그런지 경찰은 광적인 행동도 서슴지 않았다.

서대문경찰서 서원 전부는 일요일임에도 불구하고 거지 복장으로 또는 막벌이꾼으로 변장하여 가지고 실지로 모루히네(모르핀) 중독자처럼 혹은 막벌이꾼처럼 친히 그들의 소굴에 들어가서 이날 하루를 보냈다. 지금까지 책상머리에서 과학적으로 세운 수사 방침을 따라가던 것과는 확연히 다른 모습이었다. 거지 소굴에 잠입한 변장 경찰은 모루히네 중독자와 막벌이꾼의 눈치코치며 오가는 말을 탐문해 새로운 단서를 구하고자 했지만 아무런 성과도 얻지 못했다.

5월 22일, 사건 발생 일주일째. 수사는 지구전으로 접어들었다. 노무라 형사과장은 "자리를 걸고 일주일 내로 사건을 해결하라."며 부하들을 압박했다. 경기도 경찰부는 수뇌부 회의를 소집하고 일선 경찰에 새로운 수사 방침을 하달했다.

'1. 집 잃은 젖먹이 아이가 있는지 호구마다 조사할 것. 2. 양육을 맡아 기르는 아이는 다 잘 있는지 조사할 것. 3. 젖먹이 아이를 얻어서 기르거나 사생아를 가진 집 조사. 4. 기아의 양육 상황 조사. 5. 간질병, 문둥병, 정신병자의 행방 조사. 6. 움집에 사는 토막민과 걸인 철저 조사.'

사실상 하층민과 전면전을 선포한 것이다. 경기도 경찰부의 지시에 따라 경성 시내 각 경찰서는 관내 걸인과 나병 환자를 일제히 검거했다. 서대문경찰서는 나병 환자 4명, 걸인 39명 등 전부 50여 명을 검거했고, 종로경찰서는 60여 명을 잡아들였다. 동대문경찰서는 하루 만에 90여 명의 나병 환자와 걸인을 체포하는 기염을 토했다. 경찰은 그동안 받은 조롱과 손가락질에 대해 화풀이라도 하듯, 애꿎은 걸인과 나병 환자를 닥치는 대로 잡아들여 '걸인 대장臺帳'이니 '나병 환자 대장'이니 하는 해괴한 서류를 작성했다.

▲ **종로경찰서_** 한동안 시내 각 경찰서에는 걸인과 나병 환자들이 내뿜는 악취가 진동했다.

돈 없어서 빌어먹는 것, 병들어서 아픈 것이 무슨 죄가 된다고 걸인과 나병 환자는 영문도 모른 채 끌려와 유치장에 갇혔다. 한동안 시내 각 경찰서에는 이들이 내뿜는 악취가 진동했다. 바야흐로 '아기 무덤 수난 시대'는 가고 '걸인 공황 시대'가 도래했다.

독이 오를 대로 오른 경찰은 걸인을 잡아들여 단서가 잡히지 않으면, 룸펜을 잡아들이고, 그래도 단서가 잡히지 않으면 나병 환자, 간질병 환자…… 심지어 과부, 서모, 계모까지 하층민이란 하층민은 죄다 잡아들였다. 서대문경찰서에만 하루 평균 대여섯 사람이 붙들려 와 신문을 받았다. 영문도 모르고 끌려온 하층민들은 혐의를 벗은 뒤에도 유치장에 무작정 방치되었다.

사건 발생일인 16일 이후 서대문경찰서에서 붙들었다가 풀어 준 사람이 백여 명에 달하는데, 경찰의 말을 들으면 현재에도 30여 명이 구금 중이라 한다.

일본 경찰은 과학적 수사에서 발휘하지 못한 우수성을 하층민과의 전면전에서는 한껏 뽐냈다. 일본 경찰의 우수성은 과학이 아니라 '총칼'에서 나왔다. 제아무리 영리한 범인이라도, 조금이라도 미심쩍은 구석이 있는 사람은 일단 잡아 가두고 보는데 어찌 버틸 재간이 있겠는가. 하층민과의 전면전 이후 수사는 탄력을 받았다. 아득하게만 보였던 해결의 실마리도 조금씩 보이기 시작했다.

마침내, 용의자 검거

6월 1일, 사건 발생 17일째. 드디어 용의자가 검거되었다. 사건 자체가 엽기적이었던 만큼 용의자 또한 범상치 않은 인물이었다. 용의자는 무당 가족 다섯 명과 '뻐꾸기'라는 별명으로 부르는 하수인이었다. 보안을 위해 발표하지 않았을 뿐, 용의자는 이미 일주일 전 체포돼 서대문경찰서에 유치돼 있었다.

현장 조사 당시 핏자국을 쫓던 경찰견 한 마리가 프랑스영사관 근처 무당집 문전에 이르러 꼬리를 휘두르고 더 나아가지 않았다. 개는 그 집으로 뛰어들어 걸레를 물고 나왔다. 경찰은 일찌감치 집 주인을 용의 선상에 올리고 비밀리에 수사를 진행했다. 하층민과 전면전 이후 경찰은 무당 가족과 뻐꾸기를 체포해 유치장에 가두고 연일 강도 높은 신문을 벌였다. 무당 가족은 "아니다.", "모른다."로 일관했지만, 뻐꾸기는 일주일 만에 백기를 들었다.

시내 죽첨정에서 대금업을 하다 죽은 박준화의 아들과 그의 전 가족 5명은 유력한 혐의자로 서대문경찰서에 검거되어 엄밀한 문초를 받고 있다. 박준화가 살아있을 때 등창이라는 매독성 악질로 오랫동안 고생하다가 여러 가지 약을 써도 도무지 듣지 않으므로, 그들은 세상이 전하는 미신에 의하여 그 근처 주점에서 고용살이를 하는 뻐꾸기를 시켜 아이를 사다가 살해케 하여 뇌와 몸을 삶아서 먹었다는 혐의를 받고 있다. 그러나 그들은 범행 일체를 부인하고 있다.

경찰이 밝힌 사건 경위는 다음과 같다.

고리대금업자 박준화는 4월 22일 등창으로 앓아누웠다. 처음에는 팥알만 한 종기가 오른편 등과 겨드랑이에서 났는데, 한약방에서 약을 지어 와 써보았지만 별반 차도가 없었다. 병세가 날로 악화되자, 가족들은 병원에 가서 치료받을 것을 여러 차례 권했다. 그러나 박준화는 선친이 병원에 가서 사흘 만에 죽었으니 안 가겠다고 버티며 입원을 거부했다. 양약이라고 항생제조차 쓰지 않았다. 그러는 동안 종기는 점차 퍼져 나중에는 등 전체가 등창으로 덮였다. 그러자 무당 노릇 하는 아내 이성녀가 어떻게든 남편을 낫게 해볼 작정으로 널리 약을 구했다. 그러던 중 등창에는 젖먹이 아기 골이 좋다는 말을 들었다.

이성녀는 자기 집에 출입하며 물도 길어다 주고 허드렛일도 해주던 일명 '샌전(청진동) 뻐꾸기' 이성근을 시켜 그 '특효약'을 구해 오게 했다. 술과 돈에는 사족을 못 쓰는 뻐꾸기는 각지로 돌면서 약으로 쓸 어린애를 찾아다녔다. 결국 그는 동대문 밖 안암리 가난한 집에서 자기가 대신 길러 주겠다고 말하고 아이를 얻어 왔다. 뻐꾸기는 아이에게 천인공노할 범행을 저질렀다. 박준화는 뻐꾸기가 구해 온 '약'을 먹었지만, 병세는 도리어 악화되었다. 미신적인 방법으로는 소생할 가망이 없음을 깨닫고 마지막 희망으로 세브란스병원에 입원했다. 그러나 때는 이미 늦어, 입원한 다음날 죽었다.

무당 집을 수색하니 '물적 증거'가 쏟아졌다. 어른들만 사는 집에서 어린애 누비저고리 두 벌, 어린애 치마 한 벌, 어린애 버선 두 켤레가 나왔다. 그리고 피 묻은 무당의 치마 한 벌과, 쇠간인지 말 간인지 사람 간인지

육안으로는 식별이 불가능한 정체불명의 동물 간이 들어 있는 약탕이 발견되었다. 그러나 무당 가족은 이처럼 유력한 증거를 들이대도 범행을 자백하지 않았다. 이성녀는 어린애 옷가지는 어린애를 위해 굿할 때 쓰는 것이고, 치마에 묻은 피는 생리 때 묻은 것이고, 간은 병문안 온 사람이 등창에 좋다며 가져온 쇠간이라고 조목조목 부인했다. 그러나 부인한다고 사실이 바뀔 수 없었다. 경찰은 사건을 전후해 무당 가족이 수상한 행동을 했다는 이웃의 증언까지 확보했다.

"사건이 발생되던 날 경찰견을 쫓아 형사대가 여러 번 돌아다녔습니다. 우리는 구경하는 데 열중했으나 그 집에서는 수양녀 경옥이가 몹시 두려워하는 것을 우리 눈으로 똑똑히 목격했습니다. 또 한 가지 의심나는 것은 사건이 발생되기 전날에 그 집 대문을 물로 깨끗이 닦아 놓은 것입니다. 닦아 놓을 필요가 있다면 사람이 보는 데서 해도 좋을 것인데 언제 닦았는지 동네 사람이 보지 못했다 하니 아마도 깊은 밤에 닦은 것 같습니다. 사람들의 말은 피가 묻어서 그리한 것이라 하나 보지 못했으니 알 수 있습니까."

무당 가족에게는 분명 미심쩍은 구석이 있었다. 그러나 그들에게는 무죄를 증명할 결정적 알리바이가 있었다. 박준화는 5월 12일 오전 세브란스병원에 입원하여 이튿날 사망했다. 그 사실은 세브란스병원 진료기록과 사망진단서에 분명히 남아 있었다. 그런데 아이의 머리가 발견된 것은 5월 16일 오전 7시 30분이고, 부검 결과 사망한 시간은 빨라야 15일 밤 9

시 30분이었다. 아이의 골을 빼먹었다는 박준화가 아이보다 나흘이나 먼저 죽은 것이다.

그렇다고 경찰이 생사람을 잡은 것도 아니었다. 경찰에게는 유력한 물적 증거와 이웃의 증언 그리고 무엇보다도 용의자 뻐꾸기의 자백이 있었다. 뻐꾸기는 사건의 전모는 물론 아이의 몸통을 묻은 곳까지 일러 주었다. 그만큼 신빙성 있는 자백이었다.

서대문경찰서 수사대는 뻐꾸기의 자백에 의하여 자동차와 오토바이로 출동하여 금화산 일대를 오전 11시경부터 수사했으나 문제의 시체는 발견되지 않았다. 뻐꾸기는 확실히 금화산 부근에 묻었다고 자백했으나 시체가 나오지 않자 경찰은 뻐꾸기가 버린 시체를 아직 체포되지 아니한 다른 공범자가 벌써 어디로 옮긴 것이나 아닌가 하여 수사 방침을 돌려세우기로 했다.

뻐꾸기의 자백, 무당 가족의 알리바이, 나오지 않는 시체……. 경찰은 용의자를 체포해 두고도 범행을 입증할 결정적 물증을 찾지 못해 수사에 어려움을 겪었다. 혹시 초동수사 단계에서 경찰이 세운 가설처럼, 남의 집 허드렛일이나 하며 주색에 빠져 살아가는 뻐꾸기가 사실은 매우 '영리한 자'가 아니었을까?

'뻐꾸기' 울음에 춤추는 경찰

이성근은 뻐꾸기 소리 흉내를 잘 내서 본명 대신 '뻐꾸기'란 별명으로 통했다. 청진동에서 나고 자라서 '샌전(청진동) 뻐꾸기'라고도 불렀다. 그는 새문밖(서대문) 일대에서 술 잘 먹기로 유명하고, 술 먹으면 주정 부리기로 유명했다. 술만 먹으면 자리와 처지를 가리지 않고 뛰고 춤추고, 술을 준다면 어떤 일이라도 사양치 않는 주광酒狂이었다. 동네에서 도난 사건이라도 생기면 뻐꾸기는 으레 며칠씩 유치장 구경을 하고 나왔다.

'주정뱅이 뻐꾸기' '새문밖 피에로 뻐꾸기'로 통하는 그에게도 한때는 '골동 취미가' '젠틀맨' 생활을 하던 시절이 있었다. 그가 새문밖 일본인 과자점에 뜨내기꾼으로 있을 때는 어디서 주워 오는지 방 안에다 옥거울 같은 골동품을 모아 놓았고, 어디선가 연미복을 얻어 입고 중절모를 쓰고 다니기도 했다. 장삼을 구해 입고 스님 흉내를 내고 돌아다니면서 동네 사람을 웃긴 적도 있었다.

괴인怪人 뻐꾸기의 변화무쌍한 생활은 결코 이뿐만이 아니다. 오늘날 뻐꾸기는 동네 사람 물이나 길어 주고 때로는 아이들 시체를 운반하는 극단적 천역賤役을 하며 살아가는, 그야말로 문자 그대로 막천석지幕天席地(하늘을 장막으로 땅을 자리로 삼음)의 판에 박아 놓은 무뢰한이다. 그러나 일본인 과자점에 문객처럼 지내기 전에는 당당한 '모던 보이'로 머리는 '올백'으로 넘기고 열 손가락에 금반지를 끼고 새문밖 한량으로 이름을 날린 황금 시대도 있었다. 그는 색주가를 찾아다니며 온종일 이

태백 노름을 하다가도 주머니에 돈이 떨어질 때는 손가락에 꼈던 금반지를 서슴지 않고 뽑아 던져 새문밖 기사騎士의 호기를 보인 적도 한두 차례가 아니었다.

뻐꾸기는 청진동 가난한 집안에서 태어나 어릴 때부터 호떡 장사, 군밤 장사를 하며 갖은 고초를 겪었다. 장성한 후 옥동玉洞에서 아내 이씨를 맞아 왔다. 넉넉하지 못한 살림이었지만, 두 사람은 정답게 지내면서 아들과 딸 두 남매를 낳았다. 그러나 두 아이는 차례로 병들어 죽었다. 가난한 탓에 병든 아이를 병원 한 번 데리고 가지 못했다. 생활도 곤란한데 어린 것까지 죽어 버리자, 이씨는 희망 없는 남편을 의지하고 살 수 없다고 샌전 뻐꾸기를 내버리고 달아났다. 처자를 잃은 뻐꾸기는 술로 벗을 삼아 외롭고 괴로운 심사를 달랬다.

뒤늦게 장사에 성공해 '모던 보이' 행세도 해보았지만 얼마 가지 않았다. 뻐꾸기는 주색으로 가산을 탕진하고, 북미창정北米倉町(북창동) 일본인 과자 상점에 뜨내기꾼으로 들어갔다. 과자 주문을 받으러 다니면서 다소 수입이 생겼지만, 역시 주색으로 탕진했다. 허랑방탕한 생활 탓에 과자 상점에서 내쫓긴 후에는 서대문우체국에서 우편배달부 생활도 해보았고, 얼음 장사, 고구마 장사도 해보았지만 어느 것 하나 잘되는 일이 없었다. 한때는 어엿한 한 집안의 가장이요, 당대의 '모던 보이' 였던 뻐꾸기는 실패에 실패를 거듭하면서 천하의 룸펜이 되었다.

삶의 의욕을 상실한 뻐꾸기는 죽첨정으로 들어와 허드렛일과 동냥일로 근근이 연명했다. 날이면 날마다 술에 절어 세상을 비난하고 운명을 저주했다. 성격은 날이 갈수록 광포해졌다. 성실히 일해 노년을 편히 보내겠다는 생각은 추호도 없었다. 그저 아무 집에나 가서 일해 주고 밥이든, 술이든, 돈이든 주는 대로 받아서 그날그날 살았다. 하늘과 땅을 이부자리로 삼아 추운 겨울에도 길바닥에 쓰러져 잤다. 그러다 주면 먹고, 때리면 성내는 정신적으로 다소 이상이 있는 사람이 되고 말았다.

뻐꾸기의 부친은 현재 현저동에서 기생들에게 노래를 가르치고, 서모는 품팔이를 해서 어려운 생활을 하고 있다. 뻐꾸기는 한 번도 부모를 찾아보지 않으나, 부모는 그런 자식이나마 불쌍하다고 정월마다 옷을 지어 보내 불효한 아들을 입힌다. 동네 노인들은 검은 얼굴, 작은 키, 거슴츠레한 눈, 떨어진 저고리에 구멍 난 바지를 입고서 시커멓게 때묻은 수건을 쓰고 다니는 뻐꾸기의 모습이 눈에 선하다고 말한다.

경찰은 뻐꾸기가 싸움 잘하고, 사고 잘 치고, 성격이 광포하고 잔인하다는 것만 알았지, 정신에 약간 이상이 있다는 것은 알지 못했다. 금화산 일대를 아무리 뒤져도 아이 몸통이 나오지 않자, 경찰은 뻐꾸기를 재차 문초했다. 뻐꾸기는 범행 당시 술에 취해 있었기 때문에 정확히 기억할 수는 없지만, 쓰레기 매립지에 머리를 버리고 난 후 몸통은 따로 챙겨 금화산을 넘은 것이 분명하다고 거듭 항변했다. 경찰로서는 미심쩍은 구석이 없지는 않았지만, 용의자가 자신의 범행 사실을 강력히 주장하는데, 수사를 하지 않을 수도 없는 노릇이었다.

뻐꾸기의 자백에 따라 금화산 일대를 뒤지던 경찰은 산꼭대기 부근에서 찾으려던 아이 몸통 대신 30대 후반 남성의 사체를 발견했다. 목을 매 죽은 것은 분명한데 노끈이 사라지고 없었다. 경찰은 뻐꾸기의 공범이 아닐까 하는 생각에 사라진 노끈을 찾느라 또 한 차례 소동을

▲ 무당 이성녀의 집과 '뻐꾸기'가 노숙하던 곳(「동아일보」 1933년 6월 3일)_ 사건 발생 17일째, 경찰은 이성녀가 남편의 등창을 낫게 할 목적으로 '뻐꾸기'와 공모해 범행을 저질렀다고 발표했다. 뻐꾸기는 신문 일주일 만에 범행을 자백했지만, 이성녀는 부인으로 일관했다.

벌였다. 노끈은 사체에서 얼마 떨어지지 않은 풀밭에서 하루 만에 발견되었다. 죽은 남성은 취직에 연이어 실패하고 생활고를 비관해 자살한 황금정(을지로) 정동학으로 밝혀졌다. 뻐꾸기나 단두 유아와는 아무런 관계도 없는 인물이었다.

경찰은 사흘 밤낮을 뻐꾸기 울음에 맞춰 금화산에서 홍제내리(홍제동)까지 헤매고 다닌 이후에야 뻐꾸기의 정신에 이상이 있다는 것을 알아차렸다.

경찰은 뻐꾸기의 자백에 따라 어린아이 몸뚱이를 찾으려 부근 공동묘지와 그 부근 산을 낱낱이 뒤져 여러 구의 매장된 시체를 파보았다. 그러나 그가 말한 바와는 하나도 부합되지 않았다. 또한 무당 모자와 수양녀를 아무리 엄중히 문초해 보아도 뻐꾸기의 자백과 전혀 일치하지 않는 진술만을 거듭했다. 결국 경찰은 뻐꾸기를 정신병자로 인정하고 범행과 관계없는 것으로 확신하게 되었다.

경찰은 뻐꾸기와 무당 가족의 결백이 드러난 이후에도 그들을 석방하지 않았다. 죄 없는 사람을 왜 풀어 주지 않느냐는 항의가 빗발치자, 담당 형사는 당당하게 이유를 밝혔다.

"범죄자 수사에 방해될 염려가 있어서 그냥 유치장에 넣어 두는 것이오. 별다른 기대가 있어 넣어 두는 것이 아니니 너무 걱정 마시오. 뻐꾸기와 무당 모자만 가둬 두는 것도 아니오. 혐의자로 붙들려 왔다가 혐의를 씻고 그냥 그대로 수십 일 동안 유치되어 있는 사람이 서대문경찰서 유치장에만 수십을 헤아리오."

풀어 주자니 수사에 방해가 될 것 같고, 무작정 가둬 두자니 인권 유린이니, 과잉 수사니 하며 여론이 들끓을 것 같고……. 뻐꾸기의 자백마저 거짓으로 밝혀지자, 경찰은 진퇴양난에 빠졌다. 어린애 머리 하나 때문에 경성 시내 전 경찰이 이처럼 큰 곤욕을 치를 것이라고는 누구도 예상치 못했다. 이제는 조롱이나 수모가 문제가 아니라 사건이 영구 미제나 되지 않을까 걱정해야 할 지경이었다. 수사 책임자 기무라 서장마저 사건의 해결 전망을 비관했다.

"혐의자로 허다한 사람을 데려다가 문초해 보았으나 모두 실패에 돌아가고 말았소이다. 혐의가 풀린 사람들은 석방하는 것이 당연한 일이 아니냐고 떠들지만, 수사 방침상 필요해서 그냥 가둬 두는 것이니 그냥 지켜보시오. 이 사건의 범인 수사는 비관적으로 기울어지고 있소이다. 솔직히 이제는 다시 손을 대어 볼 만한 끄덩이도 없소이다."

머리 없는 사체 발견

"과연 산 아이의 목을 벤 것일까? 혹시 죽은 아이의 목을 벤 것은 아닐까?"

6월 3일, 사건 발생 19일째. 정신이상자 뻐꾸기의 자백으로 사흘을 헛고생한 경찰은 동일한 방법으로 수사를 해봐야 별반 소득이 없을 것임을 깨달았다. 경기도 경찰부는 사법주임회의를 열고 사건을 근본적으로 재검토했다. 그때까지 수사는 경성제대 법의학부의 부검 결과에 따라 '생아 참두生兒斬頭'를 전제로 진행되었는데, 수사에 진척이 없다는 것은 부검 결과가 잘못되었을 수 있음을 시사했다. 경기도 경찰부는 '사아 단두死兒斷頭'로 수사 방향을 변경하고, 일선 경찰에 사건 발생 5일 전까지 죽은 아이의 무덤을 낱낱이 발굴하도록 지시했다. 젖먹이 자식을 잃고 시름에 잠겨 있던 부모들은 또다시 줄줄이 공동묘지로 끌려가 순사 앞에서 자식 시신을 꺼내 머리가 확실히 붙어 있는지 확인해 보여야 했다.

6월 4일, 사건 발생 20일째. 노무라 형사과장은 수사 대원을 모아 놓고 책상머리에만 앉아 있지 말고 선술집이든 공사판이든 빨래터든 직접 찾아다니며 항간에 떠도는 풍문이라도 수집해 오라고 다그쳤다. 경찰은 행여나 단서를 얻을까 하는 기대에서 사람 모인 곳을 기웃거려 보았지만, 서대문경찰서 사법계 김 형사가 파주 방면에서 열 대여섯 살 되어 보이는 애꾸눈 거지 한 명을 잡아 온 것 외에는 별반 소득이 없었다.

죽첨정 김두식은 폐결핵으로 여러 해 고생하며 갖은 약을 구해 먹었지만 차도가 없었다. 사건 발생 직전, 김두식은 폐결핵에 자하거紫河車(태반)

가 효험이 있다는 속설을 듣고, 깍쟁이(청계천 부근에서 토굴 생활을 하던 거지 패)에게 부탁해 구해 먹었다. 김두식에게 자하거를 구해 준 깍쟁이가 김 형사에게 잡혀 온 애꾸눈 거지였다. 경찰은 지푸라기라도 잡는 심정으로 단두 유아 사건과의 관련성을 캐물었지만, 아무런 단서도 얻지 못했다. 또 허탕이었다.

6월 5일, 사건 발생 21일째. 오후 9시경, 또 하루를 허송한 경찰에게 염리공동묘지에서 머리 없는 아이 시체가 발견되었다는 낭보가 전해졌다. 사건 발생 닷새 전, 아현리 한창우는 뇌막염으로 죽은 한 살 난 둘째딸 기옥을 염리공동묘지에 안장했다. 사건 발생 직후 경찰이 찾아와 단두 유아의 사진을 보여주며 물었을 때, 한창우는 자기 딸의 얼굴이 아니라고 했다. '생아 참두'를 전제로 수사를 진행하던 경찰은 더 캐묻지 않았다. '사아 단두'로 수사 방향을 변경한 후, 서대문경찰서 특별 수사대 10여 명이 또다시 한창우를 찾아왔다. 한밤중에 한창우와 매장에 참여한 그의 형 한성우, 같은 집에 사는 배구석과 그의 아내 네 사람을 공동묘지로 데려가서 한기옥의 무덤을 파헤치게 했다. 칠흑 같은 어둠 속에서 관 뚜껑을 열자 희미한 손전등 불빛 아래 머리 없는 아이 시체가 드러났다. 단지 무덤 속 아이의 머리가 없다는 이유만으로 네 사람은 한밤중에 공동묘지에서 긴급 체포되었다.

머리 없는 유아 사체가 발견되었다곤 하나, 그것이 단두 유아의 몸통이라는 어떠한 증거도 없었다. 오히려 한기옥의 머리 없는 사체는 '성별 남아, 범행 시간 발견 시간부터 10시간 이내'라는 부검 결과와 정면으로 배치되었다. 그러나 수사본부는 머리 없는 사체가 발견되었다는 보고를 들고 마치 범인을 잡기라도 한 듯 기뻐했다.

경찰은 한기옥의 머리 없는 사체를 급히 경성제대 법의학부로 이송해 보관 중이던 아이 머리와 맞춰 보았다. 크기는 그런대로 맞았다. 그러나 심하게 훼손된 머리와 부패된 몸통을 경찰이 대충 맞춰 본 것만으로 동일인의 것이라고 단정할 수 없었다. 더욱이 한창우는 아이 머리를 몇 번이나 돌려 보고도 자기 딸의 얼굴과 다르다고 극구 부인했다. 정확한 진위 여부는 부검 이후에나 밝혀질 것이었다.

경찰은 몸통이 발견되었다는 소식이 알려지면 영리한 용의자가 도주할 우려가 있다는 이유에서 머리 없는 한기옥의 사체가 발견된 즉시 용의자 검거 작전에 돌입했다. 사체가 발견된 지 5시간 후인 6월 6일 새벽 2시, 노무라 형사과장은 장대비가 퍼붓는 염리공동묘지 꼭대기에 20여 명의 특별 수사 대원을 배치했다. 목표는 산 아래 아현리 토막촌이었다. 특별 수사 대원은 산 정상에서 세 방면으로 일시에 달려들어 깊은 잠에 빠져 있던 10여 가족 남녀 30여 명을 검거했다. 불구자와 아이를 제외한 토막민 전원이 체포되었다. 노무라 형사과장은 체포한 토막민들을 경기도 경찰부에 구금하고, 수사본부를 서대문경찰서에서 경기도 경찰부로 이전했다.

다시 우는 뻐꾸기

6월 6일, 사건 발생 22일째. 지난밤 장대비를 맞으며 염리공동묘지에서 '맹활약'을 펼쳤던 경찰은 뜬눈으로 밤을 지새우고 수사에 박차를 가했다. 이제 남은 문제는 두 가지, 단두 유아의 신원 확인과 범인 색출이었다.

 단두 유아와 한기옥이 동일인으로 밝혀진다면, 범인은 이미 독 안에 든 쥐와 다름없었다. '용의주도한' 경찰은 용의 선상에 오를 만한 인물 전원을 체포해 유치장에 가둬 두었기 때문이다. 경기도 경찰부와 시내 각 경찰서에 유치되어 있는 수십 명의 용의자 중 범인을 가려내고 죄 없는 사람은 조용히 집으로 돌려보내면 그뿐이었다. 하지만 단두 유아와 한기옥이 다른 인물로 판명된다면 문제는 한층 복잡해질 것이었다. 단두 유아 사건이 원점으로 돌아가는 것은 물론, 한기옥의 무덤을 파헤쳐 머리를 베어 간 또 다른 범인을 찾아야 했기 때문이다.

 밤샘 조사에서 한창우는 단두 유아가 자기 딸이 아니라고 거듭 부인했다. 얼굴이 아무리 심하게 훼손되었다 해도 부모가 제 자식 얼굴을 못 알아볼 수 있을까? 그러나 경찰은 한창우가 범행에 직간접으로 관련되었기 때문에 거짓 진술을 하는 것이라고 판단하고, 아현리 이웃 주민을 차례로 불러와 사체의 신원을 확인시켰다. 경찰의 기대와 달리, 이웃들도 이구동성으로 한기옥이 아니라고 진술했다. 죽기 직전 한기옥을 진찰한 의생 안덕승 역시 단두 유아가 한기옥일 가능성에 회의적인 견해를 피력했다.

"그 애를 진찰했을 때는 벌써 빈사 상태였습니다. 회생할 도리가 없다고 일러 주고, 약을 지어 돌려보냈습니다. 그날이 한기옥이 죽기 사흘 전이었습니다. 그 애는 몹시 파리했습니다. 16일에 발견된 머리에서 피가 흘러나온 것으로 보면 아무리 생각해도 11일에 매장한 한기옥의 머리라고는 생각되지 않습니다."

사건 발생 직후 단두 유아를 부검했던 경성제대 법의학부 구니후사 교수는 아리송한 말로 즉답을 회피했다.

"형편에 따라서는 예심에 붙을지도 모르는 사건이라 자유롭게 말할 수 없습니다. 잘려진 머리와 몸뚱이가 같은지 같지 않은지 확인해 달라고요? 같다고 할지 같지 않다고 할지 대답하기가 딱합니다. 오히려 경찰에게 묻는 것이 더 낫겠습니다."

구니후사 교수는 확인을 애써 회피했지만 말하는 얼굴에는 별개의 유아 같다는 표정이 역력했다. 죽은 지 닷새나 지난 사체에서 피가 홍건히 흘러나온다는 것은 의학적으로 도저히 있을 수 없는 일이었다. 만일 단두 유아와 한기옥이 동일인으로 확인된다면 제국대학 교수이자 조선에서 활약하는 최고의 법의학자로서 자신의 명성은 치명적인 타격을 입을 것이 분명했다.

단두 유아의 신원에 관한 의문이 커져 가는 가운데 경찰은 또 다른 단서를 확보했다. 한창우와 함께 한기옥을 매장했던 한성우와 배구석이 지난해 12월까지 무당 이성녀의 이웃집에서 동거했던 것이다. 이미 밝혀진 것처럼, 등창으로 고생하던 박준화는 한기옥을 매장한 다음날인 5월 12일 오전 세브란스병원에 입원하여 이틀날 사망했다. 그것은 무당 가족이 주장하던 알리바이를 뒤집을 수 있는 결정적 증거였다.

"한성우와 배구석이 무당 가족과 뻐꾸기와 공모하여 그처럼 잔혹한 범죄를 저지른 것은 아닐까?"

한동안 용의 선상에서 비껴나 있었던 뻐꾸기와 무당 가족은 과거 이웃을 잘못 둔 탓에 다시 유력한 용의자로 떠올랐다. 서대문경찰서 특별 수사대는 당일 오전 이성녀의 수양딸 이경옥을 데리고 무당 집을 재차 수색했다. 집 안팎을 이 잡듯이 뒤져 화로 한 개, 솥 한 개, 의류 몇 벌을 압수하고, 이경옥의 지시에 따라 마당 이곳저곳을 파헤쳤다. 아니나 다를까 부엌과 가까운 마당 귀퉁이에서 널빤지로 대충 만든 도마 한 개가 나왔다.

"혹시 아이 머리 자를 때 사용된 도마가 아닐까?"

땅 속에서 나온 도마를 차례로 돌려보며 경찰은 흐뭇한 미소를 지었다.

뻐꾸기는 다시 울기 시작하나? 서대문경찰서에서 유력한 혐의자로 검거하였던 뻐꾸기와 문제의 죽첨정 무당 이성녀의 가족을 경찰은 가장 유력한 용의자로 문초하고 있다. 어린애의 골을 파낸다는 것은 아무리 무지한 사람이라도 선뜻 하기 힘든 일이나 죽은 박준화의 처가 무당이라는 특수한 직업을 가진 노파이고, 뻐꾸기는 술밖에는 아는 것이 없고 최근에는 어린애의 시체를 나르는 일도 있었으므로 보통 사람이 좀처럼 상상하지 못하는 사악한 범행도 감행할 만한 소질이 다분하다. 경찰은 이 방면에 유력한 혐의를 두고 문초했으나 무당 이성녀는 매사에 입을 굳게 다물고 "모르오." "아니오." 할 뿐이고, 뻐꾸기는 몇 번인가 사실을 자백했으나 누구 시체를 어느 무덤에서 파왔다는 진술은 하나도 맞는 것이 없었다. 머리를 자르고 다시 시체를 묻었다는 장소도 진술과 일치하지 않았다. 뻐꾸기는 당시 술에 취해서 자세히 모르겠다며 여기저기 함부로 주워 댔다. 울고 싶은 대로 바람결 쫓아 우는 뻐꾸기였다. 그러나 몸통이 발견된 이상 뻐꾸기는 좀 더 믿을 만한 새 울음을 울은 모양이다.

뻐꾸기가 다시 울자, 경찰 수사는 오랜만에 활기를 띠었다. 당일 오후, 경찰은 뻐꾸기와 무당 가족을 강도 높게 문초하면서 관련자 검거에 나섰다. 철로를 사이에 두고 무당 집과 이웃한 두부 장수 백순자, 빈 무당 집을 지키고 있던 이성녀의 언니, 이성녀와 친하게 지냈던 이웃 노파 두 명이 차례로 붙잡혀 왔다. 오전 수색이 미진했는지, 경찰은 당일 밤 무당 집으로 달려가 부엌 바닥 흙을 파오고, 그릇 몇 벌을 챙겨 왔다.

오후 8시 경, 경찰은 밤눈 어두운 걸인 여성 한 명을 데리고 죽첨정 일대 민가를 일일이 점검했다. 걸인 여성이 경찰서에 찾아와 사건 직전 키우던 아이를 죽첨정 어느 집에 주었다고 하기에 아이를 얻어 간 집을 찾기 위해 돌아다닌 것이었다. 그러나 걸인 여성은 백치에 가까운 인물이어서 진술이 오락가락했다. 경찰은 아이를 얻어 간 집은 물론, 과연 그런 일이 있었는지도 확인하지 못한 채 돌아왔다.

경찰은 혐의 사실을 입증할 결정적 증거를 찾지 못해 어려움을 겪고 있을 뿐, 무당 가족과 뻐꾸기가 틀림없는 범인이라고 확신했다. 이틀 밤을 새우고 수사를 지휘한 노무라 형사 과장은 지친 기색도 없이 밝은 얼굴로 수사 경과를 설명했다.

"오랫동안 해결을 보지 못했던 단두 유아의 몸통을 찾아냈으니 사회에 대한 책임은 한결 가벼워진 것 같소이다. 범인이 누구인 것은 지금 말할 수도 없고, 알 수도 없소이다. 여하간 어제 발견된 몸통과 문제의 머리가 틀림없이 일치할 것이라 생각합니다. 여하간 이것이나 저것이나 단언키는 곤란한 처지외다."

23일 만에 사건 종결

6월 7일, 사건 발생 23일째. 오전 11시, 온 국민의 관심 속에 경성제대 법의학부에서 사체 부검이 실시되었다. 집도는 구니후사 교수가 맡았고, 요다 검사, 노무라 형사과장, 기무라 서장 등 수사 수뇌부 전원이 입회했다. 법의학상 중대한 부검에는 학생과 조수(연구원)를 참관시키는 것이 관례였지만, 국민적 관심이 집중된 중대한 부검인지라 보안을 위해 기자와 일반인은 물론 학생과 조수까지 참관을 허용하지 않았다. 수십 명의 무장 경찰이 부검실 부근을 에워싸고 부검이 끝날 때까지 삼엄한 경계를 펼쳤다.

부검 시간은 예상보다 길었다. 성인 사체의 부검도 보통 1시간이면 속속들이 살펴볼 수 있는데, 한 살 남짓한 어린애 머리와 몸통을 맞춰 보는 데 무려 3시간 반이 걸렸다. 심하게 훼손된 머리와 몸통을 피부, 혈관, 뼈까지 일일이 다 맞춰 보자니 그처럼 긴 시간이 필요했던 것이다.

오후 2시 30분, 점심도 거르고 부검에 매달린 구니후사 교수는 머리와 몸통이 완전히 일치한다고 발표했다. 이로써 무려 23일간 미궁에 빠져 있던 아이 머리의 신원은 한기옥으로 최종 확인되었다. 그러나 피해자의 신원이 밝혀졌다고 모든 의문이 풀린 것은 아니었다. 문제는 범행 현장에 남아 있었던 핏자국이었다.

이번 단두 유아 사건이 남긴 커다란 의문이 하나 있다. 그것은 아이를 버린 현장 부근으로부터 약 2백 미터 가량이나 흐른 피 흔적을 에워싼 의문이다. 현재 통용되는 의학상의 학설에 따르면 사람의 피는 죽은 뒤 80시간밖에는 흐르지 않는다. 그러나 이번 사건은 아이가 죽은 것이 10일 오전 11시 15분이어서 그때부터 머리를 발견하기 전날인 15일 밤까지는 120시간이 훨씬 넘는데도 불구하고 현장에 피가 흘렀다. 그것은 현재의 학설과 정면으로 배치되는 사실이다.

구니후사 교수가 최초 부검에서 범행 발생 시간을 10시간 이내라고 판단한 것은 현장에 남아 있었던 핏자국 때문이었다. 120시간 전에 죽은 사체의 목을 잘랐는데 피가 쏟아졌다는 것은 당시 통용되는 의학상의 학설과 정면으로 배치되는 일이었다. 경찰은 사건 당일 밤 쏟아진 폭우와 현장 조사 이전에 구경꾼들이 현장을 훼손한 데서 원인을 찾으려 했다.

경찰은 먼저 사체에 말라붙은 피가 비에 씻겨 흘러내렸을 가능성을 수사했다. 그러나 말라붙은 피가 비에 씻겨 흘러내렸다면 핏자국이 끊기고 이어지기를 반복하면서 2백 미터를 이어 갈 수는 없다. 다음으로 사건과 아무런 관계도 없는 가축의 피일 가능성도 수사했지만, 현장에서 발견된 피는 사람의 피가 분명했다. 결국 경찰은 체질이나 날씨, 매장 환경 등 요인에 따라 사체의 피가 응고되는 속도는 달라질 수 있다고 얼버무린 채 핏자국을 둘러싼 의혹을 일축했다.

　피해자의 신원이 밝혀지자, 범인을 검거하는 것은 식은 죽 먹기와 같았다. '용의주도한' 경찰은 이미 용의 선상에 오를 만한 인물 전원을 체포해 유치장에 가둬 두었기 때문이다.

　범인은 예상보다 훨씬 빨리 드러났다. 부검이 끝난 지 1시간 만인 오후 3시 30분, 한창우와 같은 집에 사는 배구석이 범행 일체를 자백했다. 배구석은 자식이 간질병을 앓고 있는 친구 윤명구에게 한기옥의 무덤을 파헤쳐 골을 꺼내 주었다고 털어놓았다. 배구석이 자백한 후 경찰은 죽첨정으로 출동해 윤명구와 그의 아내 왕씨 그리고 장남 천구를 공범으로 긴급 체포했다. 이로써 대낮 경성 한복판에 나뒹군 아이 머리를 둘러싼 대소동은 23일 만에 종결되었다.

무지가 빚은 범죄

　배구석과 한창우는 충북 음성에서 농사를 짓다가 4년 전 상경했다. 죽첨정 빈민가에 집을 얻어 방 한 칸씩 쓰고 살다가 지난해 12월 함께 아현리로 이사했다. 배구석은 공업 상회에서 석탄 배달부로 일하는 선량한 노동자였다. 한 달 15원의 수입으로 아내와 세 남매, 다섯 식구가 근근이 먹고살았다. 배구석은 약간 덜떨어져 보이지만, 아주 성실한 사람이었다. 공업 상회 주인은 평상시 배구석의 됨됨이를 다음과 같이 설명했다.

◀ 수사에 동원된 경찰견(「조선일보」 1933년 5월 17일)_ '코 막힌' 경찰견이 엉뚱한 집에 뛰어들어 걸레를 물고 나온 바람에 애꿎은 '뻐꾸기'만 무려 한 달 동안이나 유치장 신세를 졌다.

 "배구석은 3년 전부터 우리 상회에서 석탄 배달부로 일해 왔는데, 20여 명 일꾼 가운데에서 가장 어리석은 사람이었소. 말하자면 좀 모자란 사람이라 할 수 있소이다. 술과 담배는 전연 먹지 않고 점심은 대개 떡을 사 먹고 지냈습니다. 우리는 그 사람을 퍽 순진한 사람으로 보았습니다. 3년 동안 일을 보고 있었지만 게으름 부리는 법은 조금도 없었소이다."

 배구석에겐 엿 장사하는 윤명구란 친구가 있었다. 윤명구는 충청도 청주에서 태어나 어려서는 한학을 공부하다가 가세가 빈한하여 열 대여섯 살 때부터 농사를 지었다. 그 후 농사에도 실패하고 시골에서 이 장사 저 장사 전전했으나 그 역시 여의치 않았다. 사건 발생 1년 전 식솔을 이끌고 상경하여 죽첨정에서 방 한 칸을 얻어 엿 장사를 하면서 그날그날 살았다. 윤명구는 큰아들 천구(17세), 둘째아들 정구(10세), 셋째아들 완구(7세)

를 두었다. 어려운 살림이었지만 예의바르고 품행이 올곧아 친구들 사이에 칭찬이 자자했다. 술도 전혀 마시지 않았다.

윤명구의 가정에는 가난보다도 더욱 무서운 불행의 씨앗이 있었다. 막내아들 완구가 세 살 때부터 간질병이 생긴 것이다. 다섯 식구가 한 칸밖에 안 되는 좁은 방에서 서로 사랑하며 오순도순 살다가도 완구가 입에 허연 거품을 물고 발작을 일으키면 온 집안에 냉기가 돌았다. 윤명구는 아들의 병을 고치려고 갖은 약을 구해 먹였다. 그러나 완구의 간질병은 날이 갈수록 악화되기만 했다. 그러던 차에 윤명구는 아기 골이 간질병에 용하다는 속설을 들었다.

백방으로 아기 골을 찾던 윤명구는 5월 11일, 친구 배구석과 같은 집에 사는 한창우의 딸이 죽었다는 소식을 들었다. 윤명구는 배구석을 찾아가 죽은 아이의 골을 꺼내 달라고 사정했다. 배구석은 죽은 아이 골로 산 아이 병을 낫게 해달라는 윤명구의 간곡한 부탁을 거절하지 못했다.

5월 15일 밤, 배구석은 한기옥의 무덤을 파헤쳐 머리를 베고 뇌수를 꺼내 윤명구에게 주고 그 대가로 2원을 받았다. 윤명구는 자식의 병을 고치려는 선한 마음에서 남의 자식 사체를 훼손하는 끔찍한 범죄를 저질렀던 것이다. 그러나 한기옥의 뇌수를 먹은 후에도 완구의 간질 증세는 조금도 나아지지 않았다.

6월 8일은 여러 사람에게 뜻깊은 날이었다. 기무라 서장은 오랜만에 활짝 웃으며 기자들을 만났고, 23일 동안 휴일도 없이 칼잠을 자며 근무했던 경성 시내 4천여 경찰은 오랜만에 두 다리 뻗고 편히 잠들 수 있었다. 철모르는 정구와 완구는 죽첨정 단칸방에서 아비도, 어미도, 형도 없이 하루를 보냈다.

뻐꾸기와 무당 가족은 그로부터 2주가 지난 6월 21일에야 서대문경찰서 유치장에서 풀려났다. '코 막힌' 경찰견이 엉뚱한 집에 뛰어들어 걸레를 물고 오는 바람에 애꿎은 뻐꾸기만 무려 한 달 동안이나 유치장 신세를 졌던 것이다.

***

단두 유아 사건은 1933년 당시 조선의 치부를 여지없이 보여주었다. 경성은 총독부가 자랑한 것처럼 '안전한 도시'가 아니었다. 미신과 무지는 조선 사회를 여전히 강력하게 지배하고 있었고, 숱한 어린이가 굶어 죽거나 유기되고 있었다. 잃어버린 아이의 몸통을 찾는 과정에 경성의 후미진 곳에서 얼마나 많은 사체가 암매장되고 있는지, 얼마나 많은 하층민이 사회의 그늘에서 웅크리고 있는지 적나라하게 드러났다. 그리고 무엇보다도 일본 경찰이 얼마나 '과학적'인지, 사건 해결을 위해 얼마나 열심히 '삽질'했는지 백일하에 드러났다.

배구석과 윤명구는 분묘 발굴 및 사체 훼손죄로 재판에 회부되어, 각각 징역 4년과 3년을 선고받았다. 당시 독립운동을 하다 체포된 사람들도 길어야 3년 형을 선고받았다. 일본이 분묘 발굴과 사체 훼손을 얼마나 사악한 범죄로 생각하는지 잘 보여주는 판결이었다.

안동 가와카미 순사 살해 사건

참혹히 살해된 일본 순사, 붙잡힌 조선 청년들은 과연 범인인가

1932년 1월 20일
　　가와카미 순사부장 변사체로 발견. 구타 및 기도 폐쇄로 인한 질식사.

1월 25일
　　살해 용의자 다섯 명 검거. 범행 자백.

9월 19일
　　대구지방법원 제1회 공판 개정. 피고인 일동, 경찰 고문에 의한 거짓 자백 주장.

1933년 7월 31일
　　고등법원(3심) 확정 판결.

가와카미 순사 실종되다

　1932년 1월 19일 밤 10시경, 경상북도 안동경찰서 가와카미 신사쿠(川上新作) 순사부장(경사)은 범죄 수사를 위해 집을 나섰다. 날씨가 추워서 그랬는지 신분 노출을 꺼려서 그랬는지 정복 대신 조선옷인 두루마기를 걸쳐 입었다. 가와카미 부인은 늦은 밤 출근하는 남편이 안쓰럽기도 하고 걱정도 되었지만, 늘 있는 일이라 조심해서 다녀오라는 간단한 인사말을 건네며 남편을 배웅했다. 남편은 너무 늦지는 않을 것이라며 아내를 안심시켰다.
　그러나 그날 가와카미 순사는 귀가하지 않았다. 새벽이 지나고, 아침이 되어도 소식이 없었다. 가와카미 부인은 불안에 떨며 뜬눈으로 밤을 지새웠다. 땅 설고 물 설은 조선에서 경찰의 아내로 10여 년을 살면서 늦게 돌아오는 남편을 기다리는 일이라면 이골이 났지만, 그날만큼은 유난히 불길한 느낌이 들었다.

아내의 예감은 틀리지 않았다. 날이 밝기를 기다려 경찰서에 달려가 소식을 알아보니, 남편은 경찰서에도 출근하지 않았다. 경찰 생활 10여 년 만에 첫 결근이었다. 그러나 외박과 결근 사실만으로 실종되었다고 보기는 어려웠다. 밤새 놀다 결근했을 수도, 보안을 요하는 사건 수사를 위해 잠복근무 중일 수도 있었다.

"실종 처리 하기엔 너무 이릅니다. 별일 없을 것이니 걱정 마시고 집에 돌아가 기다리세요. 곧 돌아올 겁니다."

불안에 떠는 부인을 간신히 달래 돌려보낸 경찰은 가와카미 순사의 소재 추적에 나섰다. 오전까지만 해도 경찰은 사건을 심각하게 여기지 않았다. 가와카미 같은 베테랑 순사가 불미스러운 일을 당했을 가능성은 희박했다. 조만간 미소를 지으며 제 발로 걸어들어 와 전후 사정을 설명해 주리라 믿었다. 그러나 경찰의 안이한 기대는 오후에 걸려 온 전화 한 통으로 산산이 부서졌다.

참혹한 사체

"안동읍에서 예천 방향으로 1.5킬로미터 정도 떨어진 도로의 콘크리트 다리 밑에 사람 시체가 있어요. 어서 와주세요."

인근 야산으로 나무하러 가던 초동의 제보였다. 초동은 주막집 개가 다리 밑에서 짖고 있어 다가가 살펴보니 얼굴이 피범벅이 된 남자의 시체였다고 덧붙였다. 아침 나절부터 가와카미 순사의 소재를 추적하고 있던 경찰은 뜻밖의 제보를 받고 아연실색했다.

"설마 가와카미 순사가……."

얼마 뒤 사건 현장에 대구지방법원 안동지청 아오야마(靑山) 검사대리와 우에다(植田) 안동경찰서장을 위시한 경관 수십 명이 달려왔다. 사체 감정을 위해 도립 안동의원 야마다(山田) 원장까지 나타났다. 안면부가 참혹하게 뭉개진 사체를 살펴본 경관은 일제히 비명을 질렀다. '설마'가 '현실'로 드러났기 때문이다.

이마는 심하게 깨어졌고 이는 부러졌고 귀밑과 손등의 할퀸 자국을 비롯해 온몸에 크고 작은 상처가 나 있었다. 코허리를 맞은 것이 치명상 같았다. 웃옷은 벗겨지고 바지는 정강이까지 흘러내려 속옷이 드러나 있었다.

대충만 훑어보아도 타살이 분명했다. 경찰은 현장 조사를 마친 뒤, 정밀한 사인 조사를 위해 사체를 안동병원으로 옮겼다. 부검 결과, 직접적인 사인은 '기도 폐쇄로 인한 질식사'였다. 누군가 공무수행 중이던 현직 일본 순사를 마구 구타한 뒤, 목 졸라 살해한 것이다.

안동경찰서에는 비상이 걸렸다. 대구에서 검사와 예심판사가 황급히 달려와 수사를 지휘했다. 사건 수사에 소속 경찰이 총동원되었다. 조용한 시골 읍내는 일순간 계엄을 방불케 하는 삼엄한 경계 아래 놓였다.

불과 몇 시간 전까지만 해도 옆자리에 앉아 함께 근무하던 동료를 잃은 순사들의 눈빛에는 복수심이 불타올랐다. 사건을 조속히 해결하라는 상

▲ 가와카미 순사 살해 사건의 주요 무대였던 안동 안기천의 현재 모습. 지금은 복개해 도로가 되었다.

급 관청의 주문도 주문이거니와 하루빨리 범인을 잡아 억울하게 죽은 동료의 원한을 풀어 주고 싶었다.

사건의 실마리는 어렵지 않게 풀렸다. 수사를 시작한 지 하루 만에 사체 발견 현장에서 서남쪽으로 얼마 떨어지지 않은 모래밭에서 죽은 가와카미 순사의 장갑, 수갑 등 잃어버린 유류품 일부를 찾았다. 유류품과 함께 범인의 것으로 추정되는 담배쌈지와 부서진 성냥갑, 그리고 범행에 사용되었을 것으로 추정되는 피 묻은 돌멩이가 발견되었다. 모래밭에는 대여섯 사람의 발자국이 어지럽게 찍혀 있었다.

단서는 다른 장소에서도 속속 발견되었다. 모래밭과 다리 사이에 있는 논에서는 가와카미 순사의 열쇠 꾸러미와 수첩, 6월 50전이 든 지갑, 금니 한 개, 명함 열 장, 연필 한 자루 그리고 범인의 것으로 추정되는 피 묻은 구두 한 짝이 한 줄로 늘어서 있었다.

유류품이 발견된 논과 시체가 발견된 다리 사이에 있는 안기천 철교 아래에는 가와카미의 검정색 외투, 두루마기, 목도리, 모자, 포승, 곤봉 등과 범인의 것으로 추정되는 방한모 한 개가 떨어져 있었다. 가와카미의 외투와 두루마기는 피에 흥건히 젖어 있었다.

수집된 증거물을 통해 사건의 정황을 추론할 수 있었다. 첫째, 범인은 한 명이 아니라 대여섯 명이다. 둘째, 범인들은 모래밭에서 가와카미 순사를 집단 구타하고 목 졸라 살해한 뒤, 사체를 논과 안기천 철교를 거쳐 다리 밑까지 지고 가서 유기했다. 셋째, 사건 뒤처리가 엉성한 것으로 보아 비전문가의 우발적 범행이다.

원한 관계 수사도 착착 진행되었다. 가와카미는 개인적으로 누군가의 원한을 살 사람이 아니었다. 가와카미는 유능한 경관이었고, 성실한 가장이었으며 마음씨 착한 이웃이었다. 그러나 공적으로 그는 부인할 수 없는 '일본 순사'였다. 경찰은 범인을 '일본 순사를 미워하는 자'로 단정하고 수사에 박차를 가했다. 사실상 안동에 사는 모든 조선인이 용의자였다.

경찰은 사건 현장 인근의 민가를 샅샅이 뒤져 조금이라도 수상한 낌새가 보이는 주민이면 닥치는 대로 잡아들였다. 안동경찰서에는 날마다 수십 명의 농민이 끌려와 강도 높은 신문을 받았다. 일본 순사 한 명이 살해당하는 바람에 애꿎은 안동 읍민들이 고초를 겪었다. 그러나 무구한 양민의 수난은 길지 않았다. 가와카미 순사가 살해된 지 엿새 만인 1월 25일, 사토 하야오(佐藤速男) 사법주임은 범인 일당을 일망타진했다고 발표했다.

사건이 해결되기까지 고초를 겪은 것은 비단 조선인만이 아니었다. 엿새 동안 우에다 서장 이하 안동경찰서 전 경찰은 불철주야로 수사에 매달렸다. 의자에 기대 새우잠을 자면서 밤낮으로 수사에 내몰렸지만 누구 하나 불평하지 않았다. 범인이 자유롭게 거리를 활보하는 한 다음에 누가 당할지 알 수 없었기 때문이다.

안동경찰서 경찰들 사이에는 가와카미 순사처럼 이국땅에서 비명횡사하지 않으려면 하루라도 빨리 범인을 찾아내 철저하게 응징해야 한다는 암묵적 공감대가 형성돼 있었다. 죽는 것보다야 일주일쯤 잠을 못 자는 게 나았다. 수사 결과를 발표하면서 사토 사법주임은 의미심장한 미소를 지었다.

다음은 사토 주임이 발표한 내용을 토대로 재구성한 살해 당시의 상황이다.

과수원 살인 사건

1932년 1월 19일 밤 9시경, 조동래(24세), 황석칠(22세), 조용화(27세), 강점목(20세), 안경호(22세) 등 시골 청년 다섯 명은 안동 읍내 옥동에 있는 과수원에 모였다. 다섯 청년은 과수원지기 오두막에서 한 판에 1전씩 걸고 화투를 쳤다. 한두 시간 지나 판이 한창 무르익을 무렵, 두루마기를 입은 괴한이 들이닥쳤다. 놀란 청년들 중 한 명이 황급히 호롱불부터 껐다. 조선옷을 입은 괴한은 칠흑 같은 어둠 속에서 일본말로 다그쳤다.

"무엇을 하느냐? 다 일어서라."

일본말에 서툰 무식한 시골 청년들이었지만 분위기만으로도 사태를 직감할 수 있었다. 청년들은 괴한이 시키는 대로 순순히 일어섰다. 청년들이 일어서자 옷 사이에 숨긴 화투장이 우수수 떨어졌다. 괴한은 손전등으로 청년들의 얼굴을 차례로 비추며 자신이 순사임을 밝혔다.

"녀석들 노름을 한 것이로구나. 순순히 이름과 주소를 대라."

가와카미 순사는 수첩과 만년필을 꺼내 청년들의 이름을 적으려 했다. 청년들은 서로 의미심장한 눈빛만 주고받을 뿐 입을 열지 않았다. 가와카미 순사는 다시 한 번 손전등으로 청년들의 얼굴을 비추었다.

"반항해도 소용없다. 달아나려거든 달아나라. 얼굴은 다 안다."

말이 떨어지기 무섭게 가와카미 순사의 얼굴에 딱딱한 물체가 날아들었다. 조동래가 옆에 있던 목침을 집어던진 것이었다. 목침은 가와카미의 콧등을 정확히 강타했다. 가와카미 순사가 외마디 비명을 지르고 쓰러지자 다섯 청년이 일제히 달려들었다. 황석칠과 강점목이 팔다리를 누르고, 조동래가 목을 졸랐다. 조동래가 있는 힘을 다해 목을 조르는 동안, 조용화와 안경호는 바동거리는 몸뚱이를 사정없이 짓밟았다.

얼마 후 발버둥을 치던 가와카미 순사가 저항을 멈췄다. 피는 속옷, 셔츠, 외투를 적시고 두루마기 밖으로 흘러내렸다. 화투 치느라 깔아 놓은 돗자리까지 유혈이 낭자했다. 조동래는 가와카미의 숨통이 끊어진 것을 거듭 확인하고 널브러진 시체를 등에 지고 집 밖으로 나왔다.

다섯 청년은 시체를 번갈아 짊어지고 어둠을 가르며 내달렸다. 과수원에서 3백미터 정도 떨어진 모래밭에서 시체를 내려놓고 잠시 쉬었다. 잠시 쉬는 틈을 이용해 조동래는 죽은 가와카미의 몸을 뒤져 현금 50원이 든 지갑과 회중시계 하나 그리고 만년필 한 자루를 훔쳤다. 몸을 뒤지는 동안 장갑과 수갑이 땅에 떨어졌지만 알아채지 못했다. 청년들은 담배 한 대씩 피우고 자리에서 일어났다. 경황이 없어 담배쌈지와 성냥갑을 앉았던 자리에 두고 떠났다.

　다섯 청년은 시체를 짊어지고 내달리다 지치면 땅에 내려놓고 끌고 갔다. 시체를 땅에 끌고 가다 보니 피부가 벗겨지고, 지니고 있던 물건이 흘러내리고, 두루마기와 외투가 벗겨졌다. 조급한 마음에서 그랬는지, 아둔해서 그랬는지, 사체를 유기하면서 다섯 청년은 무수한 흔적을 남겼다. 가와카미 순사의 시체를 과수원에서 6백미터쯤 떨어진 예천 가는 길 콘크리트 다리 아래에 내다 버렸다. 얼마나 당황했던지, 건장한 다섯 청년이 한겨울에 비지땀을 흘려가며 시체를 날랐는데 겨우 6백미터밖에 옮기지 못했다. 옮기다 한 차례 쉬었으니, 한 사람당 60미터씩 시체를 이고 나르면서 녹초가 되었던 것이다.

　'무사히' 사체를 유기한 뒤 다섯 청년은 과수원으로 돌아와 피 묻은 흔적을 지웠다. 얼마나 열심히 닦았던지, 돗자리와 목침과 벽에 돋보기를 대고 자세히 들여다보아야만 보일까 말까 하는 작고 희미한 핏자국만 남았다. 화투장은 부엌 아궁이에 넣고 태웠다.

▲ 가와카미 순사 살해범으로 재판을 받은 조동래, 황석칠, 조용화, 강점목, 안경호(「동아일보」, 1933년 8월 1일).

다음날 조동래는 영주로 달아났고, 나머지 네 청년은 전날 밤 아무 일도 없었던 것처럼 일상으로 돌아갔다. 사람을 죽이고도 얼마나 태연하게 지냈던지, 가족조차 조그만 낌새도 알아채지 못했다.

대범한 형제

세계적으로 '우수성'을 자랑하는 일본 경찰의 사전에 완전범죄란 없었다. 제아무리 열심히 증거를 인멸한들 일본 경찰의 예리한 눈을 피해갈 수 없었다.

안동경찰서 경찰은 사력을 다해 수사했으나 단서를 얻지 못하다가 지난 24일 옥동 과수원 집 방 안에서 깔아 놓은 돗자리와 목침과 벽 위에 흐릿한 피 흔적을 발견했다. 과수원지기 아들인 조동래가 사건 다음날부터 종적을 감춘 것이 이상하여 조사한 결과, 영주 방면으로 행적을 감춘 것을 알아냈다. 안동경찰서 박상규 순사가 출장하여서 지난 25일에 체포해 돌아온 후 공범 4명도 부근 안기동에서 모두 체포했다.

피 묻은 돗자리, 벽지, 목침, 타다 남은 화투장 등 명백한 물증이 있었지만, 다섯 청년은 일관되게 범행을 부인했다. 사전에 치밀히 입을 맞춘 듯 다섯 청년은 화투를 치지도 않았고 사람을 죽이지도 않았다며 손바닥으로 하늘을 가리려 했다. 심지어 서로 얼굴도 모르는 사이라며 관계마저 부인하는 청년도 있었다.

"이렇게 확실한 물증이 있는데도 부인할 테냐?"

"글쎄, 안 한 것을 어찌 했다 하나요?"

다섯 청년은 악랄한 범죄 수법만큼이나 지독한 '독종'이었다. 며칠 동안 잠을 재우지 않아도 보고, 몽둥이로 때려도 보았지만 순순히 자백하지 않았다.

자백을 놓고 다섯 청년과 줄다리기를 하는 동안에도 경찰의 증거 수집은 계속되었다. 그 결과 이리에(入江) 순사는 조동래의 아우 조용이로부터 결정적인 증언을 확보했다. 조용이는 경찰이 찾아낸 유일한 목격자였다.

"19일 밤 저녁을 먹고 황석철과 같이 과수원 오두막에 갔어요. 조금 있으니 형까지 모두 다섯이 모여서 화투를 가지고 노름을 했어요. 한참 재미나게 노는데, 눈만 보이는 모자를 쓰고 검은 외투를 입은 일본 사람 하나가 나타나, "왜 노름하느냐?"하니까 형이, "하면 어때서. 네가 무슨 상관이냐?" 했어요. 한 사람이 팔을 잡자 일본 사람이 뿌리치며 뺨을 갈겼어요. 두 사람이 밖에 나가 몽둥이를 들고 와서 말없이 코허리를 때리고 목을 졸라 죽였어요.

뒷문으로 끌고 나가는 것까지 보고 졸려서 잤어요."

형은 일본 순사 목을 졸라 죽이고, 동생은 그 무시무시한 살인 현장을 목격하고도 졸려서 잤다니, 대범함이 말 그대로 난형난제였다.

이리에 순사는 '열두 살밖에 안 된 꼬마'의 진술을 증거로 삼는 게 꺼림칙했지만, 진실을 밝히는 데 나이가 문제겠느냐며 애써 자위했다. 검은 외투를 웃옷으로 입었다거나 몽둥이로 코허리를 가격했다는 등 몇 가지 진술이 사토 주임의 수사 발표와 부합하지 않았지만, 어린 마음에 심한 '정신적 충격'을 받아 잘못 기억하는 것으로 대수롭지 않게 넘겼다.

잠 안 재우고, 때리고, 며칠이고 똑같은 질문을 반복해서 던지고, 명백한 물증과 동생의 증언까지 들이밀자, 완강하게 부인하던 조동래도 더는 버티지 못했다.

"훔쳐 간 50원을 어떻게 하였느냐? 바로 대라! 바로 대!"

사정없이 내리는 호령과 철썩 하는 뭇매에 솔개 앞에 병아리같이 파랗게 질린 젊은이의 입에서는 뭐라고 묻는지도 모른다는 듯이,

"네, 그저 그렇습니다."

"거기 갖다 두었지?"

"그랬다고 해두십시오."

하는 말이 흘러나왔다.

한번 자백의 물고가 터지자 경찰 조사는 일사천리로 진행되었다. 주범 격인 조동래가 허물어지니 나머지 네 명도 차례로 백기를 들었다. 혹시라도 생각이 바뀔까 봐, 사토 사법주임은 신속히 신문조서를 꾸미고 서둘러 범인들의 지장을 꾹꾹 눌러 찍었다.

이것으로 사건은 경찰의 손을 완전히 떠나는 듯했다. 가와카미 순사의

죽음으로 침울한 분위기에 젖어 있던 안동경찰서는 언제 그랬냐는 듯 축제 분위기에 휩싸였다. 사건 해결에 큰 공을 세운 사토 사법주임은 표창과 함께 포상금 100원을 받았다. 그러나 사건은 끝이 아니라 이제 겨우 시작이었다.

곡성이 낭자한 법정

다섯 청년은 도박, 공무집행방해, 살인, 사체유기, 점유물 이탈 횡령 등 다섯 가지 죄목으로 기소되었다. 경찰의 손아귀를 벗어난 다섯 청년은 예심정에서 또다시 범죄 사실을 부인했다. 예심에서 피고인이 범죄 사실을 부인하면, 자백할 때까지 몇 년이고 방치하는 것이 관례였다. 그러나 예심판사는 범죄 사실을 시인한 경찰 조서를 근거로 유죄를 인정해 서둘러 공판에 회부했다.

1932년 9월 19일, 대구지방법원 제4호 법정에서 제1회 공판이 열렸다. 범죄 사실을 인정하느냐는 재판장의 질문에 다섯 청년은 이구동성으로 경찰의 고문에 못 이겨 거짓 자백을 했다고 주장했다. 검사는 다섯 청년의 유죄를 입증할 확실한 물증을 제시하지 못했다.

검사가 제시한 피 묻은 돗자리, 벽지, 목침 등은 참고 자료에 불과했다. 돋보기로 자세히 들여다보아야 겨우 형체를 알아볼 수 있는 흐릿한 얼룩이 과연 핏자국인지도 확실치 않았다. 핏자국인지 아닌지조차 확인하기 어려운 얼룩을 가와카미의 피라고 단정할 수 없었다. 타다 남은 화투라며 제시한 증거도 한 줌 재에 불과했다. 화투를 태운 재가 맞다 하더라도, 재에 지문이 찍힌 것도 아니고, 그것이 사건 당일 다섯 청년이 치던 화투를 태운 재라는 것을 증명할 방법이 없었다.

경찰이 조동래의 자백을 바탕으로 찾은 50원이 든 돈 봉투는 출처가 의심스러웠다. 체포 당시 조동래가 몸에 지니고 있던 돈은 15전에 불과했다. 영주에서 친구 조또쇠에게 사정해 1원을 빌려 쓰고 남은 돈이었다. 현금이 추적되는 것도 아닌데, 훔친 돈 50원을 숨겨 놓고 아쉬운 소리 해가며 친구에게 돈을 꾼 것은 상식으로 납득하기 어려운 일이었다. 더욱이 조동래는 현금이 추적될 것을 걱정할 만큼 치밀한 인물이 아니었다.

조동래의 동생 조용이의 경찰 진술 역시 의문투성이였다. 열두 살밖에 안 된 소년의 진술을 증거로 채택하는 것도 부담스러운 일이었는데, 이리에 순사가 진술을 얻기 위해 조용이를 '매수'한 정황이 드러났던 것이다.

처음 경찰서에 불려 왔을 때, 조용이는 사건을 목격하지 않았다고 진술했다. 그러나 이리에 순사가 조용이를 자기 집으로 데려가 저녁을 먹이고 과자를 사주어 달래니 그제서야 사건을 목격했다고 시인했다. 진술이 오락가락하는 데다가 몽둥이로 때렸다는 둥, 형들이 시체 업고 나가는 것을 보고 졸려서 잤다는 둥, 내용마저 황당하기 그지없었다.

제1회 공판은 원고와 피고 어느 쪽도 자신의 주장을 확실히 입증하지 못한 채 끝났다.

10월 24일, 제2회 공판에서도 다섯 청년은 범죄 사실을 전면 부인했다. 검사는 먼저 안경호를 증언대에 세워 심문했다.

"피고인은 김경삼을 아는가?"

"안동형무소에 있을 때, 한방에서 지냈습니다."

"김경삼에게 순사를 죽였다는 말을 한 적이 있다지?"

"그런 말 한 적 없습니다."

"대구형무소로 이송되면서 김경삼이 호송 순사에게 사실을 죄다 털어놓았다. 피고인이 밤중에 자다 말고 일어나 떨고 있는 이유를 김경삼이 물었을 때, 피고인은 조동래와 화투를 치다가 들켜 순사를 죽인 것이 양심에 걸려 그런다고 말하지 않았더냐? 들은 사람이 있는데도 부인할 테냐?"

"아, 아닙니다. 하늘에 맹세코 그런 말 한 적 없습니다."

끝내 안경호의 자백을 받아 내지 못한 검사는 대구형무소 간수 류시발을 증인 신청했다. 재판장이 검사를 향해 물었다.

"원고는 신청 이유를 말하라."

"얼마 전 류시발이 본 검사에게 찾아와 강점목이 변호사를 면회할 때, '사실을 자백한다.'는 말을 두 귀로 똑똑히 들었다고 제보했습니다."

재판장은 강점목을 일으켜 세워 물었다.

"사실인가?"

"아닙니다. 고문에 못 이겨 사실을 자백했다는 말을 한 적은 있어도, 사실을 자백한다는 말을 한 적은 없습니다."

재판장은 류시발을 증인으로 채택한다고 말하고 폐정을 선언했다.

10월 28일, 제3회 공판 개정과 동시에 류시발 간수가 증언대에 섰다.

"증인은 박필주 변호사가 형무소에 면회 갔을 때, 강점목이 범행을 자백한다는 말을 들어 전말을 담임 검사에게 보고한 적이 있느냐?"

"보고는 했는데, 그게…… 직접 들은 것이…… 아니라……."

류시발은 재판장의 질문에 확실한 답변을 못하고 우물거렸다. 그때 검사가 일어서서,

"나에게 말한 그대로 말하면 그뿐이 아니냐." 며 세 번이나 증인을 꾸짖었다.

류시발은 강점목의 범죄 사실을 입증하지 못한 채 증언대를 내려왔다. 그것으로 사실심리는 종결되었다. 경찰에서 범죄 사실을 시인한 것이 피고인에게 불리하게 작용할 것이었지만, 검사 역시 범죄 사실을 시인한 경찰 조서 외에 뚜렷한 물증을 제시하지 못했다. 무죄일지 유죄일지 확률은 반반이었다.

검사는 비록 물증은 부족하지만, 피고인들이 경찰에서 범죄 사실을 자백했고, 그것을 뒷받침하는 여러 가지 증언과 정황 증거가 있어 범죄 사실이 명백하다는 요지의 논고를 펼친 후, 곧바로 구형을 내렸다.

"조동래 사형, 황석칠·조용화·안경호 무기징역, 강점목 징역 15년!"

일본말로 내린 구형의 통역이 끝나기도 전, 사형이라는 말에 놀란 조동래는 그 자리에 쓰러져 통곡했다.

"억울합니다. 재판장님, 억울합니다."

조동래가 울면서 하소연하자 나머지 네 청년도 목 놓아 울부짖어 법정 안은 한참 동안 곡소리가 낭자했다.

11월 4일, 선고 공판에서 재판장은 조동래에게 무기징역, 황석칠·조용화·안경호에게 징역 15년, 강점목에게 징역 10년을 선고했다. 경찰에서 자백한 것과 과자로 매수된 열두 살짜리 소년의 증언을 근거로 범죄사실을 인정한 것이다.

다섯 청년은 단 하루라도 징역을 살 이유가 없다며 복심법원에 항소했다. 그러나 복심법원에서도 똑같은 공방이 이어졌고, 1심과 똑같은 판결이 내려졌다. 일반적인 경우 사실심리는 2심에서 끝나고, 3심에서는 법적용의 타당성만을 검토했다. 1심인 지방법원에 이어 2심인 복심법원에서도 도박, 공무집행방해, 살인, 사체유기, 점유물 이탈 횡령 등 다섯 가지 죄목이 모두 인정되었으므로, 새로운 증거가 드러나지 않는 한 다섯 청년이 3심인 고등법원에서 무죄를 선고받을 확률은 지극히 희박했다. 다섯 청년은 10년, 15년, 평생 동안 감옥을 집으로 삼고 지내야 할 절체절

▲ **1930년대 안동읍 풍경**_ 가와카미 순사의 사체가 발견되자, 조용한 시골 읍내는 일순간 계엄을 방불케 하는 삼엄한 경계 상태에 놓인다.

명의 위기에 처했다.

눈물의 상고장

　다섯 청년 모두 한자로 자기 이름 석 자 쓸 줄 모르는 무식쟁이였다. 그 중 안경호만이 초보적인 일본어를 쓸 줄 알았다. 복심법원의 선고가 있은 뒤, 안경호는 스스로 상고장을 작성했다. 간수의 감시를 받으며 줄친 인찰지印札紙(공문서 작성용 종이) 위에 서툰 붓글씨로 비뚤비뚤 써내려 갔다. 지난 시절을 생각하니 눈물 없이는 한 줄도 쓸 수 없었다. 눈물을 훔치며 가슴에 품은 사연을 한 줄 한 줄 쏟아 내니 인찰지는 어느덧 40장을 넘겼다.

　"한 살에 어미 죽고 두 살에 계모를 맞았더니 14세에 아버지마저 돌아가시고 보니 넓은 세상에 의지할 곳 전혀 없어 손발이 닳도록 애를 써서 겨우 살아갈 만하니 이 무슨 업원業冤일까!"
　"내 죄 없음은 하늘땅이 아옵니다. 이 쓰린 원한을 호소할 길 전혀 없어 가슴만 메어집니다. 철저히 조사하면 사실이 드러날 터인데 왜 증거 신청을 낱낱이 물리치는가요?"
　"이렇게 도무지 여가를 차릴 수 없으매 무슨 동무라고 있습니까? 담배와 술은 조금씩 하지마는 노름이야 생후 한 번도 손에 대본 일도 없습니다."

상고장에 나타난 안경호의 가슴 아픈 사연은 다음과 같다.

안경호는 안동읍 안기동에서 태어나고 자랐다. 조부모와 계모를 모시고 아내와 어린애를 데리고 사는 한 집안의 가장이었다. 낮에는 들에서 저물도록 농사를 짓다가 밤에는 잠들기 전까지 짚신을 삼고, 아내와 계모는 삼베를 짜서 가난하지만 단란하고 행복한 가정을 꾸려 갔다. 조동래와는 4~5년 전부터 알고 지냈지만, 황석칠과는 대면조차 한 적이 없었다. 가와카미 순사의 이름은커녕 얼굴도 몰랐고, 살해당한 사실도 경찰서에 붙들려 와서야 알았다.

이전부터 안동경찰서에서는 동네 청년들을 몇 조로 나누어 야경을 돌게 했다. 가와카미 순사가 죽던 날 밤, 안경호는 강점목, 조용화와 더불어 야경을 돌았다. 추운 밤 셋이 만나 야경을 돌고 자정이 가까워서야 집으로 돌아와 가족과 함께 잤다. 그날 밤, 계원으로 참여하는 계회에 잠깐 다녀온 것 외에는 아무 일도 하지 않았다.

이틀 뒤 형사와 순사가 찾아와 저녁을 먹고 있던 안경호를 체포했다. 안경호는 그날 밤 자신의 행적을 낱낱이 고했지만 신문하는 순사는 믿어 주지 않았다. 이틀 동안 구금을 당하고 풀려났는데, 풀려난 지 채 일주일이 되기도 전에 또다시 붙들려 갔다.

"죽였지?"

"안 죽였어요."

"화투를 친 것은 사실 아닌가?"

"글쎄, 안 쳤다니까요."

"그렇다면 죽이기만 했나?"

"화투를 치지도 않았고, 죽이지도 않았어요."

안경호는 별실과 유치장을 오가며 여러 차례 문초를 받았다. 경찰은 똑같은 질문을 몇 번이나 되묻고, 잠도 못 자게 했다. 그렇게 며칠을 보내고 나니, 머리가 어지럽고 정신이 아득아득해서 자기가 말하고도 무슨 말을 했는지 알 수 없게 되었다. 그 바람에 귓병을 얻었고 다행히 치료를 받아 나았지만, 어지럼증은 그 후로도 없어지지 않았다.

"그날 밤, 조동래, 황석칠과는 만난 일도 없습니다. 과수원지기 오두막집에 놀러 가자는 말도 듣지 못했습니다. 야경을 도는데 일부러 갈 수도 없었습니다. 순사를 만난 일도 없거니와 살해의 공모가 무슨 말입니까? 알지도 못하는 그에게 무슨 원한이 있겠으며, 만나지도 않은 사람들과 무슨 노름을 했겠습니까?

15년의 징역이 길다는 것이 아닙니다. 하지 않은 일로 옥살이를 하는 것이 너무 억울하지 않습니까? 사람은 양심이 있는데 한 일을 안 했다고 할 수 있을까요? 밝은 눈으로 살펴 이 억울한 죄를 벗게 해주시기를 바라고 바랍니다."

가슴속 깊은 곳에서 우러나온 슬픈 사연에 상고장을 받아 든 법관조차 감동했다. 결국 경성고등법원은 안경호의 상고를 받아들였다.

안동에서 체포돼 경찰 조사를 받고, 대구로 후송돼 검찰 조사와 예심, 1심, 2심을 받은 다섯 청년은 3심 재판을 받기 위해 또다시 경성으로 호송되었다. 억울한 누명을 쓰고 옥중에서 청춘을 보낼 것인지, 사랑하는 가족 품에 돌아갈 것인지 이제 단 한 번의 재판만 남았다.

가와카미 순사는 손이 셋?

대구에서 활동하는 손치은 변호사는 사건이 알려진 이래 특별한 관심을 갖고 사건의 추이를 지켜보았다. 다섯 청년에게 1심에 이어, 2심에서까지 중형이 선고되자 자진해서 무료로 변론을 맡았다. 경찰 조서, 검찰 조서, 1·2심 판결문을 꼼꼼히 연구해 보니 사실관계에서 심각한 문제가 발견되었다.

1933년 5월 8일, 경성고등법원에서 개정된 제1회 상고 공판에서 손치은 변호사는 날카롭게 사실관계의 모순을 지적했다.

▲ **고등법원**_ 일제 강점기 재판은 1심 지방법원, 2심 복심법원, 3심 고등법원 순으로 진행되었다. 11개 지역에 설치된 지방법원과는 달리 복심법원은 경성, 대구, 평양 등 3곳에, 고등법원은 경성 한 곳에만 설치되었다.

"가와카미 순사가 방에 들어왔을 때 호롱불은 이미 꺼진 상태였다. 복심법원의 판결은 가와카미 순사가 손전등으로 피고인들의 얼굴을 비추면서 수첩에다 성명을 기입하려고 했다는 검사의 주장을 인정했다. 그러나 그것은 현실적으로 있을 수 없는 일이다. 가와카미 순사가 한 손으로 손전등을 들고, 다른 한 손으로 수첩을 들었다면, 도대체 어느 손으로 만년필을 들었단 말인가? 가와카미 순사가 손이 세 개라도 된단 말인가?

일이 이렇게 된 이상 죽여 버리자고 피고인들이 서로 눈짓을 주고받으며 공모했다는 것도 현실적으로 불가능한 일이다. 불은 꺼졌고 손전등은 번쩍번쩍하는데 어떻게 살해하자는 눈빛을 주고받겠는가?

또 복심법원의 판결은 '피고인들은 협력하여 순사의 손발을 누르고 배에 걸터앉아 목을 감고 머리를 쳐서 질식시켰다.' 는 검사의 주장을 인정했다. 압수 물건 제30호 가와카미 순사의 두루마기는 피투성이가 되었다. 그런데 증거 제43호 조동래가 예전에 입던 옷 외에 다른 피고인들의 옷에는 피 묻은 흔적이 없었다. 피고인들은 원래 가난하고, 또 겨울이라 한 벌 옷을 한두 달씩 입는 사람이므로 사건 발생 후 얼마 안 돼 검거된 그들의 옷에는 마땅히 피 묻은 자국이 남아 있어야 했다.

깜깜한 밤중에 달려들어 격투를 벌이다 살해하고, 또 시체를 다리 밑까지 짊어지고 가서 버렸으니 그들이 귀신이 아닌 이상 옷에는 다량의 피가 묻었을 것임은 상식에 속한다. 살해한 후 검거되기까지 갈아입은 흔적이 없는 피고인들의 옷에 한 점의 혈흔이 없는 것은 피고인들이 이 사건의 범인이 아니라는 것을 증명하기에 족할 것이다."

원심 판결의 문제점을 날카롭게 지적한 손치은 변호사는 재판장에게 원심을 파기하고 사실심리를 요청했다. 워낙 날카로운 논리였기에 재판장도 변호인의 요구를 기각하기 어려웠다. 5월 8일, 제2회 상고 공판에서 재판부는 근거 없는 사실에 기대어 판결한 원심을 파기하고 사실심리를 결정했다.

6월 12일, 다섯 청년은 고등법원 형사법정 증언대에 차례로 불려 나갔다. 재판장이 물었다.

"가와카미 순사를 죽인 일이 있는가?"

"아니요, 우리는 도박한 일도 없거니와 순사를 살해한다는 것은 꿈에도 생각하지 못할 일입니다."

다섯 청년은 한 목소리로 외쳤다.

"경찰의 신문조서에는 네 사람이 자백했다고 적혀 있는데 어찌된 일이냐?"

"때리고 차니 견딜 수가 있습니까? 거짓말이라도 해야 살겠기에 그리한 것입니다. 결코 사람을 죽이지 않았습니다."

재판장도 심증을 얻은 듯 고개를 끄덕이며 피고인들의 진술에 귀를 기울였다.

심리가 진행되는 동안 방청석은 찬물을 끼얹은 듯 조용했다. 방청석을 가득 메운 학생과 일반 방청객들은 마치 흥미진진한 활동사진이나 연극을 구경하는 듯 긴장된 태도로 증언대를 주시했다. 방청석에 앉아 재판 과정을 지켜본 판·검사시보조차 피고의 승리를 낙관했다.

"저 시골뜨기들이 그런 무서운 범행을 했을까?"

"그건 재판이 확정되기까지는 모르지만 경찰 조서에는 허무한 것이 적지 않은 모양이야."

"만일에 다섯 청년이 범인이 아니라고 보면 진범이 따로 있다는 결론이 나지 않을까?"

"그러기에 말이야. 조선 경찰은 무리한 점이 많다는 것을 이 사건으로서도 알게 될 걸세. 참말 중대 문제가 되지 않겠는가."

"좌우간 흥미 있는 문제야."

다섯 청년에 대한 심문이 끝나고, 사토 사법주임이 증언대에 섰다. 재판장은 증거가 이토록 부실한 이유를 물었다.

"피고인들이 전부 자백하여 사실을 인정했는데, 또 다른 증거가 소용 있겠습니까?"

검사의 사무를 대리하는 사법경찰 입에서 어이없는 답변이 나오자 방청석 여기저기서 웃음소리가 터져 나왔다.

재판장은 경성제대 법의학부 사토(佐藤) 교수를 참고인으로 소환해 피살자의 옷에 묻은 피와 돗자리의 피가 동일한지, 가와카미와 같은 혈액형을 가진 사람의 비율이 얼마나 되는지, 목침에 묻은 피와 조동래의 옷에 묻은 피가 가와카미의 혈액형과 동일한지 감정을 요청하고 폐정했다.

7월 20일, 공판이 속개되었다. 사토 교수가 지난 재판에서 요구받은 혈흔 감정 결과를 보고했다.

"목침과 문지방에 묻은 것은 피가 아닙니다. 돗자리에 묻은 것만 피인데, 가와카미 순사의 혈액과 같은 O형입니다."

 범행의 도구로 사용되었다는 목침에 피 한 방울 묻지 않았음이 밝혀지자 다섯 청년은 안도의 한숨을 내쉬었다.

 이어서 안동형무소에서 안경호가 순사를 죽였다고 말한 것을 들었다는 죄수 김경삼이 증인으로 나왔다. 재판장이 물었다.

 "증인은 안경호가 순사를 죽였다고 말하는 것을 들은 적이 있는가?"

 "그런 말을 들은 적은 없습니다. 다만 야경을 돌다가 추위서 과수원지기 오두막에 들어가 노름을 한 일은 있다고 들었습니다."

 재판장이 안경호을 일으켜 세워 물었다.

 "그런 말을 한 사실이 있는가?"

 "사실이 아닌 이야기를 어찌 하겠습니까?"

 사실심리가 끝난 뒤, 검사의 논고와 구형이 이어졌다. 그만하면 공소를 취하할 만도 했건만, 검사는 끝까지 다섯 청년의 유죄를 주장했다.

 "가장 중요한 목침에 피가 묻지 않았다는 것은 다소 의아하지만, 피고인들이 경찰과 검사국에서 범죄 사실을 시인했습니다. 고문한 증거가 없는 이상 마땅히 피고인들의 자백은 증거로 인정되어야 합니다. 조용이의 공술이나 조선의 남부지방 사람 중 O형을 가진 이가 적다는 과학적 사실에 미루어 피고인의 유죄는 충분히 입증됩니다. 원심과 같은 무거운 형벌을 내려 주십시오."

 손치은 변호사는 최후 변론에서 피고인들이 자백한 것이 사실이라 하더라도 그 자백의 내용은 현실적으로 실현 불가능하다는 것을 낱낱이 증명했다.

"안면이 부서져 얼굴을 잘 헤아리지 못할 만큼 부상을 입힌 목침에는 피 한 방울 묻지 않았습니다. 어두운 밤에 덤벼들어 목을 조르고 때리고, 어깨에 걸쳐 지고 다녔는데 옷에도 피 한 방울 묻지 않았습니다. 검사는 조동래가 50원이 든 지갑을 훔쳐 갔다고 주장하나, 가와카미 순사의 호주머니에서 6원 50전이 든 지갑이 나왔습니다. 일본 순사는 지갑을 두 개씩이나 들고 다닙니까? 30여 원의 돈이 그 후에 다른 곳에서 발견되었습니다. 이것은 무엇을 증명하겠습니까? 조동래는 가와카미 순사를 살해하지도 돈을 훔치지도 않았습니다.

존경하는 재판장님!

고등법원에서 사건을 신중히 취급하여 사실심리를 거듭해 주신 것에 대해 감사드립니다. 지금은 가와카미 순사가 죽은 것이 문제가 아닙니다. 무구한 다섯 청년을 어떻게 처리할 것인가가 문제입니다. 범죄를 입증할 아무런 증거가 없는 이 사건에 무죄 언도를 내려 주시기 바랍니다."

재판장은 피고인들에게 더 할 말이 없는가 물었다.

"억울합니다. 이 가슴을 보십시오. 죄를 지었다면 하늘이 무서워 어찌 삽니까?"

다섯 청년은 눈물을 흘리면서 한목소리로 선처를 부탁했다.

고향에 돌아가 부지런히 일하라

7월 31일, 선고가 내렸다. 재판장은 다섯 명의 피고인을 불러 세운 뒤 위엄 있는 어조로 판결 주문을 읽었다.

"원심 판결 중 유죄의 부분을 파기한다. 피고인 조동래 무죄, 황석칠 무죄, 조용화 무죄, 강점목 무죄, 안경호 무죄."

다섯 청년은 서로 부둥켜안고 감격의 눈물을 흘렸다. 단상 위에 앉은 재판장을 향해 수도 없이 고개를 숙였다.

"피고인들의 범죄 사실은 아무런 신빙성이 없는 이상 그것을 믿을 수 없다. 피고인 5명이 공소사실과 같은 범행을 저질렀다는 것을 확인할 만한 아무런 증거도 없다. 그러므로 범죄는 성립되지 않는다."

재판장은 판결 이유를 설명한 뒤, 다섯 청년에게 목소리를 낮추어 말했다.

"이제 무죄 석방이 되었으니 고향에 돌아가 부지런히 일하라."

순박한 다섯 명의 시골 청년

◀ 서대문형무소에서 풀려난 다섯 청년은 차비가 없어 곧장 고향으로 돌아갈 수 없었다.

은 1년 7개월 만에 자유를 되찾았다. 그러나 신체의 자유를 되찾았다고 행복까지 회복한 것은 아니었다. 다섯 청년은 서대문형무소에서 출감하면서부터 현실의 장벽을 실감했다. 석방은 되었으나 고향에 돌아갈 차비가 없었던 것이다.

1년 7개월의 억울한 구금 생활을 마치고 31일에 고등법원에서 무죄 판결을 받아 눈물을 흘리며 기뻐하던 조동래 외 4인은 청천백일의 몸은 되었지만 돌아갈 여비가 없다. 그들을 맞으러 벽돌담 높은 감옥으로 찾아와 준 친척 한 명 없었다. 다섯 청년은 오갈 데 없는 출옥인들을 위하여 숙소와 고향 갈 여비를 마련해 주는 아현리 경성구호회를 찾아갔다. 감옥으로 마중 나온 구호회의 간부를 따라 31일 밤 9시 10분에 서대문형무소를 나와 걸어서 아현리로 향했다.

체포될 때 입었던 두터운 겨울옷을 그대로 입고 보퉁이를 들고 따라가는 정경은 실로 눈물 겨웠다. 구호회에서도 근래에 경비가 넉넉지 못하여 곤란 중이므로 속히 돌려보내기는 어렵지 않을까 하니 그리운 친척은 얼마나 그리워할까?

석 달 뒤, 다섯 청년은 1년 7개월의 억울한 옥살이를 보상받고자 국가를 상대로 보상을 청구했다. 놀랍게도 형사보상법상 그들이 청구할 수 있는 액수는 단돈 9원이었다. 한 사람당 552일, 합계 2,760일의 억울한 옥살이에 대해 국가가 최대로 보상해 줄 수 있는 금액이 9원이었던 것이다. 그나마도 고등법원은 다섯 청년이 경찰에서 자백했다는 이유로 보상 청구를 기각했다.

　범인을 신속히 검거한 공로를 인정받아 표창과 포상금 100원을 받았던 사토 사법주임은 산골 주재소로 좌천되었다. 가와카미 순사를 살해한 진범은 끝내 붙잡히지 않았다.

***

　식민지 조선에서 일본 순사는 무소불위의 권력을 휘둘렀다. 일본 순사라 해서 모두 조선인을 학대하고 착취했던 것은 아닐 것이다. '개인적인 차원에서' 어쩌면 착한 일본 순사가 나쁜 일본 순사보다 더 많았는지도 모른다. 그러나 아무리 본성이 착한 일본 순사라 하더라도 '공적인 차원에서' 그들은 어디까지나 식민 지배의 첨병, 권력의 주구였다.

　식민지 시대, 일본 순사의 손에 참으로 많은 조선인 양민이 죽어 갔다. 숫자상으로 반대의 경우보다 훨씬 적었다 해도, 가와카미 순사처럼 조선에서 비명횡사한 일본 순사도 적지 않았다. 자기 나라에 그냥 살았다면 죽지 않아도 되었을 목숨이다.

　국가 간 힘의 우열은 분명히 존재한다. 적어도 자기 나라 안에서는 부유하고 힘 있는 나라 사람이 가난한 나라 사람보다 안전하고 행복한 생활을 하는 것은 사실이다. 그러나 부유하고 힘 있는 나라의 관리나 백성이 가난한 나라에서 안전하고 행복한 생활을 한다는 보장은 없다.

　부유하고 힘 있는 나라에 기죽지 말아야 하듯, 가난하고 힘 없는 나라를 깔보지 말아야 한다. 이 땅에서 더 이상 가와카미 순사 같은 운명을 맞는 외국인이 나타나서는 안 되고, 우리나라 사람이 남의 나라에 가서 가와카미 순사 같은 운명을 맞아서도 안 된다. 이웃이든 이웃 나라든 서로 존중하며 사이좋게 살아야 한다.

부산 마리아 참살(慘殺) 사건

난자당한 조선인 하녀, 싸늘히 웃음 짓는 일본 여주인

1931년 8월 1일
　　조선인 하녀 마리아 변흥례, 초량정 철도국관사 15호 다카하시의 집에서
　　변사체로 발견.

　　8월 29일
　　다카하시 부인 검거.

　　12월 14일
　　부산지방법원 다카하시 부인 무죄 방면.

1933년 2월 17일
　　이노우에 슈이치로 검거. 범행 자백.

1934년 1월 27일
　　부산지방법원 이노우에에게 무기징역 선고. 다카하시 부인이 주범임을
　　판결문에 명시.

　　8월 6일
　　대구복심법원(2심) 확정 판결.

마리아, 변사체로 발견되다

  1931년 7월 31일 밤, 부산 초량정草梁町 철도국 관사 15호 다카하시(大橋)의 집에서 두 여인이 잠자리에 들었다. 집주인인 철도국 운수사무소 소장 다카하시 마사키(大橋正己)는 사흘 전 일주일 예정으로 진주 방면으로 출장을 떠났다. 집에는 갓 스물을 넘긴 조선인 하녀 마리아와 서른여섯 살 안주인 다카하시 히사코(大橋久子) 둘만 남았다.
  다카하시 부인은 그날따라 마리아를 유난히 살갑게 대했다. 낮에는 사진을 찍어 주겠다며 마리아를 데리고 사진관을 찾았고, 저녁에는 재단사를 집으로 불러 마리아가 고향 갈 때 입을 옷을 맞춰 주었다. 밤 9시경 마리아가 안방 이부자리를 보고 안녕히 주무시라며 인사할 때는 "피곤할 테니 내일은 늦게 일어나도 좋다."는 말까지 살갑게 건넸다.
  마리아가 복도 맞은편 하녀 방으로 건너간 뒤, 다카하시 부인은 무슨 영문인지 궂은비가 추적추적 내리는 공원으로 산보를 다녀왔다. 다카하시 부인은 10시경 잠자리에 들었고, 마리아의 방 전깃불은 11시까지 켜져 있었다. 낮에 수박을 많이 먹은 탓으로 다카하시 부인은 새벽녘 두 차례 화장실에 다녀왔다.

8월 1일 아침, 다카하시 부인은 여느 때와 마찬가지로 6시쯤 일어나 창문을 열고 신문을 보았다. 그날만큼은 늘 마리아와 같이 하던 아침 운동도 혼자 했고, 아침밥도 손수 챙겨 먹었다. 다카하시 부인은 10시가 다 되어서야 일어나지 않는 마리아를 깨우려고 복도 맞은편 마리아의 방문을 열었다. 그러나 마리아는 자고 있는 것이 아니었다.

그의 목에는 생전에 몸에다 대보지도 못하였던 비단 허리띠가 힘차게 졸려 매었으며, 잔인하게 찔린 음부陰部의 자상刺傷에는 선혈이 흘러서 원한에 사무친 비린 냄새를 뿜고 있었다.

▲ 마리아 참살 사건의 무대였던 1930년대 부산 초량 입구

다카하시 부인의 신고를 받은 경찰이 현장에 도착했을 때, 부인은 얼굴에 화장을 하고 외출복 차림으로 태연히 복도 청소를 하고 있었다. 부검 결과, 범인은 마리아를 목 졸라 살해한 뒤 사체에 잔인하게 자상을 입힌 것으로 밝혀졌다. 마리아의 목에 감긴 비단 허리띠는 다카하시 부인의 것이었다.

'마리아'라는 이름의 여인

한여름 밤 일본 관리의 집에서 처참하게 살해당한 하녀 마리아는 변홍례라는 조선 여성이었다. 변홍례는 1912년에 천안군 성환면 가난한 농부의 집에서 태어났다. 집안이 가난한 탓으로 보통학교조차 다니지 못하고 열 살 때부터 남의집살이를 시작했다.

열일곱 살 되던 해에는 고향을 떠나 경성으로 가서 일본인 집의 하녀가 되었다. 일본인 주인은 조선 이름이 발음하기 어렵다고 변홍례를 마리아라 불렀다. 한 해 두 해 지나 마리아는 어느덧 성숙한 여인이 되었다. 그가 열아홉 살 되던 해 주인이 일본으로 돌아가게 되자, 주인은 착하고 일 잘하는 마리아를 친구에게 소개했다.

마리아가 옮겨 간 곳은 총독부 철도국 사무관으로 근무하던 다카하시의 용산 철도국 관사. 아이도 없이 주인과 안주인 단둘이 사는 단출한 가정이었다. 이 집에서도 마리아는 성심성의껏 일했다. 1931년 봄, 다카하시가 부산 철도 운수사무소 소장으로 영전하자 마리아도 함께 부산으로 내려갔다.

마리아는 달마다 15원씩 받는 월급을 모두 부모에게 보낼 정도로 효성이 지극했고, 교육을 제대로 받은 적이 없는데도 일본말을 비교적 유창하게 구사할 만큼 영민했다. 싹싹하고 눈치도 빨라서 퇴근길 주인의 표정만 보아도 저녁상에 맥주를 올릴지 청주를 올릴지 알 수 있었다.

마리아는 미인이라기보다는 성격이 명랑하고 육체가 풍만하며 특이하게 성적으로 매력을 끄는 묘한 여성이었다. 그의 얼굴은 검었으나 애교가 흘러서 누구나 좋아했다. 통통한 육체와 몸맵시는 간드러지지는 못하였으나 20세의 젊음과 탄력이 있어서, 장사치와 철도 관계자 등 뭇 남자들의 욕심을 불러일으켰다.

마리아는 처녀가 아니었다. 어린 시절 고향에서 출가하여 살림까지 한 일이 있었다. 그러나 어떠한 일로 남편을 버리고 고향을 떠나서 낯선 부산까지 와 가지고 다카하시의 집에서 하녀 노릇을 하다가 그 같은 참혹한 일을 당한 것이다.

마리아는 몸무게가 60킬로그램이나 되었고, 보통 남자 이상으로 힘이 셌다. 40킬로그램 되는 물건을 들고 2~3킬로미터는 예사로 오갔다. 그런 마리아가 어느 날 아침, 혈흔이 낭자한 싸늘한 시신으로 발견된 것이다. 경찰 조사에서 다카하시 부인은 바로 옆방에서 하녀가 살해당하는 줄도 모르고 곤히 자고 있었다고 진술했다.

대체 누가 무슨 이유로 착하고 일 잘하고 싹싹한 마리아를 잔인하게 참살慘殺한 것일까? 보통 남자 이상으로 힘이 센 마리아를 옆방 사람도 모르게 '소리 없이' 죽인다는 게 과연 가능한 일이었을까?

기괴한 투서

 엽기적인 살인 사건이 발생하자 부산경찰서 형사들은 밤낮없이 분주했다. 그러나 단서는 좀처럼 발견되지 않았다. 더욱이 범행 장소가 철도국 관사이고 집주인이 고등관인지라, 제아무리 서슬 퍼런 경찰이라도 함부로 수사할 수는 없었다.

 관사 안팎을 샅샅이 조사했지만 외부에서 범인이 침입한 흔적은 발견되지 않았다. 실내는 2층 유리창이 깨진 것 외에는 살인 사건의 현장이라고는 믿기지 않을 만큼 잘 정돈돼 있었다. 비 오는 날이라 땅이 질었음에도 마당과 뒤뜰에서 수상쩍은 발자국 하나 발견되지 않았다.

 현장 조사 결과를 놓고 내부인의 소행이라는 의견이 외부에서 침입한 자의 소행이라는 의견을 7대3 정도로 압도했다. 그러나 경찰은 내부인의 범행이라고 섣불리 단정할 수 없었다. 내부인은 오직 한 사람, 일본 고등관의 부인인 다카하시 히사코뿐이었다.

 범인은 마리아를 처참하게 살해했을 뿐 집 안 물건에는 전혀 손을 대지 않았다. 단순 절도범의 우발적 범행이었을 가능성은 전혀 없었다. 가능한 추리는 세 가지였다.

  1. 어떤 남자가 연애 관계를 맺으려다가 마리아가 그에 순응치 않으

니 죽였다.

   2. 집주인 다카하시 씨가 마리아의 교태에 빠져 서로 사랑을 하게 되니 그 꼴을 보다못한 다카하시 부인이 질투심이 폭발하여 마리아를 죽였다.

   3. 다카하시 부인이 다른 남자와 연애 관계를 맺고 지내 오던 차에 하녀 마리아에게 들키고 말았는데, 그것이 탄로 날까 두려워 다카하시 부인과 정부가 공모하여 마리아를 죽였다.

   경찰은 마리아의 목을 조른 비단 허리띠가 다카하시 부인의 물건이라는 사실에 큰 의미를 두지 않았다. 만일 다카하시 부인이 범인이라면, 사건이 발생한 지 10시간이 지나도록 유력한 증거물을 범행 현장에 놓아둘 리 없다는 것이 이유였다. 다카하시 부인을 의심하는 사람들도 음부를 찌를 때 사용한 칼은 숨기고 목을 조른 허리띠는 남겨 둔 것을 의아하게 여겼다. 비단 허리띠는 다카하시 부인이 범행 뒤 실수로 남겨 둔 것이었을까, 아니면 범인이 다카하시 부인을 모함하기 위해 의도적으로 남겨 둔 것이었을까?

   경찰이 발견한 유일한 물증은 마리아의 침실 전구에 찍혀 있는 지문이었다. 부산에는 지문 감식 장비가 없어 전구를 경기도 경찰부로 보냈다. 그러나 지문이 희미해 감식이 어렵다는 답이 돌아왔다. 사건은 미궁에 빠지는 듯했다.

   그렇듯 의미 없이 사흘의 시간이 흘러간 8월 3일, 부산경찰서 서장 앞으로 기괴한 투서가 날아들었다. 투서의 내용은 장난 편지라고 하기에는 너무나 구체적이었다.

저는 절도 전과 2범입니다.

범인은 집안 사람입니다. 31일 밤 새벽 3시경 철도국 관사 부근을 방황하던 중 돌연히 여자의 부르짖는 소리가 들려 그곳에 가서 유리문 안을 들여다보았습니다. 전깃불 밑에 30세 가량 돼 보이는 여자가 사정射精을 하고 있었습니다. 또 그 곁에는 20세 되는 여자가 발가벗고 누워 있었습니다. 중년 여자는 정액을 그릇에다 받아 두고 한참 생각하다가 벽장을 열고 칼을 꺼내 누워 있는 여자의 음부를 찔렀습니다. 그리고 곁에 두었던 정액을 부었습니다.

"이년! 이 입으로······." 하고 입을 물어뜯고, "이년! 이 젖통으로······." 하고 젖통을 물어뜯은 이후, 발로 죽은 여자의 머리를 두 번 차고 배를 밟았습니다. 그리고 그는 유유히 수도에 가서 피 묻은 칼을 씻었습니다. 유리창을 깨고 창살 한 개를 뽑아 가지고 문을 나서 철도병원 앞 공원 풀밭 속에다 파묻었으니 찾아보십시오.

부산경찰서 서장 친전
목격자로부터

여자가 사정을 해 정액을 받는다? 황당하기 이를 데 없는 투서였지만, 단서를 찾지 못해 애태우던 경찰은 물에 빠진 사람 지푸라기라도 잡는 심정으로 철도병원 앞 공원 풀밭을 조사해 보았다. 놀랍게도 투서한 자가 지목한 바로 그 장소에서 피 묻은 수건과 창살이 발견되었다. 입술과 가숨을 물어뜯었다는 투서의 내용도 부검 결과와 일치했다. 부검 당시 마리아의 입술 전체에는 흰 솜 같은 거품이 덮여 있어서 거품을 걷어내지 않고는 입술에 찍힌 이빨 자국을 확인할 방법이 없었다. 가슴에 난 이빨 자국은 너무 희미해서 아주 자세히 관찰하지 않고는 발견하기 어려웠다. 더욱이 투서가 날아든 날까지 사건은 언론에 보도되지도 않은 상태였다. 마리아의 살해 과정을 직접 목격했거나 혹은 자신이 살해하지 않고서는 쓸 수 없는 투서였다.

열흘 뒤 '마리아 살해 사건의 범인은 나다.' 라고 쓴 두 번째 투서가 날아들었다. 첫 번째 투서와 필적이 동일했다. 투서자는 무슨 까닭에 다카하시 부인을 범인으로 지목했다가 자신이 살해했다고 입장을 번복한 것일까? 떳떳하게 자수도 못하면서 투서는 왜 보낸 것일까?

투서의 내용은 다카하시 부인이 범인임을 시사했지만, 경찰은 투서자가 범인일 것으로 확신하고 투서한 자를 검거하는 데에 수사력을 집중했다. 그 결과 사건 발생 40여 일 뒤, 철도국 관사 인근에 사는 절도 전과 2범인 일본인 야마구치를 용의자로 검거했다. 경찰은 언론에 마리아 살해범을 잡았다고 대대적으로 선전했지만, 며칠 뒤 야마구치는 투서자와 필적이 비슷할 뿐인 '선량한' 전과자로 밝혀졌다.

다카하시 부인, 체포되다

사건 발생 한 달 뒤인 8월 29일 새벽 1시, 모토하시(元橋) 검사는 수십 명의 경찰을 자동차에 태우고 다카하시의 집으로 출동했다. 경찰은 철도국 관사를 포위하고 앞뒤로 경계선을 설정한 후 뒷문으로 급습해 다카하시 부인을 검거했다.

사건 전후 다카하시 부인의 행동은 의심을 사기에 충분했다. 이웃의 증언과 부검 결과에 따르면 마리아의 사망 시간은 7월 31일 밤 11시에서 다음날 새벽 1시 사이였다. 마리아의 비명은 길 하나 건넛집에서도 들릴 만큼 컸고, 마리아의 시신 머리맡에는 오줌 자국이 있었다. 그것은 마리아가 죽기 전 큰소리로 비명을 지르고, 온몸을 비틀면서 거세게 저항했음을 의미했다. 10시경 잠자리에 들었고, 자는 동안 두 차례 화장실까지 다녀온 다카하시 부인이 밤새 아무 소리도 듣지 못했다는 진술은 신뢰하기 어려웠다.

다카하시 부인은 남편이 출장 간 이후 줄곧 응접실에서 잤는데, 사건 당일에는 마리아의 옆방에서 잤다. 게다가 평소에는 마리아가 늦게 일어나면 몹시 꾸중했지만 사건 당일에는 늦게 일어나도 좋다고 했다. 다카하시 부인이 마리아를 그처럼 살갑게 대한 것은 처음 있는 일이었다.

8월 1일, 신고를 받고 경찰이 도착했을 때 다카하시 부인은 곱게 화장하고 한가롭게 복도 청소를 하고 있었다. 이것저것 조사하고 돌아가는 경찰에게 다카하시 부인은 사건을 조용히 처리해 달라는 부탁까지 했다. 경찰 앞에서 싸늘할 정도로 냉정했던 다카하시 부인은 경찰이 돌아간 뒤, 사건이 신문에 보도되지도 않았는데 신문에 났다면서 고향에 있는 어머니에게 전보를 쳐서 와달라고 했다. 보통 사람 같으면 하녀가 죽었다고 일본에 있는 일흔 살 노모를 부산까지 불러들이지는 않았을 것이다. 무엇보다도 다카하시 부인의 진술에는 일관성이 없었다.

다카하시 부인은 사건 당일인 7월 31일, 마리아가 빨래를 했다고 했으나 그날은 비가 와서 빨래를 할 수가 없었다. 또한 사건 당일 자신이 두 차례나 목욕을 했다고 말했으나 8월 1일, 검사가 검증을 할 때에는 목욕통에 물이 한 방울도 없었다. 그날 아침 부인은 쓰레기를 청소하는 인부 소리에 잠을 깨었다고 했지만, 부산부에 알아본 바에 의하면 그날은 초량 방면에는 쓰레기 청소부가 나가지 않았다. 8월 14일, 부인은 「부산일보」 기자에게 마리아가 고향인 성환으로 가고 싶다고 하기에 마리아의 양복을 지어 주기 위하여 양복상을 불렀다고 말했지만, 실제로는 부인 자신의 양복을 짓기 위해 부른 것이었다.

모토하시 검사는 다카하시 부인이 계획적으로 저지른 범행이라고 확신했다. 뼈에 사무치는 원한이 있지 않고서야, 일개 하녀를 안주인이 그처럼 참혹하게 살해할 리 없었다. 일 잘하고 싹싹한 스무 살짜리 하녀가 안주인의 원한을 살 일이야 뻔한 것이었다.

"혹시 다카하시 소장이 마리아와 부적절한 관계를 맺어 오다 그만 부인에게 들킨 것은 아닐까?"

▲ 타카하시 히사코는 예심에서 마리아 살해범으로 지목되었다 (「동아일보」 1933년 11월 1일).

모토하시 검사는 다카하시 부부를 엄중 문초했지만, 부부는 강력히 부인했다. 다카하시 부인은 9월 17일 예심에 회부되었고, 예심에서도 유죄가 인정되었다. 그러나 12월 14일 1심 재판에서 증거 불충분을 이유로 무죄 방면되었다. 검사의 항고는 대구복심법원에서 기각되었다.

물적 증거도 없고, 증인도 없으며, 자백도 없으니 유죄판결은 애초 불가능한 것이었다. 그러나 구속에서 2심 판결까지 불과 3개월밖에 걸리지 않은 것은 당시로서는 상당히 이례적인 일이었다. 조선인이 피고였다면 예심에서 증거를 찾느라 구속된 상태로 3~4년은 족히 끌었을 일이었다. 검사의 경솔한 기소는 2년 뒤, 전대미문의 기괴한 판결을 예고했다.

제3의 인물, 이노우에

다카하시 부인의 무죄방면으로 사건은 다시 미궁에 빠졌다. 조선인 하녀 살해 혐의를 받고 있는 일본인 주부의 무죄 석방 소식은 잠잠했던 여론을 들끓게 하기에 충분했다. 살아서는 한 번도 세상의 주목을 받아 보지 못한 마리아 변홍례는 죽어서 식민지 조선의 인권을 상징하는 인물이 되었다.

경찰의 고민도 날로 커졌다. 수사를 종결하자니 쏟아지는 비난을 감당하기 어려웠고, 수사를 지속하기에는 단서가 부족했다. 더욱이 물증은 없지만 심증으로는 범인임에 틀림없는 유력한 용의자는 이미 무죄판결을 받은 상태였다.

이제 남은 유일한 단서는 수사 초기에 날아든 괴이한 투서뿐이었다. 경찰은 철도 관계자와 초량정 인근에 사는 모든 사람의 필적을 일일이 찾아다니며 조회했지만, 성과를 얻지 못했다. 그렇게 한 달이 가고, 계절이 바뀌고, 한 해가 저물었다. 사건은 영구 미제가 되는 듯했다.

비명횡사한 마리아 변홍례에 대한 기억이 희미해질 무렵, 경찰은 제3의 인물을 용의자로 검거했다. 1933년 2월 17일, 사건 발생 1년 6개월 만의 일이었다. 용의자로 체포된 인물은 이노우에 슈이치로(井上修一郎), 철도국 공제조합 초량 배급소 직원이었다.

이노우에는 처음 조선에 나와서 철도국 공제조합 용산 배급소에서 근무할 때부터 용산 철도국 관사에 있는 다카하시 부부와 면식이 있었다. 이노우에가 부산 초량 배급소로 발령이 나고 잇따라 다카하시가 부산 운수사무소 소장으로 영전하자, 이노우에와 다카하시 부인은 수시로 만나는 사이가 되었다. 항간에는 이노우에가 다카하시 부인의 정부情夫라는 소문도 나돌았다. 경찰은 사건 발생 직후부터 이노우에를 다카하시 부인과 함께 유력한 용의자로 지목했다.

이노우에 슈이치로를 범인이라고 추정하게 되기까지 부산경찰서의 수사는 적지 않은 어려움이 있었다. 괴怪 투서 등으로 사건이 복잡해졌고, 물적 증거는 거의 인멸되었다. 다카하시 부인이 무죄로 풀려나자 외부에서 침입한 자를 찾기 위해 노력한 결과, 부산경찰서는 다음과 같은 사실을 밝혀냈다.

첫째, 사건 발생 당일 오후 8시경, 다카하시의 관사 앞을 배회하던 로 이드 안경을 쓴 30세 내외의 사나이가 있었다.

둘째, 사건 직후 이노우에는 머리를 빡빡 깎았다.

셋째, 사건 직후 이노우에가 애정 문제로 괴로워하며 종교를 천리교에서 불교로 개종했다.

탐문 결과, 이노우에는 2~3인의 유부녀와 추잡한 관계를 맺은 사실이 드러났다. 당국은 그의 이러한 방탕한 성적 생활에 중심을 두고 추궁한 결과, 사건 발생 전 다카하시 부부가 철도국장의 장례에 참가하기 위해 2~3일간 집을 비운 틈을 타서 마리아와 추잡한 관계를 맺은 사실을 밝혀 냈다. 그러나 무슨 이유로 마리아를 그처럼 잔인하게 살해했는지는 밝혀 내지 못했다.

경찰은 50일간의 조사 끝에 확실한 단서를 잡아 4월 13일, 검사국에 송치했다. 검사는 이노우에의 단독 범행으로 인정하고 예심에 회부했다.

과연 단독 범행일까?

검사는 마리아 참살 사건이 이노우에의 우발적 범죄라고 판단했다. 즉, 8월 1일 새벽 1시경 이노우에가 부엌문을 통해 다카하시의 집에 잠입해 마리아를 강간하려 했으나 마리아가 응하지 않자 살해하고 부엌문으로 도주했다는 것이다. 검사는 사건 직후 부산경찰서에 날아든 기괴한 투서를 증거물로 제시했다. 도쿄와 오사카에서 활동하는 전문가에게 의뢰해 필적을 감정한 결과, 투서의 필적과 이노우에의 필적은 정확히 일치했다.

8월 1일 마리아의 시신이 발견된 이후 이노우에는 연이어 수상한 행동을 했다. 사건 전후 다카하시 집안에 대한 이노우에의 태도는 너무나 달랐다. 이노우에는 수시로 그 집에 출입했는데, 정작 하녀가 살해되었을 때는 남편이 출장 간 사이 변고를 당한 부인이 몇 번이나 와달라고 독촉해도 나타나지 않았다.

이노우에는 이틀 후에야 마지못해 다카하시의 집에 나타났다. 무서우니 당분간 집에 묵어 달라는 다카하시 부인의 부탁도 들어주지 않았다. 사건 직후 이노우에는 이름을 '슈이치로(修一郞)'에서 '류우(隆雄)'로 바꿨다. 개명한 이유는 스님이 슈이치로라는 이름이 누군가를 살해할 불길한 이름이니 바꾸라고 했다는 것이다. 이노우에는 자신과는 아무 상관 없다면서도 마리아의 죽음에 큰 충격을 받았고, 경성과 만주에 새 직장을 알아보았다.

이노우에의 행실 역시 문제이다. 이노우에의 행실은 극히 불량하여 정조 관념은 전혀 없다고 해도 과언이 아니다. 이러한 행실의 소유자인 이노우에는 수시로 폭력을 써서 아녀자의 정조를 빼앗았다. 얼마 전에도 어떤 집 모녀가 이구동성으로 이노우에게 폭력적 능욕을 당하였다고 말했다. 그들은 이 사실을 고소하고자 했으나 사람의 이목이 있어 그만두었다.

주변 인물의 증언에 따르면, 이노우에는 "마리아가 내게 호의를 가지고 있다." "마리아의 얼굴은 분이 곱게 먹는다." "마리아는 어여쁜 여자다." 같은 말을 공공연히 하고 다녔다. 이로 미루어 이노우에는 마리아와도 도색 유희를 걸어 보려던 의사가 있었음을 알 수 있다.

　이노우에는 마리아와 관계할 기회를 호시탐탐 엿보고 있었다. 이노우에의 처는 신병으로 오랫동안 경성에 가서 치료를 받았고 그 후 돌아와서도 매일 철도병원에 다니고 있었다. 사건 당시 이노우에는 성적으로 상당히 굶주린 상태였다.

　부인으로 일관하던 이노우에는 여섯 번째 경찰 조사에서 범행을 자백했다. 8월 1일 새벽 1시 30분경 마리아를 강간할 목적으로 다카하시의 집에 침입했다가 마리아에게 발각되었고, 그녀가 소리를 지르자 충동적으로 범행을 저질렀다는 것이다. 범행을 자백하면서 이노우에는 모든 것을 체념한 듯 신문하던 경찰에게 염주를 갖다 달라고 말했다.

　그러나 이노우에가 자백을 했지만 의문은 여전히 남아 있었다. 우선 마리아를 살해할 당시 큰 소란이 있었는데 옆방에서 자던 다카하시 부인이 깨지 않았다는 점이 석연치 않았다. 우발적인 살인이었는데 수법이 그처럼 잔인했던 것은 무슨 이유인지도 설명하지 못했다.

　또한 범행 시간도 이웃의 증언이나 부검 결과와는 상이했다. 이웃집 하녀는 마리아의 비명소리를 11시에서 12시 사이에 들었다고 증언했고, 그것은 사망 시간이 식후 3~4시간이 지난 뒤라는 부검 결과와도 일치했다. 그러나 이노우에가 자백한 범행 시간은 다음날 새벽 1시30분이었다. 이노우에는 12시까지 중앙극장에서 영화를 보고 있었다고 진술했다. 영화를 보는 도중 잠시 빠져나와 살인을 하고 다시 극장으로 돌아갔을 가능성은 없었다. 부검 결과와 이노우에의 자백, 둘 중 하나는 거짓이었다.

그렇다면 공범?

열한 번째 경찰 조사에서 이노우에는 진술을 번복했다. 마리아를 강간할 의도는 애초부터 없었다는 자백이었다.

이노우에가 다카하시 집에 수시로 출입을 하게 되는 사이 어느덧 '유한 마담' 다카하시 부인과 가까운 사이가 되었다. 다카하시 소장은 1931년 6월 28일부터 7월 2일까지 경제 조사차 거창 지방에 출장을 가느라 집을 비웠다. 그날 밤 이노우에는 다카하시 부인을 찾아가 부인의 침실에서 담소를 나눴다. 그러는 사이 두 남녀는 마침내 '사람의 눈을 피하는 사이'가 되고 말았다.

같은 해 7월 24일 저녁, 두 남녀는 부인의 침실에서 밀회를 즐기다 마리아에게 발각되었다. 크게 낭패한 다카하시 부인은 마리아의 입으로부터 이 사실이 흘러나온다면 자기는 파멸하고 말 것이라 우려했다. 마리아를 해고시키려 했으나 심성이 선량해 주인의 신용을 받는 마리아에게는 해고시킬 구실이 없었다.

다카하시 부인은 영원한 함구책으로 마리아를 살해하기로 결심하고 이것을 이노우에와 상의했다. 이노우에는 다카하시 부인의 기세에 끌려서 마침내 마리아를 살해하자는 흉계에 동의했다. 두 남녀는 7월 29일부터 약 일주일 예정으로 다카하시 마사키가 진주 지방에 출장 간 기회를 이용하여 범행을 저질렀다.

이노우에의 진술은 상당히 구체적이었다. 범행은 다카하시 부인의 치밀한 계획 아래 단행되었다. 7월 29일에는 이웃집 쪽으로 난 창문에 막을 쳐서 거사가 탄로 나는 것을 방지했고, 30일 오후에는 부인의 침실에서 몰래 만나 다음날 밤 계획을 실행하기로 약속했다. 30일 밤, 다카하시 부인은 초량정 중앙극장에 영화 구경을 가서 밤늦게까지 마리아를 못 자게 해서 피로하게 만들었다. 31일 저녁에는 양복점 재단사를 불러 마치 마리아가 고향에 갈 때 입을 양복을 주문하려는 것처럼 보여서 환심을 샀다. 마리아에게 옷을 맞춰 주는 척했지만, 사실은 자기 옷을 맞췄다.

당일 오후 9시경, 마리아에게 자라고 하고 산책 가는 것처럼 공원에 나가서는 미리 와서 기다리고 있던 이노우에를 데려왔다. 두 사람은 10시가 조금 지나서 다카하시 부인의 침실에 들어왔다. 전날 밤 3시간밖에 못 잔 마리아는 깊은 잠에 빠져 있었다. 이노우에는 장롱에서 비단 허리끈을 꺼내 들고 부인과 함께 마리아의 방으로 갔다. 깊이 잠든 마리아의 목을 비단 허리끈으로 옭아매고 오른발로 마리아의 어깨를 누르면서 끈을 힘껏 당겼다. 다카하시 부인은 마리아의 다리를 눌러서 반항하지 못하게 도왔다. 마리아가 발버둥을 치다 죽은 뒤 다카하시 부인은 변태 성욕자의 소행으로 가장하기 위해 부엌칼을 가져와 시신의 음부를 찔렀다.

이노우에는 경찰 조사에서 두 차례 서로 다른 자백을 했다. 정황상 두 번째 자백이 신빙성이 있었다. 그러나 검찰에 송치된 뒤 이노우에는 돌연 두 가지 자백 모두를 부인했다. 이노우에가 부인했지만 검사는 피의자가 경찰에서 범행을 자백했고, 물적 증거가 충분해 주저 없이 예심에 회부했다.

예심은 의외로 길었다. 쟁점은 이노우에의 범행 사실이 아니었다. 이노우에의 범행 사실은 너무나 명백했다. 예심이 길어진 것은 기소되지 않은 다카하시 부인이 공범인 것 같았기 때문이었다. 결국 예심판사는 7개월 동안의 심리 끝에 1933년 11월 8일, 이노우에와 다카하시 부인을 공범으로 인정하고 공판에 회부했다.

치열한 법정 공방

예심 결과 마리아 참살 사건의 주범은 다카하시 부인, 종범從犯은 이노우에였다. 그러나 정작 공판에 회부된 것은 이노우에뿐이었다. 검사가 일사부재리의 원칙을 들어 다카하시 부인의 기소를 거부했기 때문이다. 검사의 기소가 없으면 재판은 성립하지 않는다. 다카하시 부인은 1931년 마리아 살해 혐의로 기소되었다가 무죄 확정판결을 받았기 때문에 똑같은 혐의로 두 번 기소할 수 없다는 검사의 논리가 터무니없는 것만은 아니었다.

예심이 종결되었는데 주범인 다카하시 히사코는 세상을 활보하고 있다. 이후 사태가 어떻게 진전되는가는 문제의 인물 다카하시 히사코의 신변 처리에 있다. 예심판사는 검사의 기소가 없으니 어찌할 도리가

없어 그를 증인으로 수
차례 소환했을 뿐이다.
검사는 다카하시 히사
코를 기소하지 않겠다
고 밝혔다.

1933년 12월 14일 오전 10시, 마리아가
살해당한 지 2년 5개월 만에 1심 공판이
시작되었다. 배석판사 한 명을 제외하면

▲ 마리아가 죽은 방과 용의자 이노우에 슈이치로(「동아일보」 1933년 11월 10일)

판사, 검사, 변호사, 피고, 증인 모두 일본 사람인 진기한 재판이었다. 일본인 주부가 정부와 공모하여 조선인 하녀를 죽인 사건 자체도 엽기적이었지만, 주범은 자유롭게 활보하고 종범만 기소된 공판은 더욱 엽기적이었다.

사회적 관심을 반영하듯, 공판이 열린 부산지방법원 제2호 대법정에는 새벽부터 방청객이 몰려들었다. 방청객이 너무 많이 몰려 두 번째 공판부터는 추첨으로 방청객을 뽑을 정도였다. 기자 숫자도 언론사 한 곳당 한 명으로 제한했다.

검사가 공소사실을 낭독하고 재판을 청구하자 재판장은 피고의 인적사항을 확인하고 사실심리에 들어갔다.

재판장 : 마리아가 살해되던 31일에는 무엇을 하였던가?
이노우에 : 오후 4시에 퇴근한 후 이웃이 영화를 보자고 하여 중앙극

장에 갔습니다.

재판장 : 경찰의 보고에 의하면 다카하시 부인과 같이 우산을 쓰고 가더라는데?

이노우에 : 그러한 일은 없습니다.

재판장 : 무슨 영화였고, 관객은 얼마나 되었나?

이노우에 : (얼굴빛을 붉히며) 사곡괴담四谷怪談이었고, 그 밖에는 기억이 없습니다.

재판장 : 마리아가 살해된 시간은 31일 밤 11시다. 피고는 주장과는 달리 영화 구경을 하지 아니한 것이 아닌가?

이노우에 : 하늘에 맹세코 영화 구경을 했습니다.

재판장 : 마리아가 살해당한 방의 전구를 만진 적이 있는가?

이노우에 : 없습니다.

재판장 : 전구에 얇게 피고 지문이 있다는데?

이노우에 : 만져 보지도 않았는데 지문이 있었다니 무섭습니다.

재판장 : (투서를 보여주며) 이 투서는 8월 3일 오전 11시경 부산경찰서에 온 것이라는 데 피고가 쓴 것이 아닌가?

이노우에 : 제가 쓰지 않았습니다.

재판장 : 경찰 조사에서 다카하시 부인과 1931년 6월부터 관계를 맺었고, 부인과의 관계를 마리아에게 들키자 부인과 공모하여 살해하였다고 진술하였나?

이노우에 : 강압에 의한 거짓 자백이었습니다.

재판장 : 피고가 사건 직후 경성으로 전근 갈 때 다카하시 부인과 악

수하고 눈물을 흘려 가며 내가 잘못했다고 말했다는데?

이노우에 : (얼굴빛을 붉히며) 술을 많이 마셔 기억이 없습니다.

이노우에는 이처럼 명백한 사실도 교묘히 피해 갔다. 다음날 속개된 공판에서는 다카하시 부인이 증인으로 불려 나왔다. 그녀도 범행은 물론 이노우에와의 관계까지 부인했다.

재판장 : 31일 저녁밥은 6시경에 먹었나?
다카하시 : 저녁밥을 먹을 때 양복집 점원이 왔습니다.
재판장 : 양복집 점원은 이노우에에게 의뢰해서 온 게지?
다카하시 : 양복집을 소개받았습니다.
재판장 : 마리아가 피곤했던 것은 전날 밤 중앙극장에서 구경을 하고 2시 반경에 잤다가 아침 5시 30분에 일어난 관계가 아닌가?
다카하시 : 몸이 고약하다고 했습니다.
재판장 : 그날 밤 증인은 10시에 자고, 1시와 3시에 화장실 가느라 일어났지?
다카하시 : 낮에 수박을 많이 먹었습니다.
재판장 : 그날 밤 아무 소리도 듣지 못했나?
다카하시 : 깊이 잠들었나 봅니다.
재판장 : 마리아의 시체를 10시에야 보게 된 이유는 무엇인가?
다카하시 : 전날 밤 마리아에게 실컷 자라고 일러 둔 터라 자고 있으려니 생각했습니다.

재판장 : 사건 당일 아침에 한해 실컷 자라고 한 것은 우습지 아니한가?

다카하시 : 실컷 자라고는 했으나 그런 마음은 없었습니다.

재판장 : 이노우에가 동생같이 생각해 달라고 하였던가?

다카하시 : 그렇게 말한 적이 있습니다.

재판장 : 증인은 부인병으로 고생했다지?

다카하시 : 부인병은 있었으나 그렇게 고생한 일은 없습니다.

재판장 : 그러나 증인이 대구에서 예심을 받았을 때, 의사의 진단에는 증인에게 임질이 있다고 기록되어 있다.

다카하시 : 진단을 받은 일은 있으나 부인병은 아닙니다.

재판장 : 그렇지만 소변에 임질균이 있다고 되어 있다. 당시 이노우에는 임질로 고생했는데 증인은 이노우에와 정교한 일은 없는가?

다카하시 : (얼굴빛을 붉히며) 없습니다.

공판은 해를 넘겨 1934년 1월 말까지 지속되었다. 심리가 계속될수록 이노우에와 다카하시 부인의 범죄 사실은 명확해졌다. 그러나 두 사람 모두 '아니다.' '모른다.' 로 일관했다. 심리 중 밝혀진 사실을 종합하면 이노우에와 다카하시가 공모해 마리아를 잔인하게 살해한 것이 분명했다. 그러나 1월 20일 결심 공판에서 검사는 이노우에의 단독 범행이라는 엉뚱한 논고를 펼쳤다.

"8월 1일 오전 1시 30분, 이노우에는 마리아를 강간하려고 하녀 방에 들어갔다. 마리아가 반항하므로 교살하고 범행 후 칼로 국부를 찔렀다.

사건 직후 부산경찰서에 들어온 1, 2차 투서는 모두 이노우에가 쓴 것이다. 마리아가 죽은 이후 이노우에는 평소와는 달리 다카하시의 집에 가길 주저했다. 이노우에는 '슈이치로'가 살인할 이름이라고 '류우'로 개명했다. 이노우에의 평소 품행은 몹시 폭력적이고 음란했다. 게다가 이노우에는 일찍부터 마리아에게 흑심을 품고 있었다. 이노우에의 처는 당시 병석에 있어서 오랫동안 성적으로 굶주렸다."

검사는 이러한 이유를 들어 이노우에에게 무기징역을 구형하고, 다카하시 부인은 사건과 아무 관계가 없다고 덧붙였다. 다카하시 부인의 무죄를 얼마나 열심히 항변했던지, 검사인지 변호사인지 헷갈릴 정도였다.

이상한 재판 결과

1934년 1월 27일, 1심 선고 공판에서 재판장은 이노우에에게 논고대로 무기징역을 선고했다. 그러나 검사의 논고와는 달리 판결문에는 다카하시 히사코가 주범, 이노우에 류우가 공범이라고 명시했다. 이로써 다카하시 부인은 재판부로부터 주범으로 지목되고도 검사의 기소가 없어 자유롭게 거리를 활보하는 억세게 재수가 좋은 인물이 되었다.

검사는 "이노우에만을 단독으로 처벌해 달라고 했는데, 예심정과 판결 선고가 다카하시 히사코가 공모한 것으로 결정되었다. 그러나 지금에 이르러 다카하시 히사코를 기소할 생각은 추호도 없다."며 끝까지 다카하시 부인을 기소하지 않았다. 일사부재리 원칙만 금과옥조처럼 떠받들

뿐, 어떻게든 기소할 논리를 만들어 정의를 구현하겠다는 의지는 찾아볼 수 없었다.

다카하시 부인을 주범으로 명시한 판결문이 알려지자 여론은 들끓었다.

공소는 무섭다. 이노우에는 자기가 결백하다니 항소하겠지만 다카하시 히사코와의 정분을 생각하면 그만두는 것도 좋을 것이다. 만일 복심 검사가 다카하시 히사코를 기소하라고 1심 재판소 검사에게 지휘라도 하는 날이면 그는 여지없이 염라대왕을 만나게 된다.

범인은 누구냐, 왜 죽였느냐를 놓고 3년을 두고 온 나라가 떠들썩하던 사건이 한 단락을 짓기는 했다. 그러나 지금 상황은 전보다 한층 더 흥미진진하다. "왜 죄인을 그냥 두느냐 말이야." "저런 고약한 계집을 다시 햇볕을 보게 하다니." 하며 떠들어 대는 사람들이 적지 않다. 이 괴상한 재판이 이노우에의 불복으로 2심에 회부된다니 아마도 원혼의 신원이 끝나기까지는 좀 더 기다려 보아야 할 듯하다. 앞으로 이 사건이 어찌 될지 궁금해하는 사람은 다만 호사가들만이 아닐 것이다.

2심 재판은 1934년 4월 30일부터 8월 6일까지 대구복심법원에서 일사천리로 진행되었다. 2심 재판에서도 쟁점은 기소된 이노우에의 범죄 여부가 아니라 기소되지 않은 다카하시 부인의 범죄 여부였다. 검사, 변호사가 한목소리로 다카하시 부인의 무죄를 항변하고, 재판장이 증인 자격으로 소환된 다카하시 부인의 범죄 사실을 캐묻는 기이한 광경이 펼쳐졌다.

 2천만 조선인은 재판부가 현명한 판단을 내려 억울하게 죽은 마리아의 원혼을 달래 줄 것으로 기대했다. 그러나 믿었던 2심 재판부는 증거 불충분을 사유로 이

▲ 조선인 오모니(하녀)는 1930년대 여성 취업자 가운데 절반 이상을 차지했다.

노우에마저 무죄방면했다. 이노우에가 다카하시 부인과 정교 관계를 맺었다는 증거가 없으며, 마리아가 살해된 시간에 영화를 보고 있어 알리바이가 확실하다는 이유였다. 이렇게 해서 만 3년을 끌었던 마리아 참살 사건은 관계자가 모두 무죄로 풀려나고 영구 미제 사건이 되었다.

***

 마리아 변홍례는 하녀로 남의 집을 전전하다가 스무 살 꽃다운 나이에 일본인 고위 관료의 관사에서 한밤중에 처참히 살해당했다. 범인은 안주인 다카하시 히사코와 그의 정부인 이노우에 슈이치로 둘 중에 하나이거나 둘 다였다. 그러나 수사 당국은 시종일관 다카하시 히사코를 싸고돌다가 마지막에는 이노우에 슈이치로마저 무죄로 풀어 줬다.
 '하찮은' 조선 하녀 때문에 '고귀한' 일본 부인이 처벌받는 것이 불쾌했던 것일까. 수사와 재판 관계자 수백 명 가운데 조선인은 단 한 명뿐이

었음을 고려하면 그러한 의심을 품을 만도 하다. 조선 여성 마리아 변홍례는 일본인의 집에서 억울하게 죽었지만, 아무도 처벌받지 않았다. 요즘 같으면 광화문 네거리를 촛불로 뒤덮을 만한 사건이었으나 정작 아무 일도 벌어지지 않았다. 부조리가 널려 있던 1930년대 중반 식민지의 백성이 감내해야 했던 또 하나의 아픔이었다.

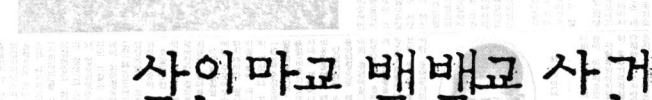

살인마교 백백교 사건

확인된 살인만 314건, 전 조선을 경악케 한 사교 집단의 최후

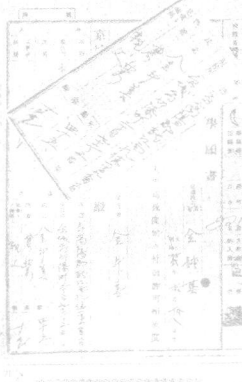
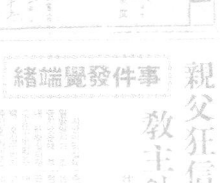
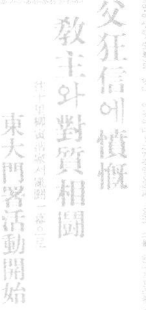

현란호화의 절정을 뽐내는 20세기 과학문명에 일대 오점을 남기고, 만능 완비를 자랑하는 현대 경찰력을 비웃는 듯이 조선의 심장부 대 경성을 중심으로 이다지도 흉악하고 참담한 공포와 전율의 연속극이 약 10년이란 긴 세월을 두고 감행되었으리라고야 누구라 생각했으며 어찌 또한 이것이 사실이라고 믿을 수 있으랴!

경찰이 발굴 해부한 피살자 수만 4월 6일 현재 46명에 달하고 그들의 자백에 의해 이미 판명된 피해자 수가 벌써 200명에 달하는 등, 백백교의 전율할 죄상은 동양은 물론 멀리 서양에서도 일찍이 들은 바 없는 세계 범죄 사상 초 기록적 사건이 될 것이다.

-김대관, "백백교 사건의 정체", 『조광』, 1937년 6월호

30년 동안의 비밀

　유곤용은 해주에서 가장 큰 한약국 구명당求命堂의 주인이었다. 황해도 신천에서 약종상을 하던 조부의 영향으로 어릴 적부터 한의학에 뜻을 두고 고금의 의서와 비방을 두루 연구했다. 1925년 약관의 나이에 도회지 해주에 나와 혼자 힘으로 구명당을 차렸다.
　유곤용의 조부는 약종상으로 자수성가해 한때 수십만 원대의 재산을 모은 입지전적 인물이었다. 온천이 개발되어 전국적인 휴양지로 번성한 신천에서도 손꼽히는 부자였다. 그런 유씨 집안의 재산은 30여 년 전부터 뚜렷한 이유 없이 급격히 줄어들었다. 조부가 축첩을 하거나 주색에 빠진 것은 아니었다. 미두米豆(미곡의 시세를 이용하여 약속만으로 거래하는 일종의 투기)나 도박에 손댄 것도 아니었다. 그런데 무슨 까닭인지 조부는 수시로 땅을 팔고, 빚을 얻었다. 유곤용이 해주로 나올 즈음 유씨 집안은 끼니를 걱정할 정도로 몰락했다.

유곤용의 사업은 성공적이었다. 그는 자신의 고유한 비방으로 약을 처방했는데, 특히 위장병, 임질, 뇌신경질환 치료약 조제에 탁월했다. 구명당을 개업한 지 불과 1~2년 만에 유곤용의 명성은 해주 일대에 자자했다. 10여 년의 관록이 붙은 후 그의 명성은 황해도를 넘어 경기도와 평안도까지 뻗쳤다. 구명당은 조선 최초의 한약재 연구소를 설립할 정도로 빠르게 성장했다. 그러나 거칠 것 없이 뻗어 가던 유곤용에게도 남모를 고민이 있었다.

1933년 조부는 임종하기 직전 유곤용에게 30년간 지켜 온 집안의 비밀 하나를 털어놓았다.

"할아비는 장차 너의 부귀와 공명을 위해 근 30년간 백백교白白教를 믿어 왔다. 대원님께 의지하여 재물 버리기를 초개와 같이 했다. 그러나 아쉬워 말거라. 할아비가 정성을 다해 교단에 바친 재물은 이제 곧 몇 곱절, 몇십 곱절이 되어 네 아비와 네게 돌아올 게다."

청천벽력 같은 이야기였다. 집안이 몰락한 이유는 허망하게도 조부가 백백교라는 신흥종교를 믿은 탓이었다. 조부의 죽음으로 집안의 비극이 끝난 것이 아니었다. 부친 유인호는 조부보다 더 '독실한' 백백교 신도였다.

조부가 죽은 뒤 부친 유인호는 얼마 남지 않은 가산을 정리해 가솔들을 이끌고 백백교 본부가 있는 경성으로 이주했다. 재산 일체는 물론 열여덟 살밖에 안 된 딸 유정전마저 대원님께 바쳤다. 그 대가로 유인호가 받은 것이라고는 고작 '장로'라는 허울뿐인 직함과 왕십리에 있는 허름한 방 한 칸이 전부였다.

유곤용은 헛된 망상에서 깨어나라고 4년을 두고 부친을 설득했지만,

유인호의 30년 믿음을 돌이킬 수 없었다. 교주의 애첩이 된 누이동생 유정전마저 백백교의 열성 신도가 되고 말았다.

백백교 최후의 밤

 1937년 2월 10일, 음력 설을 맞아 유곤용은 중대한 결심을 하고 왕십리 유인호의 처소를 찾았다. 4년 만에 부친을 만난 유곤용은 무릎을 꿇고 그동안의 불효를 고개 숙여 사죄했다. 참회의 눈물을 흘리며 대원님을 만나 가르침을 얻고자 한다는 뜻을 전했다. 유인호는 자식의 돌연한 개심이 한편으로는 기특했지만, 다른 한편으로는 몹시 불안했다.
 "대원님을 승안承顔하는 데에는 절차와 법도가 있다. 아무 사람이나 함부로 만나 볼 수 있는 분이 아니다. 먼저 선생님께 의향을 여쭈어 허락을 얻어야 한다. 만약 대원님께서 허락하시면 너는 그로부터 사흘 동안 집 안에서 아무도 만나지 말고 근신하여 세상에 찌든 더러운 마음을 씻어야 한다."

▶ 앵정정 전용해의 본가와 '김두선' 이라는 가명 문패(「조선일보」 1937년 4월 13일 호외)_ 전용해는 만일을 대비해 '김두선'을 비롯한 16가지의 가명을 사용했다.

유곤용은 어떤 곤란한 명령이라도 순종할 터이니 제발 대원님을 승안케 해달라며 거듭 부탁했다. 그제서야 유인호는 자식의 진심을 믿을 수 있었다. 유인호의 적극적인 주선으로 2월 16일 저녁 8시, 왕십리 유인호의 자택에서 백백교 교주 전용해와 유곤용이 운명적으로 만나는 자리가 마련되었다. 전용해의 애첩이 된 유정전은 오빠 유곤용에게 대원님을 승안할 때 다섯 가지 계율을 명심해서 지켜야 한다고 신신당부했다.

"첫째, 절대로 대원님의 얼굴을 처다보지 말아야 합니다. 어떤 일이 있어도 대원님 앞에서 고개를 들면 안 됩니다. 둘째, 대원님을 뵐 때는 몸에다 아무것도 지니지 마셔야 합니다. 수건 하나 휴지 한 장이라도 주머니에 있으면 안 됩니다. 셋째, 백지장 같은 결백한 마음으로 대원님을 대하서야만 합니다. 넷째, 대원님께서 물으시는 말씀에만 대답을 여쭙지, 오라버니 편에서 무슨 말씀이고 하셔서는 아니 됩니다. 다섯째, 대원님께서 내리시는 분부면 어떠한 것이건 절대 복종을 하셔야만 합니다."

유곤용은 계율을 지키겠노라 다짐하고 사흘 동안 방에 틀어박혀 근신했다. 교주 전용해는 약속한 정각에 애첩 유정전과 부하 두 사람을 거느리고 나타났다. 검정색 외투를 걸치고, 고동색 모자를 쓰고, 검정색 구두를 신은 차림이었다. 겉모양만 보면 영험한 신흥종교 교주라기보다는 흡사 보험회사 두취頭取(사장)처럼 보였다. 유곤용은 부친과 함께 뜰 아래로 쫓아 내려가 공손히 대원님을 영접했다.

방 안에 모여 앉은 얼굴과 얼굴 사이에는 팽팽한 긴장이 감돌았다. 한참 동안의 침묵이 흐른 후 교주 전용해가 어색한 침묵을 깼다.

"따지고 보면 자네와 나는 4년 전부터 처남 매부 간인데 오늘에야 비로

소 만나게 되는구려. 늦은 감이 있지만 어쨌거나 대단히 반갑소."

간단한 인사말이 있은 뒤 주연이 벌어졌다. 술잔이 몇 순배 돌아가고 분위기가 무르익자 전용해는 속에 담아 두었던 말을 꺼냈다.

"아버지와 누이동생도 이미 경성에 와 있으니 차라리 그대도 가산을 전부 정리해 가지고 경성으로 오는 것이 어떠한가?"

조부와 부친처럼 속히 재산을 바치라는 말이었다. 유곤용은 긴장한 어조로 완곡하게 거절의 의사를 표했다.

"그것도 대단히 좋은 말씀이나 사업이 아직 완성되지 않아서 지금 당장 올라오기는 어렵습니다."

'신의 아들' 대원님의 말씀을 감히 거부하는 것은 백백교 교단에서는 있을 수 없는 일이었다. 전용해는 격분한 어조로 다그쳤다.

"그럼, 내 명령에 복종하지 않겠다는 말이지?"

그리고 옆에 앉은 유정전을 보고 또 한 번 소리쳤다.

"네 오라비 잘났다."

일격을 당한 유곤용은 그제서야 본심을 드러냈다. 지난 일주일간 그가 보인 행동은 교주 전용해를 만나 백백교의 악행을 따지기 위한 연극일 뿐이었다.

유곤용은 "백백교의 교리가 도대체 무엇이냐? 그런 얼치기 종교가 어디 있느냐?"며 욕질을 했다. 세상에 나서 그런 욕설을 처음 듣는 전용해는 흥분한 나머지 온몸을 부르르 떨었다. 그는 호신용으로 가지고 다니는 '나이프'를 빼어 들고 유곤용을 찌르려고 덤벼들었다. 이 순간이 그에게는 천려千慮의 일실一失이었으니 흉악무도한 그들의 죄상이 백일하에 드러나는 단서가 될 줄이야 악의 천재인 그도 예상치는 못했을 것이다.

안방에서 소란이 일어나자 대청마루에서 추위에 떨며 기다리고 있던 전용해의 수하들이 교주의 신변 보호를 위해 방문을 박차고 뛰어들었다. 유곤용의 힘은 의외로 강했다. 달려드는 수하들을 차례로 물리치고, 전용해의 멱살을 잡아 넘어뜨렸다. 힘으로는 도저히 상대할 수 없음을 직감한 전용해는 죽을 힘을 다해 그의 손을 벗어나 도망쳤다. 수하들도 각자 살길을 찾아 도주했다.

▲ 유곤용_ 백백교와 교주 전용해의 죄악을 고발했다.

유곤용은 위험을 직감했다. 백백교 교도들이 떼지어 몰려올 것이 분명했다. 그는 동대문서 왕십리주재소에 달려가 사정을 말하고 신변 보호를 요청했다. 1930년 이른바 '금화 사건' 이후 완전히 소탕된 줄 알았던 백백교가 지하로 잠복해 밀교로 이어지고 있음을 알게 된 경찰은 현장으로 수사대를 급파했다.

산중의 시체들

수사대가 앵정정櫻井町(중구 인현동) 전용해의 집에 도착했을 때, 전용해는 이미 자취를 감춘 상태였다. 형사대는 백백교 총참모격인 2인자 이경득과 이순문, 장서오 등 간부 세 명을 체포하는 데 만족해야 했다.

전용해의 행방을 찾기 위한 신문 과정에서 의외의 사실이 밝혀졌다. 백백교는 교도들의 재산을 갈취하고 정조를 유린했을 뿐만 아니라, 교단의 비밀 유지를 위해 수백 명의 교도를 살해해서 암매장한 것이었다. 너무나 흉악한 범죄였기에 수사가 진행되는 동안 경찰은 보도를 전면 금지했다. 경찰은 두 달이 지난 4월 13일에야 보도 금지를 해제하고 수사 결과를 발표했다.

동대문서 고등계는 지난 2월 16일 밤 10시를 기해 필사적으로 백백교 검거에 나섰다. 두 달여의 활동 끝에 백백교의 죄상이 청천백일 하에 폭로되었다. 백백교는 이름만은 종교 단체이나 그 내용에 있어서는 순전한 사기, 부녀자 능욕, 강도, 살인 등을 거침없이 한 흉악무도한 결사다. 소위 교주된 자와 그 간부가 되는 자들은 우매한 지방 농민들을 허무맹랑한 조건으로 낚아 재산을 몰수하고, 부녀자의 정조를 함부로 유린한 후, 그 비밀을 막기 위해 수단을 가리지 않고 닥치는 대로 살육을 감행했다. 교도 중에서 피살된 자가 사백여 명으로 추정되고, 현재 확인된 자만도 158명에 달한다. 전율할 숫자는 세계 범죄 사상 전무후무한 범죄 기록이 될 것이다.

교도의 사체를 파묻은 백백교의 비밀 아지트는 한두 곳이 아니었다. 수사 결과 양평, 연천, 봉산, 사리원, 세포, 유곡, 평강 등 전국에 산재한 20

여 곳의 비밀 아지트에서 모두 314구의 사체가 발견되었다. 살인은 경성 한복판에서도 버젓이 자행되었다. '벽력사' 문봉조는 신당리 자택에서 교도를 살해한 뒤 대담하게도 사체를 자전거에 싣고 대낮에 종로와 남대문을 가로질러 한강까지 내달렸다. 서울에서 살해당한 교도 수십 명이 한강에 던져지거나 마포, 청량리 일대에 암매장되었다.

양주군의 '천원금광사무소'는 교도 살해에 이용된 비밀 아지트 가운데 대표적인 곳이었다. 1935년 전용해는 양주 봉암산 기슭에 간이 건물을 짓고 '천원금광사무소'라는 간판을 달았다. 당시 조선은 금광 열풍에 휩싸여 있었기 때문에 깊은 산골에 세운 비밀 아지트는 금광으로 위장하는 것이 제격이었다. 전용해는 부근을 금은 광구로 출원하고 인근 유지와 관리들을 초청해 성대한 개소식까지 했다. 수시로 빈 화약을 터뜨렸기에 바

▲ **천원금광 개광 기념 사진**_ 전용해는 양주 봉암산 기슭을 금광으로 출원하고 인근 유지와 관리를 초청해 성대한 개소식까지 거행했다. 백백교의 대표적인 비밀 아지트였던 이 부근에서만 40여 구의 사체가 발견되었다.

로 인근 주민들조차 그곳이 금광을 가장한 '도인장屠人場'임을 까맣게 몰랐다. 천원금광 일대에서만 40여 구의 사체가 발굴되었다.

경찰은 전용해 검거에 총력을 기울였다. 전용해는 만일을 대비해 사진 한 장 남기지 않았고, '김두선'을 비롯한 열여섯 가지 가명을 쓰는 치밀함을 보였다. 전용해의 인상착의는 체포된 백백교 핵심 간부들의 진술에 온전히 의지할 수밖에 없었다. 오랫동안 동거하던 애첩들조차 그의 얼굴을 함부로 볼 수 없어 생김새를 정확히 알지 못했다. 그의 얼굴을 알고 있는 사람은 교단 2인자 이경득과 교주의 아들 전종기 정도였다.

경찰은 검거에 나선 지 50여 일 만에 양평군 용문산에서 전용해로 추정되는 사체 한 구를 발견했다. 전종기는 코 아랫부분이 산짐승에게 먹혀 없어진 시체를 보자마자 "아이고, 아버지!" 하고 대성통곡했다. 양복 주머니에선 전용해가 차고 다니던 시계와 80여 원이 들어 있는 지갑이 나왔다.

부검 결과, 전용해의 사망 시간은 2월 21일 정오경으로 밝혀졌다. 자신이 '신의 아들'이라 주장했고 자신을 믿는 교도들에게 장생불사를 약속했던 전용해는, 유곤용과 다툰 지 닷새 만에 자신의 손으로 목숨을 끊어 신의 아들이 아니라 평범한 인간일 뿐임을 스스로 입증해 보였다.

백백교의 기원

백백교의 기원은 20세기 초로 거슬러 올라간다. 평북 영변 태생의 동학도東學徒 전정운은 금강산에 들어가 도를 닦다가, 1900년 천지신령의 도를 체득한 뒤 세상에 나왔다. 전정운은 전용해의 부친으로 당시 나이 30세였다. 그는 함남 문천군 운림면을 중심으로 인근 사람들에게 도를 전했다. 그를 믿는 사람이 점점 늘어나자 1912년 강원도 금화군 오성산에 본거지를 두고 정식으로 백도교白道敎를 개창했다. 강원도를 중심으로 여러 곳에 지부를 두고 포교에 힘써 1915~1916년에는 교도가 1만 명을 헤아렸다.

1919년, 교주 전정운이 죽자 교세 확장 방법을 둘러싼 간부들의 대립과 유산 분배를 둘러싼 골육 간의 싸움으로 교단이 분열되었다. 결국 세 아들이 모두 독립해 각자 교단을 하나씩 차렸다. 1923년 5월 전정운의 맏아들 전용수는 간부 이희용을 표면상의 교주로 내세워 경성부 도화정에 본부를 둔 인천교人天敎를 창립했다. 같은 해 7월 둘째아들 전용해는 차병간을 표면상의 교주로 내세워 경기도 가평군 북면에서 백백교를 창립했다. 셋째아들 용석도 형들에 지지 않고 경성부 도화정에 도화교桃花敎를 세웠다.

인천교는 '하늘 밖에 사람이 없고 사람 밖에 하늘이 없다. 사람은 곧 조그만 하늘이다.' 라는 천인일체설天人一體說을 표방했다. 이에 대해 백백교는 유불선儒佛仙 삼도를 합한 것을 교리로 하고, 교주는 '결백한 심령'을 가지고 퇴폐한 세도인심世道人心을 교화하여 추악한 현세를 아름답게 한다는 설교로 신도를 모았다.

백도교의 세 분파 중 교세를 가장 크게 확장시킨 분파는 백백교였다. 경기도 가평에서 출범한 백백교는 백도교의 성지 함남을 거쳐 강원도, 황해도, 평안도, 충청도까지 교세를 떨쳤다.

파죽지세로 뻗어 가던 백백교의 교세는 1930년 7월, 10여 년 전 백도교 교주 전정운이 금화군 오성산에 그의 애첩 4명을 산 채로 파묻은 구악이 폭로되어 한풀 꺾였다.

미신의 복마전 백백교를 중심으로 세상의 이목을 끌던 강명성, 최윤성 등 10인에 대한 예심이 종결되었다. 사건은 지금으로부터 10여 년 전으로 거슬러 올라간다. 백백교의 전신 백도교 교주 전정운은 장생불사長生不死의 선인仙人이 된다는 터무니없는 선전으로 우민을 우롱하며 5~6명의 부인 교도를 유혹해 육체적 관계를 맺었다. 그중 남달리 미색이 뛰어나 첩으로 삼았던 박씨(25세), 이씨(18세), 최씨(20세) 등을 교주 전정운의 명령으로 피고인들이 일부는 산 채로 생매장하고 일부는 사설 교수대에 교살한 것이 사건의 개요이다. 전정운은 이미 죽은 관계로 살해 원인은 아직 밝혀지지 않았다.

이른바 '금화 사건'이 발생하자 전용해와 표면상 교주 차병간은 가까스로 경찰의 검거망을 벗어났다. 전용해와 차병간은 지방을 전전하며 비밀리에 교단을 재건했다. 이후 전용해는 경성으로 잠입해 앵정정에 본부를 마련하고, 지방에 있는 심복 교도들을 경성으로 불러 모았다.

일제는 가고 백백교 세상이 온다

백백교 간부들은 평안도, 황해도, 강원도 등을 순회하며 무지몽매하여 세상 물정에 어둡지만 자산이 조금 있는 사람들을 은밀히 포섭했다.

"우리 백백교 교주님은 신비한 힘을 가지고 계신 분이다. 머지않은 장래에 천위天位에 등극할 인물이다. 지금 일본의 통치 아래 있지만, 가까운 장래에 반드시 백백교 교주의 통솔 하에 독립이 될 것이다. 그때 각 교도는 헌성금獻誠金의 다소와 인물의 능력에 따라 대신, 참의, 도지사, 군수, 경찰서장 등에 임명될 것이다."

"오래지 않아 큰 전쟁이 날 터이니 교도들은 자산을 팔아 가지고 상경하라. 교주는 신통력을 가지고 계신 분이므로 반드시 그대들의 생명을 보장할 것이다."

"3년 내 조선에 서른 자 이상의 큰 홍수가 날 것이다. 일반 백성은 모두 물에 빠져 죽더라도 헌금한 우리 백백교도는 금강산 피신궁避身宮에 들어가 목숨을 구할 수 있다. 홍수 이후 교주 전용해가 등극하여 천위에 오르면 헌금액에 따라 관직을 제수할 것이다."

백백교 간부들은 정감록의 예언을 자기 멋대로 해석해 정도령과 소리가 비슷한 교주 '전도령'이 후천개벽 세상의 주인이 될 것이라 호언했다. 관존민비의 봉건적 인습에 사로잡힌 사람에게는 관직을 주겠다는 말로, 투기심이 강한 사람에게는 '불로장생, 부귀영화'라는 말로 입교를 권유했다.

일단 백백교에 입교하면 교주의 명령에 따라 토지, 가옥, 가재도구 일체를 정리해 경성 본부로 올라와야 했다. 교주는 신입 교도가 가지고 온 현금을 교단에 바치게 했다. 데리고 온 가솔 중 미모의 처녀가 있으면 '시녀'로 바치게 했다. 교주는 앵정정 본부로 불려 온 시녀에게 '신의 행사'를 빙자해 욕정을 채웠다. '믿음이 약해' 교주에게 만족을 주지 못하는 여성은 심복 간부에게 넘겨 줬다. 백백교 간부가 거느린 첩은 모두 이러한 '신의 행사'를 치른 여성이었다. 교주는 수십 명의 첩을 거느렸고, 핵심 간부는 예닐곱 명의 첩을 거느렸다.

앵정정 본부에서 교주와 '신의 행사'를 치를 수 있는 여성은 네다섯 명에 불과했다. 새로운 시녀가 들어오면 기존의 시녀 가운데 '믿음이 약한' 시녀는 양주, 양평 등지의 심산에 사는 심복 교도들의 집으로 보내졌다. 교주는 한 달에 몇 번씩 교도들의 집을 돌며 시녀들과 '신의 행사'를 치렀다.

전 재산과 자녀를 교주에게 바친 교도에겐 "오래지 않아 백백교의 천하가 올 터이니 그때까지 농촌에 가서 농사를 지으면서 기다리고 있으라."는 명령이 내려졌다. 교도들은 연천, 양평, 철원, 평강 등 산간벽지 교통이 불편한 외딴집으로 보내졌다. 그곳에서 교도들은 화전을 일궈 근근이 연명했다. 교단은 교도들이 근처 부락 사람들과 접촉하지 못하게 막았고, 탈출을 방지하기 위해 교도들을 수시로 이주시켰다. 교도가 수상한 행동을 하면 처자 형제를 각각 다른 지방으로 보내 격리했다. 어디 있는지도 모르는 가족의 신변 걱정에 교도들은 차마 딴마음을 품지 못했다.

재산과 가족을 빼앗기고 어딘지도 모르는 산간벽지로 보내져 인간 이하의 생활을 하면서도 임박한 백백교의 세상에 대한 믿음을 잃지 않은 교도가 없진 않았다. 그러나 대부분의 교도는 자신의 어리석은 선택을 후회

▲ 경기도 양평군 단월면의 백백교 집단 부락이 있던 자리. 지금은 교회가 들어서 있다.

하고 교단에 대해 불만을 품었다. 전용해와 측근 간부는 교단에 불만을 품은 교도를 배교 분자로 분류했다.

교주는 배교 분자를 비밀 아지트로 데리고 가서 '기도'를 올려 주었다. '기도'는 교도를 살해해 암매장하는 것을 뜻했다. 배교 분자의 딸린 식솔은 산 채로 암매장되었다.

봄눈 내린 공판정

범죄 사상 초유의 큰 사건이었던 만큼 수사와 예심에만 3년이 걸렸다. 살인 기록 보유자 문봉조 외 간부 24명은 보안법 위반, 살인, 사체유기, 상해치사, 살인강도, 외설, 사기 공갈, 횡령, 공사문서 위변조 등 10개 죄목으로 공판에 회부되었다.

1940년 3월 13일, 경성지방법원 대법정 앞은 선착순으로 방청권을 배부하겠다는 예고 때문인지 새벽부터 북적거렸다. 며칠째 봄볕이 따뜻하여 봄기운이 완연하더니, 그날 아침 날씨가 갑자기 추워지면서 눈 섞인 비가 흩뿌렸다. 성격 급한 방청객들은 새벽 4시부터 찬비를 맞아 가며 줄을 섰다. 8시쯤 8백여 명의 방청객이 모여 들어 발 디딜 틈조차 없었다. 그 가운데 옷차림이 시골 사람 같은 남녀 10여 명이 섞여 있었다.

9시를 조금 지나 간수 한 명이 나와 "방청객 중 피고인 가족이 있냐?"고 외쳤다. 초조한 기색으로 서 있던 시골 사람 10여 명이 간수 앞으로 몰려갔다. 방청객들은 그들과 같이 섞여 있던 것조차 끔찍한 듯 이상한 눈초리로 쏘아보았다. 피고인 가족이 먼저 방청석에 들어간 뒤, 3백여 명의 방청객이 법정으로 입장했다. 5백여 명은 새벽부터 줄을 서고도 방청권을 얻지 못해 되돌아갔다.

9시 25분, 24명의 피고인을 태운 '경165호' 서대문형무소 버스가 도착했다. 법정에 입장하지 못한 방청객들은 버스를 에워싸고 손가락질했다. 용수를 쓰고 수갑을 찬 백백교 간부들이 피고석에 들어가자 방청석은 일시에 술렁였다.

10시 40분, 가마야(釜屋) 재판장을 선두로 재판부가 출정했다. 판검사의 책상 위에는 3만여 장의 조서가 놓여 있었다. 대충 읽어도 한 달은 걸릴 분량이었다. 재판장이 개정을 선언하자 검사가 공소사실을 진술했다.

피고인 24명 중 살인에 관련된 피고인만 18명이다. 살인 수효를 들으면 한층 더 전율을 느끼게 된다. 문봉조가 공범자와 함께 죽인 사람이

49회에 129명, 이경득이 61회에 166명, 길서진이 48회에 169명, 길군옥이 34회에 121명, 이한종이 11회에 35명 등이다. 그 죽인 방법도 참혹하기 짝이 없어 마치 사람 죽이는 것을 병아리 죽이듯 쉽게 여겼다.

공소사실 진술에만 1시간이 걸렸다. 재판장이 검사의 공소사실을 인정하느냐고 묻자 9명의 피고인이 살인 및 사체유기 사실을 부인했다. 재판장은 피고인들을 앉히고 개별 심리에 들어갔다.

재판장은 사건의 최초 고발자 유곤용의 부친인 유인호를 일으켜 세우고 심문에 들어갔다. 유인호는 장로로서 백백교 30년의 역사를 아주 자세히 알고 있는 인물이었다.

재판장 : 어째서 백백교를 믿었느냐?
유인호 : 대원님을 따르면 불로장생 호의호식한다기에 믿었습니다.
재판장 : 전용해의 부친 전정운이 창설한 백도교에 관계했느냐?
유인호 : 예, 그때부터 믿었습니다.
재판장 : 무슨 동기로?
유인호 : 어렸을 때, 아버지가 백도교를 믿으면 모든 재액을 피할 수 있다기에 믿었습니다.
재판장 : 백백교의 교리가 무엇이냐?
유인호 : 무식해서 교리는 모릅니다.
재판장 : 헌성금은 얼마나 바쳤느냐?
유인호 : 전 재산을 모조리 바쳤습니다.

재판장 : 네 딸을 전용해의 첩으로 준 이유는 무엇이냐?
유인호 : 선생께서 요구하기에 바쳤습니다.

이어서 벽력사 문봉조에 대한 심문에 들어갔다. 문봉조는 백백교의 행동 대장격으로 마흔아홉 차례에 걸쳐 129명의 교도를 살해한 혐의를 받고 있었다.

재판장 : 백백교의 교리가 무엇인가?
문봉조 : 선생께서 말씀하시기를, 머지않아 서양은 불로, 동양은 물로 심판을 받아 인류가 전멸하는데, 그 심판에서 구원을 받으려면 백백교를 믿어야 한다, 심판 때 동해에 영산이 떠오르는데 교도들은 전부 피난해서 거기서 홀로 장생하고 병에도 걸리지 않는다고 하셨습니다. 선생께서는 신이 사람의 모습을 쓰고 내려온 구주救主라고 하셨습니다.
재판장 : 헌성금이란 어떤 것인가?
문봉조 : 입교한 자는 자기 재산을 팔아 교주에게 바치도록 했습니다.
재판장 : 검거 당시까지 얼마나 받았는가?
문봉조 : 알 수 없습니다.
재판장 : 전용해가 교도에게 돈을 준 일이 있는가?
문봉조 : 생활이 가난하면 얼마간 주신 일이 있었습니다.
재판장 : 생활이 곤란한 교도 중에는 교주에게 불평을 품은 교도도 있었겠지?
문봉조 : 믿음이 엷은 교도 중에는 혹 불평을 가진 사람도 있었습니다.

재판장 : 그런 불평 분자는 모두 피고인들에게 명령해서 죽이게 했다지?

문봉조 : 예, 그랬습니다.

재판장 : 전용해는 교도 중에서 딸이나 누이동생이 있는 사람에게 그 딸과 누이동생을 바치라 해서 첩을 삼았다지? 전부 몇 명이나 되는가?

문봉조 : 정확한 명수는 알 수 없습니다만 앵정정에만 34명 있었습니다.

재판장 : 그래, 전용해는 매일 술만 먹고 첩과 음탕한 생활을 해왔다지?

문봉조 : 밥보다는 술을 좋아하셔서 매일 '월계관'이나 '백학' 한 되쯤씩 자셨습니다.

재판장 : 전용해는 자기 재산은 없이 교도에게서 모은 돈을 물 쓰듯 하여 방탕하고 사치한 생활을 했는가?

문봉조 : 예.

재판장 : 그런 음탕한 생활을 하는 전용해를 어떻게 신의 아들이라 믿을 수 있었는가?

문봉조 : 지금 생각하니 잘못 믿고 있었습니다. 술을 많이 드시긴 했지만, 선생님께서 가르치시는 말씀은 모두 훌륭해서 믿었던 것입니다.

재판장 : 그래, 아직도 전용해를 신의 아들로 믿는가?

문봉조 : 천만에요. 지금 생각하면 모두 어리석어서 속았던 걸 깨달았습니다.

문봉조를 비롯한 피고인 전원은 자신의 과오를 뉘우친다고 했지만, 교주를 지칭할 때 꼬박꼬박 경어를 썼다.
오랜 습관 때문인지 뉘우친다고 거짓
진술을 한 것인지 알 수 없었다. "전
용해의 인격을 숭배해서 믿었느냐,
아니면 반역하면 죽이는 것이 두려
워 믿었느냐?"는 재판장의 질문에,
백백교의 2인자 이경득은 "정말로 신
의 아들인 줄 알고 믿었다."고 진술했
다. 불평을 품고 있을 때마다 교주가 "이놈,
네가 불평을 품고 있구나. 다른 데 가고 싶거든 가거
라." 하여 독심술을 가졌다고 믿을 수밖에 없었다는 것이다.

▲ **백백교의 2인자 이경득**_
교주 전용해는 사진을 한
장도 찍지 않았다.

 나머지 피고인들도 모두 교주가 진짜 '신의 아들'인 줄 알고 백백교에
귀의했다고 진술했다. 23명의 교도를 살해한 이창문은 백백교만 믿으면
가족의 병도 낫고, 또 불로장수하는 줄만 알고 입교했으나, 교주가 걸핏
하면 사람을 죽이는 것을 알고 무서워 도망까지 해보았지만 교주 밑에 남
기고 온 처자의 목숨이 염려되어 죽음을 각오하고 되돌아간 적이 있었다
고 말해 재판정을 숙연하게 만들었다.

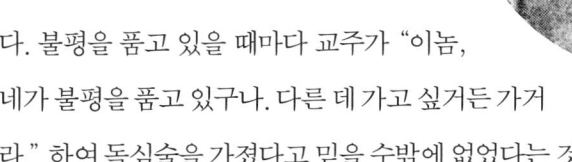

무지를 파고든 사교 邪敎

 방청객들은 한번 걸려들면 다시는 빠져나갈 수 없는 늪과 같은 백백교

의 정체에 치를 떨었다. 학력을 심문한 결과, 피고 24명 가운데 정규교육을 받은 자는 이자성 한 명뿐이었다. 그마저도 보통학교 4년까지 다닌 것이 전부였다. 문봉조, 이경득, 김군옥, 박달준 등이 한문을 조금 알았을 뿐, 나머지 피고인들은 모두 낫 놓고 기역자도 모르는 까막눈이었다. 재판장이 "예심결정서를 보았으니 자기 죄를 알 터이지?"라고 묻자 "무슨 종이를 받기는 했지만 무식해서 뭔지 몰랐습니다."라고 진술할 정도였다.

피고인 중에는 비운의 여인이 한 명 있었다. 교주 전용해의 딸 전선녀였다. 전용해와 그의 첩 최씨 사이의 소생이었다.

재판장 : 전용해의 딸이라지?
전선녀 : 예.
재판장 : 최씨와 전용해는 언제까지 같이 살았는가?
전선녀 : 제가 다섯 살 때까지입니다.
재판장 : 그 후 피고는 어떻게 살았는가?
전선녀 : 여덟 살부터 어머니를 따라 여기저기 흘러 다녔고, 열네 살 때 어머니와 헤어졌습니다.
재판장 : 어머니는 어디 있는가?
전선녀 : 열네 살 때 헤어진 후로는 만나지 못해서 생사를 모릅니다.
재판장 : 전용해와는 헤어져 산 뒤에도 자주 만났는가?
전선녀 : 1~2년에 한 번쯤 만났습니다.
재판장 : 그래, 전용해를 만날 때 어떠했는가?
전선녀 : (원망이 섞인 목소리로 울먹이며) 만나 뵙기는 했지만 아버

지다운 정이 들지 않았습니다.

 재판장 : 백백교를 포교한 사실이 있는가?

 전선녀 : 그런 일은 없습니다.

백백교는 일본이 곧 폐망하고 조선이 독립해 교주가 천위에 등극할 것이라 선전했다. 허무맹랑한 예언이었지만, 일본이 폐망한다는 주장은 보안법 위반에 해당했다. 살인을 저지르지 않은 교인도 백백교를 포교한 사실만 인정되면 보안법 위반 혐의로 기소되었다. 전선녀가 그런 경우였다. 전선녀가 부인했지만 재판부는 공소사실을 인정하여 징역 6개월의 실형을 선고했다.

18명 중 14명 사형

1940년 3월 15일, 수은주가 영하 7도까지 떨어지고 연 이틀 눈이 내렸다. 말하기 좋아하는 사람들은 억울하게 죽은 314인의 원귀가 내린 저주라 말했다. 때늦은 혹한에도 방청석은 여전히 만원이었다. 두 번째 공판에서는 살인죄에 대한 사실심리가 진행됐다. 314건의 살인 혐의가 차례로 확인되었다.

 재판장 : 1930년 8월, 둘이서 제2세 교주 우광현을 무주군 설천면 야산에서 목 매 죽였는가?

이경득 · 길서진 : 예.

재판장 : 이유는?

이경득 · 길서진 : 모릅니다. 대원님께서 죽이라고 해서 죽였을 뿐입니다.

재판장 : 1931년 2월, 20세 가량의 여자와 그 젖먹이 애를 죽였나?

이경득 · 길서진 : 예.

재판장 : 1931년 5월, 교주의 첩 문봉례를 죽일 때 업고 가던 젖먹이도 죽였는가?

문봉조 : 문봉례를 죽인 것은 사실이지만, 애는 안 죽였습니다. 대원님께서는 애까지 죽이라 하셨지만, 이경득이가 '어린애야 무슨 죄가 있느냐?' 며 죽이지 말자고 했습니다. 저 역시 젖 먹다가 어미를 잃은 계집애 처지가 하도 가련해서 집에 데려다가 기르고 있습니다.

재판장 : 문봉례를 죽인 이유는?

문봉조 : 처음엔 몰랐습니다만 후에 알고 보니 오빠를 죽인 것을 알까봐 죽이란 것이었습니다.

재판장 : 어째서 친형인 문봉진과 그 가족을 죽였는가?

문봉조 : 자꾸 경성에 오겠다는 걸 말렸지만 듣지 않아 할 수 없이 상경시켰습니다. 어느 날 대원님께서 먼저 '봉진은 어떤가?' 하시는 태도가 죽이자는 뜻이었습니다. 만일 형을 안 죽이면 나도 죽겠고, 내 가족, 친척도 남모르게 죽겠기에 형을 죽였습니다.

피고인들은 아녀자는 물론 젖먹이 어린애, 친형까지 대원님의 명이라면 서슴없이 도륙했다. 사흘 후 속개된 세 번째 공판에서도 살인죄에 대한 사실심리가 계속되었다. 심리는 일사천리로 진행되었다. 살인한 사실을 한 묶음 두 묶음씩 뭉뚱그려 심리했다. 피고인이 부인하면 부인하는 대로 더 이상 캐묻지 않고 그냥 넘어갔다. 몇 가지 혐의에 대해 부인해도 판결에는 영향이 없을 것이었기 때문이다.

교도 살인은 1932년 이후 갑자기 증가했다. 그때부터 배교 분자 본인만 아니라 가족 전부를 몰살해 버린 탓이었다. 배교 분자와 그 가족만 죽인 것도 아니었다. 심지어 먹여 살리기에 귀찮다든가, 한 장소에 너무 많은 교도가 있어 경찰에 발각될 우려가 있다고 살해한 교도도 적지 않았다.

1년은 족히 걸리리라는 예상과 달리 공판은 일주일, 단 네 번 만에 종결되었다. 검사는 살인과 관련된 18인의 피고인 전원에게 사형을 구형했다. 먼저 피고 가족석에서 울음이 터져 나오고 연이어 나이 어린 피고인 몇이 말없이 눈물을 흘렸다. 과오를 뉘우치고 흘리는 눈물인지 목숨이 아까워 흘리는 눈물인지는 알 수 없었다. 재판장은 가담 정도가 경미한 피고인 4명만 징역 7~15년으로 감형하고 나머지 14명에게 검사의 구형대로 사형을 선고했다.

***

식민지 시대 어수선한 사회 분위기 속에서 갖가지 신흥종교가 우후죽순으로 생겨났다. 동학계의 천도교 · 시천교 · 상제교, 증산계의 보천교 · 흠치교 · 태을교, 단군계의 단군교 · 대종교 · 칠성교 · 관성교 등 총독부가 파악한 것만 해도 70여 개에 달했다. 밀교의 형태로 운영된 것은 그보다 몇 배나 많았다.

총독부는 신도神道(선조나 자연을 숭배하는 일본의 토착 신앙. 태평양전쟁 패전 이전까지 일본의 국교였다), 불교, 기독교만을 종교로 인정하고, 나머지는 모두 '유사종교'로 분류했다. 종교는 학무국 종교과의 '관리' 대상이었지만, '유사종교'는 경찰서 보안과의 '단속' 대상이었다.

총독부에 의해 유사종교로 규정된 신흥종교를 모두 '사교'나 '사이비 종교'로 치부할 수는 없다. 가령 천도교는 백백교와 같이 동학에 뿌리를 둔 종교이지만, 독립운동과 민중 계몽 운동에 주력했고, 교인 수가 백만을 넘는 건전한 기성종교로 성장했다. 현상적으로는 백백교처럼 사악한 종교가 분명 존재하지만, 특정한 종교를 두고 정통인지 이단인지 구분하는 것은 매우 어렵다.

근대 이후 새롭게 등장한 신흥종교들은 교리에서는 큰 편차가 없다. 인존사상과 민중사상, 후천개벽사상과 지상천국신앙, 구세주신앙과 선민사상, 조화사상과 통일사상, 해원解寃사상과 전통문화계승사상은 거의 모든 신흥종교의 공통된 교리다. 오용될 소지는 있지만 그 자체가 나쁜 것은 아니다.

종교는 합리성과 이성의 영역이 아니라 믿음의 영역, 맹목의 영역에 속한다. 백백교 사건은 전용해라는 사악한 교주가 저지른 예외적인 일탈 행동이 아니다. 1987년 '오대양 사건'처럼 종교를 빙자한 크고 작은 범죄 행위는 지금껏 이어지고 있다.

백백교와 같은 사교 집단은 기성종교보다 더 직접적으로 현세의 부귀영화와 영생을 약속한다. 종교가 인간에게 줄 수 있는 것은 현세의 부귀영화가 아니라 그보다 더 값진 마음의 평화일 것이다. 종교를 통해 현세의 부귀영화를 추구하려 들면 언제든 사교 집단의 유혹에 빠질 수 있다. 백백교는 바로 그러한 인간의 비뚤어진 욕망을 파고든 경우였다.

2부

근대 조선을 뒤흔든 스캔들

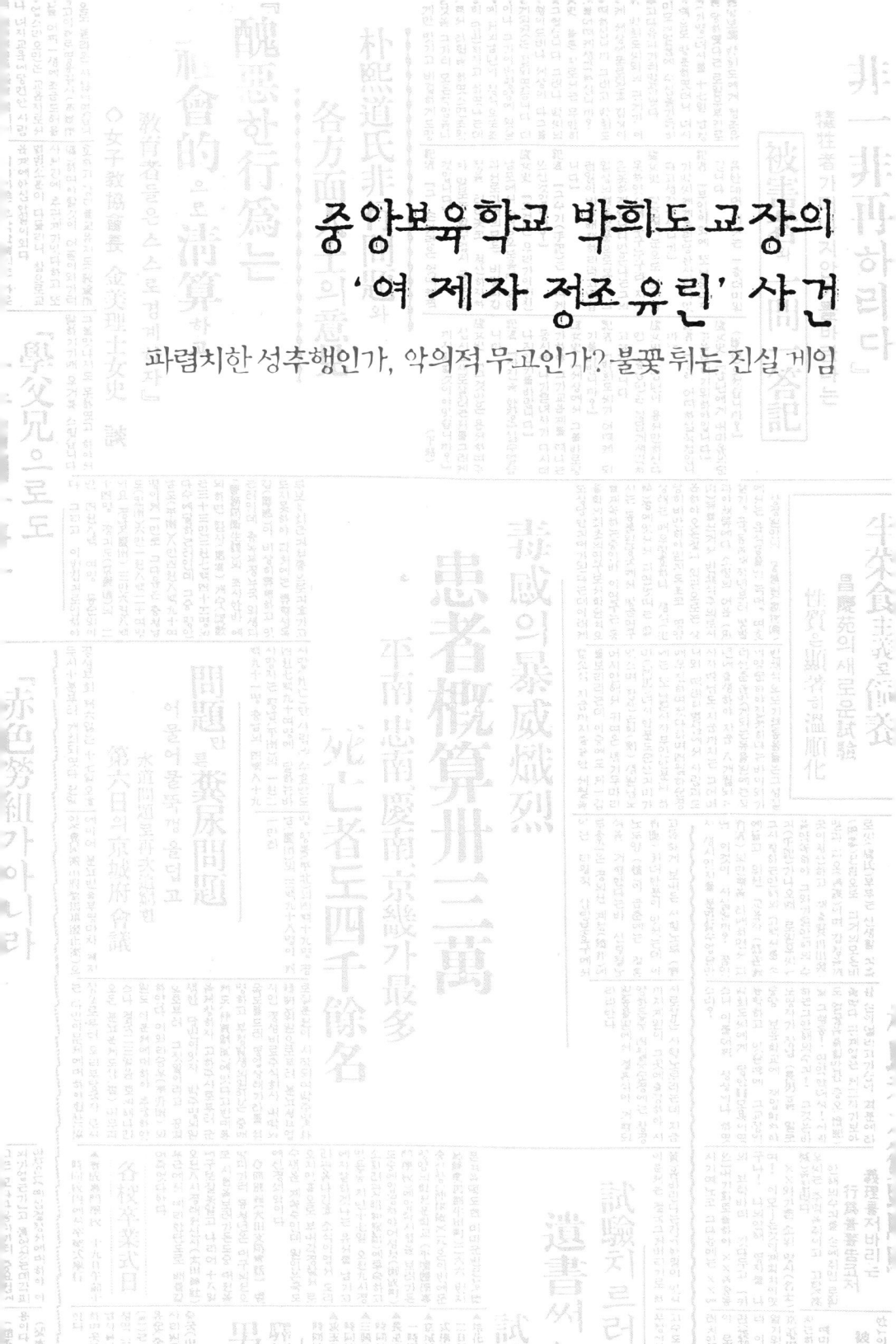

중앙보육학교 박희도 교장의 '여 제자 정조 유린' 사건

파렴치한 성추행인가, 악의적 무고인가? 불꽃 튀는 진실 게임

1919년 3월 1일
  YMCA 간사 박희도 민족 대표 33인 자격으로 3.1운동 참여.

1934년 3월 12일
  중앙보육학교 순회 음악단 평양음악회 파행.

3월 17일
  「조선중앙일보」 박희도 중앙보육학교장의 "여 제자 정조 유린 사건" 특종 보도.

3월 22일
  박희도 교장, 중앙보육학교 설립자회에 사직원 제출. 진상조사단 구성.

3월 25일
  박희도와 노원우, 경관 입회 하에 양자 대면.

3월 27일
  박희도 사건 진상규명을 위한 '사문위원회' 개최.

키스 내기 화투?

  1920~30년대 대중잡지에는 '유모어소설'이라는 일종의 세태 풍자 소설이 연재되곤 했다. '유머' 있는 '소설'이니 재미있을 것도 같지만, 요즘 나오는 자극적인 코미디에 비하면 흔한 말로 '썰렁한 이야기'일 뿐이다. 작품 수준이 저열해 문학사에서 다룰 가치가 없고, 사실이 아니라 허구이니 사료로 쓸 수도 없다. 당대에는 제법 인기를 끌었을지 몰라도 지금에 와서는 그다지 쓸모 있어 보이지 않는 자료다.
  하지만 1920~30년대 '유모어소설'에는 웬만한 일에는 눈도 깜짝 않는 요즘 사람들조차 포복절도할 엽기적인 이야기가 등장하곤 한다. 『별건곤』 1934년 4월호에 실린 이아부의 "키스 내기 화투"도 그 가운데 하나다. 내용을 한번 훑어보자.

밤늦게 돌아온 남편은 아내에게 버럭 호통을 친다.

"이년! 내가 무섭지? 하늘이 무섭지?"

아무리 술에 취했고 또 개화가 덜된 시절이었다지만, 아내에게 '이년'이라니! 엄청나게 간 큰 사내다. 요즘 같으면 당장에 도장 찍자고 덤벼들겠지만 착한 아내는 꾹 참고 남편의 몸을 부축한다. 그러나 남편의 태도는 예전에 술 취했을 때와는 사뭇 달랐다.

"고만두어! 다 귀찮다!"

남편은 당황해 서 있는 아내를 밀치더니 드디어 가슴에 품은 말을 꺼낸다.

"흥! 너도 키스 내기 화투한 년이지?"

어안이 벙벙해 서 있는 아내에게 남편은 연이어 비수를 날린다.

"너, 어느 학교 졸업했니?"

"그건 왜 새삼스레 물어보세요?"

"알 필요가 있으니 말이지!"

남편은 방바닥에 펄썩 주저앉아 외투, 양복, 저고리, 넥타이를 마구 벗어던진다. 취중에 한 행동이라도 도가 지나치다고 생각한 아내는 반격에 나선다.

"비록 하늘의 이치가 남자는 수염이 나게 하고 여자는 핸드백을 가지고 다니게 했기로 그 수염 값 못하는 행태를 어디다 한단 말이에요? 기생이나 여급이나 창부나 술파는 계집 같으면 몰라도 그 아내에게 입에 담지 못할 욕지거리를 하다니 이 무슨 해괴한 일이에요?"

구구절절 옳은 말이다. 그러나 남편은 자기 행동을 반성하기는커녕 또다시 쏘아붙인다.

"무슨 큰소리야? 제자와 선생이 모여 앉아 키스 내기 화투 한 것이 잘한 노릇이란 말이냐? 너의 학교의 교장이란 자가……에 취해…… 키스하고……에 취해……."

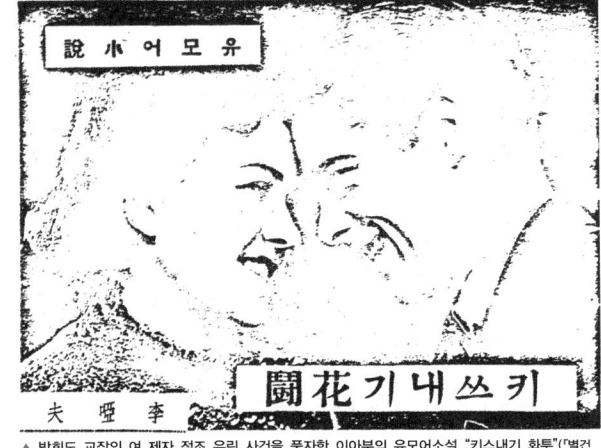
▲ 박희도 교장의 여 제자 정조 유린 사건을 풍자한 이아부의 유모어소설 "키스내기 화투"(「별건곤」 1934년 4월호)

교장과 제자가 키스 내기 화투를 쳤다니, 도대체 무슨 뚱딴지 같은 소리인가. 자세한 내막은 나중에 알아보기로 하고, 일단 계속해서 읽어 보자.

"영자!"

남편은 아내의 이름을 연극배우가 대본을 외우는 것같이 부르더니 은근히 묻는다.

"영자는 찔리는 구석이 없나?"

"찔리기는 무엇이 찔리어요?"

아내는 남편의 어이없는 질문에 억지로 대답한다. 술 취한 남편은 의처증에 걸린 사람처럼 계속해서 횡설수설한다.

"영자는 그래 교장과 키스 내기 화투는 안 했느냐는 말이야?"

"왜 대답이 없어? 침묵은 모든 사실을 시인하는 말이지?"

"아니 그게 무슨 말씀이라고 하시는 거예요?"

"아니면 무엇이야? 누가 영자의 몸이 순결하다고 변명해 줄 것이야? 결혼 전 영자의 처녀성을 보증할 사람이 누구냐고?"

남편의 '여성 저주론'과 '정조부인론貞操否認論'은 그로부터 한 시간 동안 장황하게 이어진다. 남편의 장광설은 '결혼 해소解消 선언'으로 치닫는다.

"영자와 나는 오늘 밤이 마지막이다! 오늘은 자자! 내일은 헤어지자!"

아닌 밤중에 홍두깨 같은 일을 당한 아내는 독자에게 하소연한다.

"그날 밤 나의 심경은 어떠하였겠습니까? 독자 여러분! 그 몹쓸(?) '에로 교장 Y선생 사건' 때문에 난데없는 가정 풍파가 일어난 것을 생각하면 옛날의 사은師恩이 도리어 오늘의 원수 같습니다. 그 한밤을 나는 전전반측하였습니다."

다음날 아침, 남편은 지난밤 거친 행동을 사과하기는커녕 밥상도 받지 않고 출근한다. 술김에 한번 저질러 본 행패가 아니었던 것이다. 영자는 사태의 심각성을 깨닫고 학교 선배 은숙을 찾아가 사정을 하소연한다. 은숙 역시 지난밤 남편에게 똑같은 봉변을 겪었다.

"실상인즉 나도 너와 같은 일을 당했단다. 그러나 너도 알다시피 내가 좀 능갈치냐? 어젯밤에 다 수습했다. 오늘 아침 일어나서는 껄껄대고 웃었단다."

영자는 조바심치며 해결 방법을 묻는다.

은숙은 의사가 처방전을 쓰듯 쪽지에다 '여덟 글자'를 적어 내민다.

"에이 못난 것! 어서 집에 가서 이것이나 궁리해 보아라!"

영자는 집으로 돌아와 하루 종일 여덟 글자의 의미를 연구한다. 남편은 그날 밤도 자정이 넘어서야 취기를 품고 귀가한다. 영자는 어젯밤처럼 속수무책으로 당하고만 있지 않았다.

"아주 오늘 밤 안으로 끝장을 냅시다."

영자는 남편에게 '에로 교장 Y선생 사건' 때문에 자신의 정조를 믿지 못하겠거든 그만 갈라서자며, 대신 마지막 부탁 하나만 들어달라고 한다.

"무슨 청이야?"

"그놈의 키스 내기 화투가 무엇인지 그것 때문에 우리들의 행복하고 달콤한 결혼 생활도 깨지고 부서지고 했으니…… 당장에 그것이나 한번 쳐보지요! 영원히 서로 갈라선 후에 어느 때 어느 곳에서 그것이 한이 될지 알겠어요?"

"그까짓 소원이야 못 들어줄까?"

부부는 밤 깊도록 키스 내기 화투를 친다. 다음날 아침, 남편은 대문 밖까지 나가 배웅하는 아내에게 씽긋 웃어 보인다. 은숙이 적어 준 여덟 글자는 '이열치열 전화위복'이었다.

교장이 여 제자와 화투를 치는 것도 충분히 패륜이라 할 만한데, 키스 내기로 쳤다니 가히 엽기적이기까지 하다. 키스 내기 화투가 무엇일까? 이긴 사람이 키스를 받고, 진 사람이 키스를 해줘서 키스 내기 화투였을까? 이기거나 지거나 키스하기는 마찬가진데, 힘 들이고 머리 써서 화투는 왜 쳤을까? 이아부라는 무명작가가 과연 이런 해괴망측한 상황을 오로지 자신의 상상력만 가지고 꾸며낼 수 있었을까? 지금부터 소설보다 더 황당한 실화를 알아보자.

한밤의 활극

1934년 3월 12일, 평양 백선행기념관에서는 박희도 교장이 이끄는 중앙보육학교(중앙대학교) 순회 음악단의 음악회가 열릴 예정이었다. 만주국 수도 신징(新京·오늘날의 창춘)까지 방문해 열릴 순회 음악회의 첫 번째 무대였다.

평양부 남정南町에 사는 노원우는 음악회가 열릴 날을 손꼽아 기다렸다. 음악이 듣고 싶어 기다린 것이 아니었다. 오직 인솔자 박희도와의 만남을 기다릴 뿐이었다. 박희도와 만나서 담판을 지을 일이 있었다.

음악회가 열리던 밤, 평양 거리에는 때늦은 눈송이가 흩날렸다. 노원우는 무거운 발걸음을 옮겨 백선행기념관을 찾았다. 가슴은 격분에 타올랐지만, 그는 되도록 조용히 문제를 해결하고 싶었다.

"그대가 과거의 비리를 깨닫고 뉘우치면 침묵을 지켜 어느 정도까지 용서할 수 있다."

노원우는 오랜 동지요, 친구인 박희도에게 이 한마디를 전하고 싶었다. 그러나 박희도는 노원우를 만나 주지 않았다. 만나 주기는커녕 노원우란 사람이 찾아왔다는 소식을 듣고는 음악회를 시작할 시간이 얼마 남지 않았는데도 허둥지둥 몸을 감췄다.

"설마 음악회에야 나오겠지."

노원우는 백선행기념관에 남아 음악회가 열리기까지 분노를 삭이며 기다렸다. 그러나 박희도가 나타나기를 기다리면서 노원우는 문제를 조용히 해결할 수 있을 것이라는 기대를 접었다.

"말로 타일러서 과오를 뉘우칠 인물이 아니다."

노원우는 운집한 청중 앞에서 박희도의 비행을 폭로하고 시비를 가려야겠다고 결심했다. 그러나 음악회가 끝날 때까지 박희도는 그림자도 보이지 않았다.

"피해 다니는 것만 봐도 그의 행위는 여실히 입증된다."

더욱 격분한 노원우는 흉기를 품고 음악회를 후원한 「조선일보」 평양지국이며 근처 여관을 밤늦게까지 찾아다녔다. 박희도는 죄 지은 사람처럼 밤새 숨어 있다가 다음날 아침 10여 명의 단원을 몰래 빼돌려 북행 열차에 몸을 실었다. 박희도가 줄행랑을 놓자 노원우는 분을 이기지 못하고 울부짖었다.

"제가 피하면 얼마나 피할 터인가? 나는 이미 내친 몸이다. 세상 사람들은 내가 일개 부녀자를 위하여 일신을 희생한다고 비웃을는지 모른다. 그러나 나는 그렇게는 생각지 않는다. 모름지기 그냥 내버려 둔다면 장래 얼마나 많은 여자의 정조와 행복을 깨뜨리고 가정을 파멸시키고 추한 영향을 끼칠는지 모르는 이 사나이의 비리를 세상에 널리 폭로하여 경고하는 것은 위대한 사회적 의의를 가지는 일일 것이다. 나는 이 일을 위해 나의 한 몸을 희생할 작정이다."

노원우가 격분한 박희도의 '비리'는 과연 무엇이었을까? 박희도는 대체 무슨 큰 잘못을 저질렀기에 책임자로서 음악회도 저버리고 밤새워 도망 다닌 것일까?

에로 교장 Y선생 사건

3월 12일 밤 평양에서 벌어진 소동은 그로부터 닷새 후인 3월 17일 「조선중앙일보」의 단독 보도로 세상에 알려지게 되었다. 박희도 같은 거물급 인사의 추문을 폭로하자면 사실 확인을 위해 그만한 시간은 필요했을 것이다. 닷새간의 취재 끝에 확신을 갖게 된 듯, 「조선중앙일보」는 "교육계의 대大 불상사. 제자를 유인하여 정조 유린을 감행. 중앙보육학교장 박희도 씨의 추행을 피해자가 폭로"라는 선정적인 제목 아래 장문의 기사를 실었다. 기사는 다음과 같이 시작된다.

과도기에 있는 조선 여성 교육계에 당면하여 중대한 책임을 지고 있는 교육자로 경성 중앙보육학교 교장인 박희도 씨는 신성한 교편을 잡고 있으면서 자신이 가르치고 있는 미모의 학생에게 일종 추악한 행동을 감행하였다 하여, 12일 평양 백선행기념관에서 열린 중앙보육학교 순회 음악단의 음악회가 열리던 날 밤 평양 가두에는 일장 비극이 연출되었다.

노원우는 박희도가 '정조를 유린했다.'는 '미모의 학생' 윤신실의 남편이었다. 기사가 나가자 온 나라가 발칵 뒤집혔다. 교장이 어린 여 제자의 정조를 유린했다는 것도 충격적인 일이었지만, 다른 사람도 아니고 박희도가 그런 파렴치한 일을 저질렀다는 데 사람들은 경악을 금치 못했다.
박희도는 평범한 교육자가 아니었다. 3·1운동 민족대표 33인 가운데

한 사람으로 1년 반 동안 옥고를 치른 '검증된' 민족 지도자였다. 또한 중앙기독교청년회(YMCA) 간사를 역임한 기독교 사회 운동가이자 사회주의 계열의 잡지『신생활』을 간행한 진보적 지식인이었다.『별건곤』1928년 5월호 인터뷰에서 '내가 자랑하고 싶은 조선 것'이 무엇이냐는 질문을 받았을 때, 박희도는 다른 좋은 것을 다 제

▲ 3·1운동 민족대표 33인 가운데 한 사람이었던 중앙보육학교 박희도 교장은 1934년 전대미문의 성추행 스캔들에 휘말린다.

쳐두고 '민족적 도덕성'이라 답했다. 적어도 말로는 도덕을 최고의 가치로 꼽던 인물이었던 것이다. 그런 박희도가 뒤로는 제자에게 '추악한 행동'이나 저지르고 있을 줄 그 누가 상상이나 했겠는가.

폭로된 정조 유린의 수법 또한 추악하기 그지없었다. 노원우는 증거물이라며 아내 윤신실의 수기를 공개했다. '키스 내기 화투'는 '정조 유린 고발서'라고도 부른 이 수기에 처음 등장한다.

"……그 어떤 날 몇몇 학생이 놀러 왔는데 박희도의 말이 키스 내기 화투를 하자 하여 화투를 하다 간 후 나는 그 집에 살기 때문에 혼자 남아 있는데 나를 끌어 키스하고 자기의 침대에 눕히고 나의 가슴도 만지려 하므로 몸을 꼬고 만지지 못하게 하였으나 약한 탓으로 만짐을 당하고 마음과 몸이 약한 탓에 정조를 빼앗기었고……"

교장이 '제자'의 정조를 유린한 것도 엄청난 문제였지만 '제자들' 과 키스내기 화투를 친 것이 더 큰 문제였다. 단지 강간뿐이었다면 너무 사랑한 나머지 순간 실수를 저질렀다고 변명이라도 늘어놓을 수 있었겠지만, 키스내기 화투를 쳤다는 데야 변명의 여지가 있을 수 없었다. 윤신실의 수기가 공개되었을 당시의 사회적 충격을 시인 김동환은 다음과 같이 전한다.

키스 내기 화투하다가 젖가슴 만지다가 그러다가 최후에 여성의 생명선까지 침범하더라는 그 광경이 에로틱하고 리얼리즘하게 묘사된 그 수기手記가 사진에 박혀 신문 지면에 나타나자 딸 둔 여학생의 부형들은 치를 떨었고, 감독의 임무에 있는 학무 당국은 사건 진상의 조사에 착수하였고 일반 사회에서는 죽일 놈, 살릴 놈 하고 격노하는 소리가 빗발치듯 나왔다.

정조 유린 고발서가 「조선중앙일보」 지면을 통해 공개되자 사람들의 관심은 윤신실이란 인물이 수기를 쓰게 된 배경으로 모아졌다. 키스 내기 화투를 칠 당시 그녀는 왜 교장의 집에 살고 있었을까? 대체 무슨 생각으로 수기를 써서 남편에게 보여준 것일까?

용서받지 못할 만행

노원우와 박희도는 일찍이 결의형제까지 맺은 막역한 사이였다. 그들은 조선 사회를 위하여 무엇인가 유익한 사업을 할 것을 꿈꾸며 학창 시절을 보냈다. 박희도가 여성 교육에 뜻을 두고 중앙보육학교를 설립하여 교장에 취임했을 때, 노원우는 아직 경성비행학교에 재학 중이었다. 노원우는 박희도를 만나기 위해 중앙보육학교에 자주 들렀다. 그러다 황해도 곡산 출신 여학생 윤신실과 만나 사랑에 빠졌다.

두 사람의 사랑이 순탄하지만은 않았다. 윤신실의 부친은 노원우가 기독교 신자가 아니라고 딸의 결혼에 반대했다. 그러나 노원우와 윤신실은 사랑의 힘으로 모든 난관을 극복하고 1926년 결혼에 성공했다. 결혼 직후 임신을 하게 된 윤신실은 학업을 중도에 포기했다. 같은 해, 노원우는 신문기자로 취직해 사랑하는 아내와 함께 평양으로 이주했다.

평양에서 노원우와 윤신실은 '스위트홈'을 만들어 남들이 부러워할 만큼 단란한 생활을 이어 갔다. 그러나 꿈 같은 시간도 잠깐. 3년 후인 1929년, 네 살 난 첫아들이 죽자 윤신실은 심한 정신적 충격을 받았다. 사랑하는 아내를 그대로 두었다간 큰일이 생길지도 모른다는 우려에서 노원우는 윤신실에게 기분 전환 삼아 중단했던 학업을 계속하라고 권유했다.

사랑하는 아들을 잃고 우울한 나날을 보내던 윤신실은 남편의 권유에 따라 중앙보육학교에 복학했다. 노원우는 상처가 깊은 아내를 서울에 혼자 살게 하는 것이 마음에 걸려 절친한 친구이자 아내가 복학할 학교의 교장인 박희도를 찾아가 방 한 칸을 내달라고 청했다. 박희도는 자기 딸의 동무도 될 겸 자기 집에 하숙하라고 흔쾌히 승낙했다.

이때 이상한 일이 벌어졌다. 윤신실은 경성에 간 지 얼마 되지 않아서 학업을 포기하고 다시 평양으로 돌아왔다. 왜 그냥 돌아왔는지 물을 만도 했건만, 노원우는 아내가 집과 남편이 그리워 그냥 돌아왔나 보다 여기고 이내 일상으로 돌아갔다.

얼마 후 노원우는 아내와 함께 진남포로 이주해 사업을 시작했다. 진남포에서 노원우 가족은 물질적으로나 정신적으로나 풍요로운 생활을 꾸려 갔다. 그러나 짧은 행복은 4년 만에 끝났다. 1933년 10월, 노원우는 사업에 실패하고 가족과 함께 진남포를 떠나 평양으로 이주했다. 노원우와 윤신실은 이사를 계기로 서로의 비밀을 모두 털어놓고 홀가분한 마음으로 새 출발하기로 했다.

노원우가 먼저 자신의 과오를 털어놓고 아내의 용서를 구했다. 그러나 윤신실은 무슨 큰 비밀이 있는지 머뭇거릴 뿐 말을 잇지 못했다. 윤신실은 부끄러워서 도저히 말로는 고백하지 못하겠으니 자신의 과거를 글로 적어 보여주겠다고 했다. 이때 윤신실이 보여준 글이 1934년 3월 세상을 발칵 뒤집어 놓은 문제의 '정조 유린 고발서'다.

새 출발 기념으로 배우자의 비밀과 과오를 용서하고자 시작한 진실 게임은 예기치 못한 풍파를 일으켰다. 아내의 비밀이 눈앞에 펼쳐지자, 노원우는 이성을 잃었다. 털어놓기 전에는 이해 못할 비밀이 없지만, 털어놓고 나서는 이해할 수 있는 비밀이 많지 않은 법이다. 비밀도 비밀 나름이지, 믿었던 친구가 사랑하는 아내에게 그처럼 추악한 일을 저질렀으니……. 더욱이 자신에게는 친구이지만 아내에겐 교장이 아닌가.

그와 같은 아내의 수기가 나오매 노원우 씨는 사랑하는 아내의 고백서를 손에 들고 위선 교육자의 만행을 타매唾罵(침을 뱉고 욕을 마구 퍼부음)하면서 '과연 이것이 사실일까?' 꿈인지 생시인지를 분별할 수 없을 만큼 손이 떨리고 가슴이 격분에 타올랐다. 관계 없는 제3자가 보아도 얼굴을 붉힐 만큼 증오할 그 행동! 연약한 여성! 사랑하는 아내의 수기! 그것은 바로 영자(「조선중앙일보」는 3월 21일 이전에는 '노영자'라는 가명으로 사건을 보도했다)가 장남을 잃고 중앙보육학교에 재입학하여 수학하고 있을 때, 교장인 박희도 씨에게 당한 모욕이었으니 이를 어찌 상상이나 하였으랴? 아내의 수기를 손에 쥔 노원우는 주먹을 쥐고 고함을 질렀다.

"색마와 같은 소위 명사여! 모든 것이 계획적이었구나! 나의 아내 영자를 부탁받아 갖다 두고 '키스 내기 화투'를 하여 욕정을 충동시키어 놓고 그 다음에는 정조에 손을 대었다."

노원우는 아내의 수기를 움켜쥐고 몇 번이고 울부짖었다. 사태의 심각성을 깨달은 윤신실은 남편에게 "자신의 육체는 이미 더럽혀졌지만 정신적으로는 여전히 순결하다."며 손가락을 잘라 피로써 순결을 서약했다. 노원우는 전후 사실을 고백하고 손가락까지 잘라 순결을 서약하는 아내를 용서하지 않을 수 없었다. 그러나 박희도의 만행은 생각할수록 치가 떨려 도저히 그냥 덮어둘 수 없었다.

조만간 경성에 올라가 담판을 지으리라 마음먹은 차에 3월 12일 백선행기념관에서 중앙보육학교 순회 음악단 음악회가 열린다는 소식이 들렸다.

"오냐, 호랑이 굴에 제 발로 걸어들어 오는구나."

노원우는 개인적 원한도 원한이지만 조선 여성 교육계의 정화를 위해서라도 박희도의 비행을 묵과해서는 안 된다고 생각했다.

3월 12일 평양에는 때늦은 봄눈이 내렸고, 중앙보육학교 순회 음악회는 교장의 인사말이 생략된 채 진행되었다. 그리고 흉기를 든 한 사내가 밤새 시내를 활보했다.

여론은 들끓고

「조선중앙일보」가 박희도의 비행을 연일 크게 보도하자, 여론은 걷잡을 수 없이 악화되었다. 조선노동총연맹의 정운영은 "인도적으로 용납 못할 죄악"이라 말했고, 변호사 김병로는 "조선 교육계의 불상사"라고 탄식했다. 중앙보육학교 학부형은 "가슴이 서늘해질 뿐이었으며 전율을 느끼지 않을 수 없었다. 하여튼 이 문제는 너무도 끔찍하여 입 밖에 내기도 싫다."며 몸서리쳤다. 관할 관청인 경기도청 학무과의 일본인 과장은 고개 숙여 사죄했다.

"그 사실은 어제 들었습니다. 그러나 나로서는 무엇이라 말할 수 없습니다. 앞으로 사건을 엄중히 조사하겠습니다. 그런 소문이 난 것만 하여도 감독자로서는 여간 미안하지 않습니다."

조선여자교육협회장 김미리사는 박희도의 과거 행실까지 거론했다.

"교육자로서 더구나 여자 교육에 당면한 사람으로서 이와 같은 사실이 이미 세상에 드러나고, 또 항간에 풍설이 낭자한 지 이미 오래였으니 그것이 만일 사실이라면 절대로 용서할 수 없는 일입니다."

김미리사의 말처럼 '여 제자 정조 유린 사건'이 폭로되기 이전에도 박희도를 둘러싼 흉흉한 풍설이 있었을까? 그 시대에 살아 보지 않았으므로 진실을 알 수는 없다. 그러나 사건이 폭로되기 이전 잡지에 등장한 박희도에 대한 인물평을 살펴보면 좋지 못한 소문이 떠돌았을 개연성이 충분함을 알 수 있다. 『혜성』 1932년 3월호에는 두루마기를 입은 박희도의 캐리커처와 함께 다음과 같은 인물평이 실려 있다.

몸이 코끼리같이 크고 눈조차 코끼리같이 작아서 학생 시대부터 코끼리란 별명을 듣는 박희도 씨! 어느 날 아침에 신설리 자택에서 바쁘게 시내로 들어오느라고 미처 앞도 잘 살펴볼 여가가 없이 전찻길로 뛰어나오다가 나뭇짐을 밀쳤다. 아무리 바쁘더라도 자기가 나뭇짐을 밀친 줄 알았으면 미안하다는 말이라도 하였겠지만 그는 모르고 그냥 전차로 올라탔는데, 나무꾼은 소위 종로에서 뺨 맞고 북바위에 가서 눈을 흘긴다고 나뭇짐을 다시 짊어지고 동대문을 향

▲ "가두에서 본 인물, 박희도 씨"(『혜성』 1932년 3월호)

하여 들어오며 "아무리 눈이 코끼리같이 작기로 남의 나뭇짐도 잘 못 보나! 몸뚱이가 눈같이 작았으면 나뭇짐에 걸리지나 않지." 하고 혼자 중얼중얼하더라고. – 이것은 어떤 동대문 밖 사람의 입에서 나온 말.

선입견 없이 읽으면 박희도가 실제로 자신이 나뭇짐을 밀친 줄 몰라서 그냥 전차에 올라탔을 것이라고 생각할 수도 있겠다. 그러나 '여 제자 정조 유린 사건'을 알고 나면, 박희도가 알고도 그냥 지나쳤을 것이라는 의혹을 떨치기 어렵다. 만화가가 하고많은 일화 중에 자칫 무례한 행동으로 보일 수도 있는 일화를 굳이 내세운 것도 이러한 의혹을 짙게 한다. 더욱이 캐리커처의 탐욕스러운 인상을 보면 의심할 여지가 없어진다.

『제일선』 1932년 7월호에는 서양 무희와 박희도의 합성사진 아래에 다음과 같은 만문이 실려 있다.

박희도 씨가 곱사춤으로 당대의 명인이(아니)라는 것은 세상이 다 아는 바입니다. 이에 분개한 박씨는 2~3일 전에 불란서 파리로 건너가 그곳에 유명한 '댄서'와 이와 같이 곱사춤을 추는 광경을 텔레비전으로 본사에 전송하여 독자 제씨의 간담을 서늘하게 했습니다. – '카메라' 놈도 행샷머리(행실머리)가 고약해!

박희도와 서양 무희가 퇴폐적인 자세를 한 합성사진을 보면 박희도가 충분히 구설수에 오를 만한 인물이었음을 짐작할 수 있다. "박희도 씨가 곱사춤으로 당대의 명인이(아니)라는 것은 세상이 다 아는 바입니다."라는 괴상야릇한 문장은 무슨 뜻일까? 아마도 박희도 자신은 곱사춤을 잘 춘다고 생각해서 자주 추지만, 다른 사람들이 보기에는 아주 흉물스럽다는 뜻일 것이다.

'사회 지도급 인사' 소리를 듣는 이들을 만나 보면 유난히 손버릇이 나쁘거나 입이 거칠어 놀라게 되는 경우가 종종 있다. 글을 읽어 보면 아주

▶ "곱사춤의 명인 박희도 씨"(『제일선』 1932년 7월호)

깊이가 있는데 만나서 몇 마디 나눠 보면 참을 수 없는 가벼움에 몸서리쳐지는 이들도 드물지 않다. 술 먹으면 '짐승'에 가까워지는 이들은 아주 많다. 박희도도 그런 축에 드는 사람이 아니었을까?

『혜성』 1931년 3월호에는 남자 간통죄 입법 문제가 일본 의회에서 논의되는 것에 대한 각계의 의견을 수록한 기사가 실렸다. 박희도도 한마디 거들었다.

여자의 정조 문제를 법이 간섭하는 것은 사회의 비극을 만들어 내는 것이요, 따라서 그 법은 악법이외다. 어찌 되었거나 아내라 하면 자기가 일신으로 믿고 사랑하면서 살아오던 생의 동반자가 아닙니까? 그런

데 그 여자가 한 번 부정한 일이 있었다고 해서 고발을 하면 법이 그 여자를 잡아다가 징역을 시키니 고발하는 남자도 나쁘며 그 법 또한 악법입니다. 아내가 그런 부정이 있으면 좋은 말로 나무랄 것이요, 몇 번 나무라서 안 들으면 그것은 자신에게 정이 없어진 때문이겠으니까 '너희끼리 가서 살아라.' 하고 갈라설 따름입니다.

이와 마찬가지로 '남편의 정조에 대하여 아내가 고발을 하여 그로 하여금 죄를 받게 한다.'는 것은 인정에 맞지 않는 일인 동시에 그 법이 또한 악법이겠습니다. 그러니까 나는 결국 악법이 하나 더 생길 뿐이요, 또 여자 측으로 보면 도리어 자신네를 우롱하는 것이 되리라 생각합니다.

이 글을 통해 두 가지 사실을 확인할 수 있다. 첫째, 박희도가 부부 사이의 정조를 개인의 성적 자유를 억압하는 구시대의 유물쯤으로 여겼다는 것, 둘째, 혹시라도 '남자 간통죄'가 생길까 봐 몹시 두려워했다는 것이다. 노원우의 주장에 따르면, 박희도가 윤신실의 정조를 유린한 것은 1929년이었다. 박희도의 '남자 간통죄 불가론'은 그로부터 2년 후에 발표되었다. 당시 박희도에게는 뭔가 찔리는 구석이 있었던 것 같다.

회유와 흑색선전

노원우는 언론에 박희도의 비행을 폭로하는 것만으로는 분이 풀리지 않았다. 아내의 정조를 유린한 것보다 사실을 완강히 부인하고 도망 다니는 박희도의 태도가 더 괘씸했다. 변호사의 자문을 구해 강간죄로 고소할 준비를 하고, 박희도와의 담판을 위해 상경할 준비를 하는 등 후속 조치를 서둘렀다.

윤신실 또한 남편과 함께 박희도가 과오를 시인하고 무릎 꿇고 사죄할 때까지 싸울 태세였다. 박희도의 비행이 신문에 폭로된 당일, 윤신실은 소감을 묻는 기자에게 다음과 같이 말했다.

기자 : 박희도 씨와의 관계가 이렇게 세상에 폭로된 후 감상이 어떠하십니까? 그리고 박희도 씨를 어떻게 생각하십니까?

윤신실 : 물론 매우 부끄럽습니다. 그러나 박희도 씨의 추행이 드러나 세상이 다 그것을 알게 된 것은 잘되었습니다. 그가 이번에 평양에 왔을 때, 저희 남편이 정식으로 조용히 담판하자고 하였다는데 그때 타협을 하였으면 좋았을 것을 모든 책임을 저에게만 맡기고 비겁하게 도망한 데 대해서는 한층 더 미워집니다.

기자 : 부인 외에 박희도 씨에게 유린당한 또 다른 여자가 있다고 생각하십니까?

윤신실 : 직접 내 눈으로 보지 못하였으니 누구누구라 지명은 못하겠습니다만, 저는 그의 일상의 행동과 성품으로 보아 그런 일이 비일비재하리라고 믿습니다.

기자 : 이후 어떻게 하실 작정입니까?

윤신실 : 남편이 용서만 해준다면 한층 남편을 사랑하며 살겠습니다.

기자 : 박희도 씨가 어떻게 되기를 바랍니까?

윤신실 : 세상에서 그를 바로 평가하여 그를 교육계에서 추방시켜 나 같은 여자가 또다시 생기지 않기를 바랍니다.

박희도 역시 언제까지고 도망만 다닌 것은 아니었다. 신문을 통해 추문이 폭로된 직후, 박희도는 측근들을 자택으로 불러 발 빠르게 대책을 마련했다.

보도가 나간 다음날, 평양 윤신실의 집에 중앙보육학교 동창 이기하가 찾아왔다. 동창이라곤 해도 학창 시절 그다지 친하게 지낸 사이는 아니었다. 이기하는 신문기사를 읽고 걱정이 돼 경성에서 일부러 찾아왔다고 했다.

"마음이 답답할 테니 산보나 가자."

윤신실은 어수선한 가운데 외출하는 것이 꺼림칙했지만, 멀리서 찾아와 준 친구의 호의를 뿌리칠 수 없었다. 윤신실은 아무런 의심 없이 이기하를 따라나섰다. 그러나 산보를 가자던 이기하는 엉뚱하게도 윤신실을 자신이 묵고 있는 여관으로 데리고 갔다. 여관에는 박희도의 측근 고광명이 먼저 와 앉아 있었다. 세 사람이 자리를 잡자, 이기하가 낯빛을 바꾸고 말했다.

"3~4년이나 지난 일을 무엇 하러 지금 꺼내어 가지고 그러느냐? 박희도 선생님을 위하여 오늘까지의 사실을 번복하고 부인할 수 없느냐?"

박희도가 측근들과 의논해 마련한 대책이란 것이 사람을 넣어 윤신실을 회유하는 것이었다. 윤신실은 또 한번 깊은 배신감을 느꼈다. 화가 머리끝까지 치밀었지만, 이성을 잃지 않고 차분히 답했다.

"아무리 3~4년 전 일이라도 조선 사회와 교육계의 정화를 위해서 일신의 희생을 무릅쓰고 모든 것을 드러내 놓은 이상, 어찌 있던 사실을 거짓이라 부인하겠느냐? 내가 한 일은 단지 신문기자의 질문에 사실대로 답변한 것밖에 없다. 그대들에게 아직도 이 문제를 해결하려는 의지가 있거든 남편과 박희도 씨의 회견을 주선하라. 그러면 박희도 씨와 직접 담판해 해결을 볼는지도 모른다."

이기하와 고경명은 아무런 성과도 얻지 못하고 돌아갔다. 박희도는 그 뒤로도 몇 차례 평양으로 사람을 보내 윤신실을 회유하려 들었다.
"반성은커녕 회유라니……. 도저히 용서할 수 없다. 끝장을 보고 말 테다."
노원우는 박희도가 사람을 넣어 회유하려 들더라는 아내의 말을 듣고, 또 한번 치를 떨었다.
회유에 실패했다고 순순히 백기를 들 박희도가 아니었다. 박희도는 회유 공작과 함께 노원우 부부에 대한 흑색선전에 열을 올렸다.
"노원우는 정신병자이고, 윤신실은 음탕한 여성이다."
근거 없는 흑색선전을 전해 들은 윤신실은 격분하여 말했다.

"박희도 씨가 내 남편은 정신병자이며 나를 음탕한 계집이라고 한다니 참으로 치가 떨립니다. 보십시오! 내 남편이 과연 정신병자입니까?

박희도 씨가 저의 정조를 유린했을 때, 그의 부인은 병원에 입원해 있었습니다. 딸이 외출했다 들어오니까 박희도 씨는 저의 머리카락을 가리키며 "머리! 머리 좀 쓰다듬어." 하는 말까지 했던 것도 지금까지 기억에 생생합니다. 그런데도 사실을 부인한다면 일천만 조선 여성을 위하여 여자 교육계의 장래를 위하여 우리 부부가 희생된다 할지라도 어디까지든지 흑백을 가리고자 합니다."

박희도의 회유와 흑색선전이 이어지자 노원우는 더 이상 한가하게 평양 집에 앉아 있을 수 없었다. 3월 24일 밤 11시, 노원우는 박희도와의 담판을 위해 밤 기차에 몸을 실었다.

목숨을 건 두 사내

노원우가 상경하기 이틀 전인 3월 22일, 박희도는 여론의 압력에 못 이겨 설립자회에 사표를 제출했다. 항간에 떠도는 불미스러운 소문 때문에 더 이상 교장으로서 정상적인 직무를 수행하기 어렵다는 것이 사유였다. 그러나 박희도는 여학교 교장으로서 낯 뜨거운 추문에 휩싸인 것에 대해 사죄할 뿐, 성추행 자체는 강력히 부인했다. 설립자회는 사건의 진상 조사를 결정하고, 조사가 진행되는 동안 교무주임 차사백을 교장대리로 임명했다. 같은 날, 설립자 대표 장두현은 대국민 사과 성명을 발표했다.

항간에 떠도는 박희도 씨 신상에 관한 문제에 대하여 사건 전부를 철저히 조사한 후에 판명하겠거니와 여하간 불상사인 것만은 사실이다. 이 점에 대하여는 사회에 대하여 미안한 일이다. 그러나 학교 관계들로서는 박희도 교장의 과거 사회적 경력으로 보아 오늘까지는 그가 그런 일을 저질렀을 것이라고는 절대로 상상도 할 수 없는 일이다.

노원우가 경성까지 찾아온 이상, 박희도로서는 더는 만나기를 거부할 명분이 없었다. 중앙보육학교 진상 조사단도 적극적으로 두 사람의 만남을 중재했다.

3월 25일 오후 2시, 마침내 노원우와 박희도 두 사람은 동대문 밖 신설리 박희도의 집에서 만났다. 평양에서 한밤의 활극이 벌어진 지 보름, 「조선중앙일보」 지면을 통해 첫 보도가 나간 지 여드레 만의 일이었다. 이 '역사적인' 회동을 지켜보기 위해 중앙보육학교 설립자 일동과 신문기자들은 물론, 경관까지 입회했다. 한때 결의형제를 맺었던 두 사람은 '파렴치한 성추행 사건'인지 '악의적 무고 사건'인지 진실을 가리기 위해 마주 앉았다.

어색한 침묵도 잠시, 노원우가 먼저 공격에 나섰다.

"지난 12일 평양에서 너는 어째서 나를 피하고 도망쳤느냐?"

"「조선일보」 평양지국 김만형 기자가 백선행기념관으로 가지 말라고 했다. 정신이상이 생긴 사람이 야유와 망신을 주리라 하니 어찌 음악회장으로 가겠는가."

박희도는 그럴듯한 변명을 늘어놓았다. 그러나 보통의 경우, 정신이상

자가 난동을 부린다고 교장이 학생들을 버리고 밤새 도망 다니지는 않는다. 노원우는 사실과 다르지만 그 일에 대해서는 나중에 김만형을 대면하고 알아보겠다고 말했다. 추궁할 것이 한두 가지가 아니었으므로 사소한 문제로 시간을 허비할 수 없었던 것이다.

이후 노원우를 대신해「조선중앙일보」평양지국 한재덕 기자가 김만형을 찾아가 사실을 확인했다. 김만형은 다음과 같이 말했다.

"절대로 그런 일은 없다. 박희도가 그런 말을 했다면 그 자식이야말로 미친놈이다. 그날 부들부들 떨면서 나보고 어떻게 좀 숨겨 창피를 당하지 않게 해달라고 애원하던 것을 그자는 벌써 잊었는가?"

노원우는 다음 문제로 넘어가 계속해서 박희도를 추궁했다.
"그렇다면 신징에서 돌아올 때 평양은 왜 못 들르고 사리원으로 돌아갔느냐?"
"내려오다가 '부친 병세'라는 전보를 받고 사리원에 들렀다. 그곳에서 신문을 보고 비로소 네가 나를 만나려 한다는 것을 알았다."
역시 새빨간 거짓말이었다. 박희도는 이미 평양에서 노원우가 찾아와 자신을 만나려했다는 것을 시인한 상태였다. 노원우는 더는 캐묻지 않고 다음 문제로 넘어갔다.
"무슨 까닭으로 고광명 여사와 이기하 여사를 내 아내에게 보냈느냐?"
"그런 사실이 없는데 무엇 때문에 그 같은 수기를 썼는지 알아보라고 보냈다."

박희도는 준비된 답변으로 위기를 넘기려 했다. 노원우는 그런 변명을 할 줄 알았다는 듯 곧바로 회심의 일격을 날렸다.

"그런 사실이 없는데 원만히 해결할 수 있는 좋은 방책이 없느냐고 애원한 것은 무슨 까닭인가?"

박희도는 할 말을 잃고 얼굴을 붉혔다. 노원우는 박희도의 해명을 기다리지 않고, 자신이 박희도의 비행을 알게 된 경로를 설명했다.

"작년 시월 초순, 나와 신실이는 과거를 청산하자는 의미로 서로의 비밀을 고백했다. 신실이는 부끄러워 말로는 못하겠다며 고백서를 써서 보여줬다. 고백서를 읽고 내 가슴은 찢어지는 듯했다. 도저히 신실이와 너 박희도를 용서할 수 없었다. 그러나 신실이는 내게 용서를 빌었다. 신실이가 스스로 자른 손가락을 본다면 누구라도 다 알 것이다. 신실이는 손가락을 찍어 가면서 내 앞에서 사랑과 용서를 바랐다."

노원우는 눈물을 글썽이며 격앙된 목소리로 박희도를 꾸짖었다. 두 사람의 '진실 게임'은 절정으로 치달았다.

노원우 : 풍설에 들으니 네가, 나는 정신병자, 신실이는 음탕한 계집이라 한다니 네가 만들어 준 신실의 통신부(通信簿沼輝·생활 통지표)를 지금까지 보관하여 두었지만 교장으로서 음탕한 계집에게 네 손으로 무엇 때문에 조행操行(태도와 행실)에 '갑甲'을 주었느냐? 신실이가 욕 당하던 날 너의 부인은 신병으로 입원 중이었고 딸은 외출하였다. 그래, 내가 정신병자이냐?

박희도 : 사실은 언젠가는 판명된다. 사실 없는 일을 말하니 정신병

자다.

　노원우 : 교육자로 그 학생을 데리고 키스 내기 화투는 무엇이냐?

　박희도 : 상식상으로 말이 안 된다. 기생이라 할지라도 키스 내기 화투란 없을 것이다. 만일 키스 내기 화투를 하였다면 그게 무슨 강간인가? 법정에서 사실로 판명된다면 내가 살고 있지 아니할 것이다. 칼로 가슴이라도 그을 터이다.

　노원우 : 참말인가?

　박희도 : 참말이다. 그리고 만일 사실이 아니라고 번복될 때는 어찌할 터인가?

　노원우 : 나도 각오한 바 있다. 오냐.

　오후 4시 50분, 두 사내의 담판은 진실 여부에 따라 서로의 목숨을 거는 것으로 막을 내렸다. 서로 자신의 승리를 확신하듯, 두 사내는 담판을 마치고 악수까지 나눴다. 2시간 50분에 걸쳐 담판을 지은 뒤, 노원우는 소감을 묻는 기자에게 다음과 같이 말했다.

　"박희도는 평양에서 도망친 후 나와 내 아내를 회유하려고 여러 번 사람을 보냈습니다. 하는 수 없이 제가 직접 박희도를 만나 그의 죄를 성토하였습니다. 박희도가 나를 정신병자라고 악선전을 한다니 기가 막히지 않습니까? 박희도가 거짓말을 하고 있다는 사실이 여러분 앞에서 나타난 줄 압니다. 여러분께서 입증하셨지만 박희도는 회견 중 처음부터 끝까지 명백히 내가 아니하였다는 말은 하지 못하고 어물어물하며 키스 내기 화투를 하였다면 그게 무슨 강간이냐 하였습니다. 여학교 교장으로 그 태도가 너무도 뻔뻔하지 않습니까? 이후 박희도의 행동을 보아 나도 적극적 태도를 결정하겠습니다."

노원우와 박희도의 담판으로 대세는 결정난 것처럼 보였다. 남은 문제는 박희도가 언제 칼로 가슴을 그을지 정도인 것 같았다. 그러나 노원우와 박희도의 목숨을 건 담판이 있은 다음날 상황은 180도 바뀌었다.

반전, 또 반전

3월 27일 오전, 시내 각 언론사에 윤신실의 또 다른 고백서가 날아들었다.

고백서

이번 박희도 씨에 대한 근거 없는 사실이 신문 지상에 보도된 것을 이제 무엇이라 사과드릴 말씀이 없습니다. 그러나 저는 맹수와 같은 남편 손에 잡혀 어쩔 수 없이 양심에 없는 말을 내 입으로 하게 되었습니다. 이 작은 가슴에 피는 끓지만 어디 가서 호소할 기회가 없던 중 남편이 집을 떠난 것을 기회로 지금까지 제 주장이 거짓이라고 말씀드립니다. 미물 짐승도 제 새끼 귀한 줄 알거든 저는 짐승만 못할지라도 새끼에 대한 애착심은 있을 것이니, 지금 만 3세 된 것은 떼버리고 만 1세 된 것을 등에 짊어지고 나서는 이 마음 찢어집니다. 그 자식들을 제 부모 슬하에서 자라게 할 수 있다고 근거 없는 사실을 양심상 진실이라 말할 수 없습니다. 새끼 잃는 것을 두고 맹세합니다. 박희도 씨에 대해 신문 지상에 보도된 내용은 사실이 아닙니다. 물의를 일으켜 이 사회에 거듭 사과하나이다.

1934년 3월 25일
윤신실

윤신실은 남편 노원우가 박희도와 담판을 짓기 위해 경성으로 떠난 지 3시간 뒤인 25일 새벽 2시에 의문의 여인과 함께 경성으로 올라왔다. 의문의 여인은 윤신실의 '신변 보호'를 위해 상경 사실을 극비리에 부치고, 이틀 동안 처소를 세 번이나 옮겼다. 그동안 윤신실은 문제의 제2차 고백서를 썼다. 윤신실의 제2차 고백서는 의문의 여인 손을 거쳐 중앙보육학교 설립자 대표 장두현에게 건네졌다.

3월 27일 오전, 장두현은 건네받은 윤신실의 제2차 고백서를 각 언론사에 배포하면서 당일 오후 3시, 종로 백합원에서 윤신실이 '박희도 사건'의 진상을 말하겠으니 와달라고 통보했다. 윤신실의 제2차 고백서로 노원우의 승리로 기울던 진실 게임은 또다시 미궁에 빠졌다. 윤신실은 '맹수와 같은' 남편의 강요로 거짓 주장을 펼쳤던 것일까, 아니면 남편이 집을 비운 동안 박희도 측의 집요한 회유에 넘어간 것일까?

갑자기 소집된 '사문査問위원회'였지만 워낙 사회적으로 큰 반향을 일으킨 사건이어서 3시가 되기도 전에 백합원에는 60~70명의 인파가 운집했다. 신문·잡지기자, 고등계 형사, 변호사, 중앙보육학교 교사, 졸업생, 설립자 그리고 장안의 호사가들까지 좁은 백합원을 가득 메웠다. 그리고 초대받지 않은 또 한 사람이 나타났다. 바로 노원우였다.

윤신실은 혼자 하는 줄 알고 기자회견에 응했다가 남편이 와 있다는 말을 듣고 마음을 바꿔 회견장에 가지 않겠다고 버텼다. 사문위원회를 준비한 장두현은 윤신실을 설득하느라 진땀을 흘렸다. 윤신실이 회견을 거부한 것은 남편이 두려웠기 때문이었을까, 아니면 남편에게 미안했기 때문이었을까? 윤신실은 완강하게 버티다 경찰이 와 있다는 말을 듣고 마지못해 회견에 응했다.

사문위원회는 예정보다 1시간이나 지연된 오후 4시에 시작되었다. 윤신실이 젖먹이 어린애를 업고 등장하고, 연이어 중앙보육학교 교장대리 차사백을 필두로 학교 관계자들이 들어왔다. 마지막으로 노원우가 들어와 윤신실과 마주 앉았다. 좌석이 정돈되자, 사회를 맡은 중앙보육학교 설립자 대표 장두현이 일어나 사문위원회의 소집 이유를 설명했다.

"금번 「조선중앙일보」에 보도된 박희도 씨에 대한 추문의 진위 여부를 당사자 윤신실 씨로 하여금 발표할 기회를 주기 위해 이 모임을 열었습니다. 윤신실 씨, 일어나 주세요."

아이를 업은 윤신실이 일어나자, 사회자가 좌중을 향해 말했다.

"이 여인이 윤신실인 것을 증명할 사람 계십니까?"

차사백 교장대리가 일어선 여인이 윤신실이 틀림없다고 보증했다. 윤신실은 한참 동안 머뭇거리다가 입을 열었다.

"재미롭지 못한 일로 여러분을 뵙게 되어 참으로 부끄럽습니다. 「조선중앙일보」에 보도된 수기는 저의 본의에서 나온 것이 아니고 남편이 곁에서 협박하는 바람에 아니 쓰고는 목숨을 유지할 도리가 없어서 거짓으로 쓴 것입니다. 제가 얼마나 남편에게 모진 협박을 받았는지는 의사를 불러 내 몸에 난 상처를 보여도 아실 것입니다."

윤신실이 뜻밖의 진술을 하자, 백합원을 가득 메운 청중이 일제히 술렁였다. 노원우의 주장과 「조선중앙일보」의 보도 내용은 모두 거짓이었단 말인가? '맹수와 같은' 노원우가 '잘 나가는 친구' 박희도에게 악의에 찬 누명을 씌운 것일까? 혹시 이 역시 박희도가 꾸민 비열한 책동은 아닐까?

사회자 장두현이 보충 질문을 했다.

"문제의 수기는 어떻게 세상에 발표하게 되었는가?"

"남편의 매가 독하여 그 매에 죽는다면 나중에라도 누명을 못 벗을까 봐 살아서 누명을 벗기 위하여 내 뜻이 아닌 수기를 쓴 것이오."

"하고많은 남성 중에 하필 박희도 씨를 집어넣었는가?"

"남편이 자꾸 박희도와 그런 관계가 아니냐고 묻기에 견디다 못해 그렇다 하였소."

"중앙보육학교에는 얼마 동안 다녔는가?"

"1년 6개월 다녔소."

"그러면 왜 박희도 씨 집에 유숙하게 되었나?"

"첫아이가 죽은 뒤 경성에 올라와서 마땅한 숙소가 없었는데, 박희도 씨가 오라고 해서 그렇게 했소."

장두현과 윤신실의 질의응답이 몇 차례 오갔을 때, 「조선중앙일보」 오기주 기자가 끼어들었다.

"그러면 「조선중앙일보」가 당신이 말하지 않은 것을 게재했단 말이오?"

"수기를 쓴 것은 사실이나 남편의 협박으로 아니 쓰고는 못 견디게 되어서 쓴 것이오."

"수기가 발표된 후에 「조선중앙일보」 본사 기자와 평양지국 기자가 찾아가서 물을 때에도 남편의 협박 때문에 거짓 사실을 말한 것이오?"

"남편이 같이 있어서 그랬소."

"그러면 남편이 고백서 내용까지 일일이 일러 주어서 썼단 말이오?"

오기주의 날카로운 질문이 연이어 날아들었을 때, 때마침 윤신실이 안고 있던 어린애가 울었다. 윤신실은 아이의 머리를 쓰다듬으며 고개를 떨어뜨리고 침묵으로 위기를 넘기려 했다. 윤신실의 답변이 궁색해지자, 옆에 앉았던 의문의 여인이, "그렇게 안 하면 맞아 죽어요! 변소도 못 가게 하고 감금하는데 어찌합니까?"라며 흥분된 표정으로 소리를 질렀다. 오기주가 계속해서 질문을 이어 갔다.

"노원우 씨가 바깥에 나다니는 동안은 어떻게 했소? 손발이라도 묶었소?"

"감금당한 것은 아닙니다. 갈 데가 없었소."

윤신실이 흥분해 말했다. 윤신실의 발언으로 의문의 여인이 제기한 감금설은 부인되었다.

"감금당한 것이 아니라면 평양에서 얼마든지 피할 수가 있었을 텐데 왜 그런 위협을 당하고만 있었소?"

"피하려고 했으나 차비도 없고 해서 할 수 없이 집에 있었는데, 동생이 여비를 대주어서 경성으로 같이 올라왔소."

"동생이라면 친동생이오?"

오기주의 질문에 윤신실은 아무 말이 없고 의문의 여인이 끼어들어, "친동생은 아니오. 윤신실의 친정 동생 윤삼작의 아내요." 하고 묻지도 않은 자기소개를 했다. 오기주가 사사건건 끼어드는 의문의 여인에게 말머리를 돌려 물었다.

"당신의 이름을 공개할 수 없소?"

"공개 못할 것도 없지요. 저의 이름은 노영애입니다."

의문의 여인은 쌀쌀한 어조로 자기 이름을 밝혔다. 윤신실은 올케의 손에 이끌려 경성으로 올라온 것이었다. 오기주가 다시 윤신실에게 물었다.

"평양에는 각 신문 지국과 경찰서도 있는데 하필 경성에 와서 새삼스레 제2차 수기를 발표하는 이유는 무엇이오?"

"양심에 없는 일을 한 때문에 경성에 와서 발표한 것이오."

"그러면 그때는 박희도 씨를 비난하는 수기를 쓰고 지금에 와서 먼저 수기를 번복하는 것은 무슨 까닭이오?"

"그때 수기를 쓴 것은 남편의 사랑을 사기 위하여 한 것인데, 남편이 그것을 신문에까지 발표하여 사회 문제화할 줄은 몰랐소. 사건이 너무 커져서 할 수 없이 제2차 수기를 쓰게 된 것이오."

"그렇다면 당신이 남편의 사랑을 얻기 위하여 사회의 명사요, 교육가라는 박희도 씨의 이름을 팔았단 말이오?"

윤신실은 고개를 떨어뜨리고 한참 동안 말이 없다가, "그때의 심리는 내 자신이 되어 보지 않고는 결코 모를 것입니다."라고 궁색한 답변을 했다.

▲ **사문위원회 광경**(「동아일보」 1934년 3월 28일)_ 3월 27일, 60~70명의 청중들이 운집한 가운데 백합원에서 열렸다. ×표가 문제의 여인 윤신실이다.

"죽음을 무서워하리만큼 협박을 당하였다니, 무슨 흉기를 가지고 당하였소?"

"협박할 때에는 단도와 인두로 하였소."

"그러면 단도로 찔리고 인두로 지진 상처가 있단 말이오?"

"없소."

이를 통해 '의사가 자기 몸을 진단하여 보면 안다.' 는 윤신실의 모두발언은 거짓임이 드러났다.

아수라장이 된 사문위원회

오기주에 이어, 「매일신보」 유도순 기자가 질문자로 나섰다.

"제1차와 제2차 수기는 전부 당신 자신이 쓴 것이오?"

"내가 썼소!"

"그러면 제2차 수기는 어디서 썼소?"

제2차 수기를 쓴 장소를 묻는 유도순의 질문에 윤신실은 답변을 망설였다. 그때 노영애가 또다시 끼어들었다.

"그런 것은 묻지 말아 주시오."

유도순이 노영애를 가리키며 날카로운 질문을 던졌다.

"당신은 누구인데 당신한테 묻지 않은 말을 함부로 대답하는 것이오? 좌우간 당신은 어느 학교를 졸업했소?"

"나는 학교는 아무 학교도 다니지 않았소."

노영애가 얼굴을 붉히고 대답했다. 그때, 돌연 의문의 사내가 끼어들었다.

"그런 것은 묻지 않아도 좋지 않소?"

유도순 기자가 의문의 사내를 가리키며 물었다.

"당신은 누구요?"

"누군지 알아 무엇 하오."

두 사람이 언성을 높이자 사회자 장두현이 손을 흔들며 정숙할 것을 당부했다. 이후 의문의 사내는 박희도의 사위로 밝혀졌다. 윤신실을 백합원까지 차에 태워 데려온 사람도 바로 박희도의 사위였다. 장두현은 박희도의 사위에게 주의를 준 뒤, 윤신실에게 물었다.

"수기를 쓴 장소는 밝혀도 상관없지 않소?"

"절대로 말할 수 없소."

무슨 대단한 비밀인지 윤신실은 완강히 답변을 거부했다. 노영애가 또 끼어들었다.

"신변이 위험하니 절대로 말할 수 없소."

유도순은 결국 제2차 수기를 쓴 장소를 밝히지 못하고 질문을 마쳤다. 오기주 기자가 보충 질문을 요청했다.

"그러면 쓴 장소가 개인 집이오? 그렇지 않으면 여관이오?"

"개인 집이오!"

"그렇게 주소를 대기 어렵다니 이번 수기도 전번 수기와 같이 다른 사람의 강요에 의해 쓴 것이 아니오?"

윤신실은 고개를 떨어뜨리며 한참 생각하다가,

"주인이 사건에 걸리니까……." 하고 중얼거렸다. 윤신실의 입에서 뜻밖의 답변이 새어 나오자, 사회자 장두현이 황급히 말을 가로챘다.

"그것은 알아서 무엇 하오?"

사회자까지 나서 쟁점인 '주소 문제'를 유야무야 묵살시키려 드니, 유도순이 흥분해 외쳤다.

"그렇게 모든 것을 비밀에 부친다면 우리 신문기자들은 더 앉았을 필요가 없으니 퇴장하겠소."

유도순의 항의가 끝나자, 사방에서 "옳소! 옳소!" 하는 지지 발언이 터져 나왔다. 그러나 사회자 장두현은 유도순의 항의를 받아들이지 않았다.

"여러분이 윤신실의 말을 들었으면 족할 일이지 더 이상 캐묻는 이유가 무엇이오?"

사회자가 이상한 논리를 펼치자, 오기주가 다시 나섰다.

"그렇다면 오늘 이 모임을 연 본심이 무엇이오? 교육계와 세상에 떠도는 의문을 일소하기 위하여 모인 이 회합에서 의혹은 남겨 두고 주최측이 하고 싶은 말만 한다면 이 모임은 도대체 무슨 필요가 있소? 그리고 사회자는 어찌하여 질문을 가로막고 당사자 대신 대답하시오?"

사회자의 불공정한 태도를 질타하는 항의는 한참 동안 이어졌다.

"더 앉아 있을 이유가 없소. 퇴장합시다."

"그럽시다."

사문위원회는 아수라장이 되었다. 분위기가 이상한 방향으로 흘러가자 당황한 사회자 장두현이 수습에 나섰다.

"질문을 가로막다니요. 아니요. 얼마든지 말씀하실 수 있소."

이어서 장두현은 윤신실에게 간곡히 요청했다.

"장소를 말 못할 것은 무엇이오? 말하는 것도 좋지 않소?"

윤신실은 그제서야 주저하는 태도로 입을 열었다.

"저…… 저…… 주소는 도염동 41번지입니다."

도염동 41번지는 노영애의 친정 동생 집이었다. 「동아일보」 김정실 기자가 질문했다.

"그 장소에서 수기를 쓸 때 곁에 누가 있었소?"

윤신실은 대답하기 거북한 듯 한참 동안 입을 다물고 있더니, "아무도 없었소!" 하고 기운 없이 짤막하게 답했다.

"노영애가 같이 있었소?"

"아니요. 혼자 있었소. 그러나 영애는 왔다갔다했소."

「조선일보」 성인기 기자가 질문했다.

"당신이 음탕한 여자라고 박희도 씨가 한 말에 치를 떨었다지요?"

"남편이 신문사에서 사람이 오면 자기가 말한 대로 하지 않으면 안 된다고 해서 그렇게 한 것이오."

"그러면 당신을 음탕한 여자라고 하는데 화가 나지도 않았소?"

"그런 것은 아니지만……."

질의응답이 이어질수록 윤신실의 주장은 신빙성이 떨어졌다. 사문위원회를 열어 박희도의 '억울한 누명'을 벗겨 주려했던 중앙보육학교 관계자들은 당황해 어쩔 줄 몰랐다.

노원우의 또 다른 폭로

"이 자리에 노원우 씨가 없으면 몰라도, 있는 이상 노원우 씨의 말도 들어 봅시다."

윤신실의 답변이 끝난 뒤,「동아일보」김정실 기자가 제의했다. 그러자 사회자 장두현이, "이 모임은 윤신실 씨의 말을 듣기 위한 자리요. 노원우 씨의 말은 들을 필요가 없소." 하고 단호하게 거부했다. 김정실도 호락호락 물러서지 않았다.

"물론 이 모임을 끝낸 다음 다시 모임을 열어 노원우 씨의 말을 듣는 것이 순서이나, 분위기가 무르익었으니 그대로 노원우 씨의 말을 들어 봅시다."

"나는 이렇게 되면 사회를 계속할 수 없소."

장두현은 화난 표정으로 자리를 박차고 일어나 백합원을 떠났다. 이로 말미암아 좁은 백합원은 더욱 긴장된 분위기가 감돌았다.

"말한 분이 사회를 보시오."

청중이 김정실을 사회자로 추천하자, 윤도순이 분연히 일어서서 말했다.

"그까짓 사회 집어치우고 직접 물읍시다. 노원우 씨 말씀하시오!"

노원우는 자리에서 일어나 침착한 태도로 말했다.

"죄송합니다. 사실을 이야기하겠습니다. 춘천군청에 갔다가 집에 돌아와 보니 아내가 본가인 용강으로 갔다 하기에 그곳까지 가려 하였는데, 마침 방 안에 찢어진 편지 조각이 있었습니다. 그것을 맞추어 보니 최계절 목사와의 사랑 관계 일체가 기록된 연애편지였습니다. 편지에는 두 사람의 밀회 장소가 서평양역으로 되어 있었지만 숙천으로 간 흔적이 있어서 그곳까지 추격하였소이다. 그리하여 숙천으로 가던 도중 서평양역에서 여행 가방을 들고 서 있는 아내를 만났습니다. 연애편지 내용을 추궁하니 아내는 평양 동일여관에서 최계절 목사와 하룻밤 같이 잤다는 것을 자백하였소이다. 이 같은 일을 미루어 또 다른 부정이 있지 않느냐고 캐물었습니다. 그때 과연 나는 때리기도 하고 협박도 하였습니다. 여러분인들 제 여편네가 딴 사내와 간통하는 것을 알고도 가만두겠습니까? 나는 사실 때리기도 하였습니다. 그랬더니 "박희도도 나쁜 놈이오." 하면서 박희도와 키스 내기 화투로 시작하여 처음에는 키스하고 다음에는 가슴을 만지고 그리고…… 그리고……."

여기까지 말하고 노원우는 말문이 막혀 한참 동안 말을 잇지 못했다. 가까스로 마음을 추슬러 "그 추잡한 육체 관계의 사실까지 전부 자백하였소이다."라며 말을 맺었다. 이어서 노원우는 맞은편에 앉아 고개를 숙이고 있는 윤신실을 향해 분노에 떨며 외쳤다.

"네가 모든 문제를 나의 협박으로만 뒤집어씌운다면 나중에 당할 네 책임을 각오해라. 나는 이미 결심한 바 있다. 나 없는 동안에 경성 와서 이런 짓을 하는 너와 나는 이미 남이 된 사람이다. 그러나 마지막으로 부탁하는 것은 그 젖먹이 어린것을 3년 후까지 길러다오. 네가 지금은 달콤한 어떠한 말의 꾐을 받아 그러지만 머지않은 장래에 네 눈에서 피눈물 흘릴 날이 있으리라."

노원우의 진술로 박희도의 말이 모두 거짓은 아니었음이 드러났다. 적어도 "신실이는 음탕한 계집"이라고 한 말에는 대중들도 역시 고개를 끄덕일 수밖에 없었다. '정조 유린 고발서'가 평양으로 이사한 기념으로 새 출발을 위해 서로 과거를 고백하는 과정에 썼다는 것도 거짓이었다. 아내와 최계절 목사의 부적절한 관계를 알아챈 노원우가 또 다른 부정을 밝혀내기 위해 아내를 때리고 협박해서 얻어 낸 것이었다. 박희도, 노원우, 윤신실 세 사람 가운데 진실만을 말한 사람은 아무도 없었다.

사문위원회 이후 박희도는 「조선중앙일보」 사장 여운형, 평양지국 기자, 노원우 등 여섯 사람을 명예훼손죄로 고소했고, 노원우도 박희도와 윤신실을 간통죄로 고소했다. 윤신실은 조선중앙일보사를 방문하여 '왜

▲ 중앙보육학교는 학생들의 신뢰를 잃어 폐교 위기에 몰렸다가, 설립자 전원이 사퇴하고 독지가 임영신에게 모든 운영권을 넘긴 뒤에야 극적으로 회생할 수 있었다. 사진은 중앙보육학교의 후신인 중앙대학교 정문.

곡 보도'를 항의했다. 사문위원회 이후 박희도의 여 제자 정조 유린 사건은 더는 신문 지상에서 찾아볼 수 없게 되었다. 맞고소도 정식 재판까지 가지는 않은 듯하다. 그러나 사건의 후유증은 상당했다.

박희도는 파렴치한으로 낙인찍혀 중앙보육학교 교장직에서 물러나야 했고, 그 후 다시 교육계로 복귀하지 못했다. 중앙보육학교는 학생들의 신뢰를 잃어 폐교 위기에 몰렸다가, 설립자 전원이 사퇴하고 독지가 임영신에게 모든 운영권을 넘긴 이후에야 극적으로 회생할 수 있었다. 노원우와 윤신실이 그 후 어떻게 되었는지는 기록에 남아 있지 않다. 아마도 헤어졌을 것이고, 행복한 여생을 보내지는 못했을 것이다.

***

　박희도는 『혜성』 1931년 7월호 "나의 실업 보험"이라는 코너에서 "당신이 만일 교육계를 그만두시게 된다면 무슨 일을 하시겠습니까?"라는 질문에 "예, 나는 정치 운동에 뜻을 둔 사람이니까 전문으로 정치 운동을 하겠습니다."라고 답한 적이 있었다. 말이 씨가 된 것인지, 그는 1934년 추문에 휩싸여 교육계를 떠났고, 5년 후인 1939년 '정치 운동가'로 화려하게 지식인 사회에 복귀했다.

　박희도는 1939년 1월 일문日文으로 된 친일 월간지 『동양지광』을 창간하고, '진정한 내선일체와 황도 선양'을 위해 헌신했다. 3·1운동으로 한 차례, 사회주의 운동으로 또 한 차례 옥고를 치렀던 박희도는 광복 후 친일 혐의로 반민특위에 의해 다시 한 번 감옥에 갇히는 수모를 겪었다. 후세의 역사가들은 박희도를 3·1운동 33인 가운데 가장 추악하게 타락한 인물로 평가한다.

　어쩌면 박희도는 노원우의 악의적 무고에 의한 억울한 희생자였을 수도 있다. 그러나 중요한 것은 그의 친일 행적 때문에 아무도 그렇게 믿고 싶어하지 않는다는 사실이다. 오히려 역사는 친일파 박희도의 추행을 폭로한 것을 「조선중앙일보」 사장으로 재직할 때 여운형의 중요한 업적 가운데 하나로 꼽고 있다. 품행이 바르지 않거든 상황 판단이라도 제대로 할 줄 알아야 한다는 교훈이라고 할까?

　지금도 수많은 교수가 '성폭력 교수'로 낙인찍혀 교단을 떠나고 있다. 많이 배웠다고 행실이 바른 것은 아니다. 행실이 올곧아서 받은 박사학위가 아니기 때문이다. 당사자들은 인간이기에 젊은 학생들과 함께 생활하다 부지불식간에 저지른 실수라고 생각할지도 모른다. 그러나 세상은 그 '단 한 번의 실수'를 눈감아 줄 만큼 너그럽지 않다. 그러므로 신성한 교단에 선 이들이여! 만일 학생이 여자로 보이거든, 박희도의 비참한 최후를 생각하고 근신하고 또 근신할지어다.

채무왕 윤택영 후작의
부채^{負債} 수난기

순종 임금의 장인, 3백만 원 떼먹고 베이징으로 줄행랑

옛날 친왕(황제의 아들이나 형제) 대우를 받았으며 해풍부원군이던 후작 윤택영 씨가 금일에 왜 5백만원(현재 가치 5천억원)의 큰 채무 때문에 몸을 베이징 개창에 두고 파산신청을 받고 있을까? 이와 같은 신세에 있는 귀족이 어찌 윤택영 후작 한 사람에 그치겠는가마는, 윤택영 후작이 순종의 장인 되는 이로 영화가 뭇 귀족을 대표할 만한 지위에 있었던 만큼 윤택영의 이야기가 뭇 사람들의 입가에 오르내리게 되는 것이다.

-"영화에서 몰락으로 조선 귀족 행장기", 『신동아』 1932년 10월호

빚의 생리

 살다 보면 누구나 빚을 진다. 무심코 긁은 신용카드도 알고 보면 빚이고, 매달 갚아야 하는 자동차 할부금도, 집 사느라 은행에서 끌어 쓴 돈도 빚이긴 마찬가지다. 누구나 빚을 지고 살건만 빚을 대하는 태도는 사람의 기질에 따라 확연히 다르다.
 심약한 소시민은 빚을 벗어나고픈 멍에로 여긴다. 단돈 만 원이라도 남에게 빚지고는 두 다리 뻗고 편히 자지 못한다. 피치 못할 사정으로 빚을 지게 되면, 허리띠 불끈 졸라매고 바동바동 벌어서 빚부터 갚고 본다.
 반면, 배포 큰 호걸은 빚을 즐긴다. 안 빌려 줘서 못 쓰지, 빌려 준다면 천금도 마다하지 않는다. 그러한 배포는 아무리 큰 빚을 졌어도 있으면 갚는 것이요, 배를 갈라도 없으면 못 갚는다는 '불변의 진리'에서 나온다.
 세상 이치가 이러할진대 빚내 준 사람이 답답하지, 빚진 사람이 아쉬울 이유가 없다. 빚진 사람은 빚쟁이보다 월등히 높은 지위를 점하기 때문에 아무나 빚을 끌어 쓸 수 있는 것은 아니다. 빚내는 것도 '능력'이요, '재능'이다.

　돈이 필요한데 없으면 빌려야 한다. 고지식하게 빚 내기를 주저하다간 평생 구멍가게 주인 신세 면하기 어렵다. 기왕에 빚을 질 바에야 크게 지는 게 낫다. 천만 원 빌린 사람이 1억 원 빌리기는 힘들어도, 천억 원 빌린 사람이 1억 원 빌리기는 손바닥 뒤집기만큼이나 쉽다. 게다가 큰 빚을 지게 되면 '하늘 같은' 빚쟁이에게 큰소리칠 수도 있다. 빚쟁이도 합리적인 경제인인지라, 잔챙이 채무자는 막 대할지라도 큰 채무자는 함부로 대하지 못한다. 섭섭하게 대했다가 자칫 거금을 떼여 알거지로 전락할 수도 있기 때문이다.

　그러나 큰 빚을 진 사람이라고 언제나 두 다리 뻗고 잠잘 수 있는 것은 아니다. 빚쟁이의 인내력에도 한계가 있다. 빚쟁이가 큰 빚을 진 사람이 예뻐서 그를 막 대하지 못하는 것은 아니다. 어떻게든 빌려 준 돈을 돌려받기 위해서 울분을 참으며 어르고 달래는 것이다. 채무자가 빚 갚을 능력을 상실하면, 아무리 큰 돈을 물렸다 해도 빚쟁이의 태도는 돌변한다. 빚쟁이는 재산상의 손실에서 비롯된 분노에다가 빚을 돌려받기 위해 발버둥치는 과정에서 겪은 수모까지 더해서 철저히 복수한다. 이쯤 되면 채무자는 밤길 다닐 때, 앞뒤를 잘 살펴야 한다.

　어쨌든, 빚은 내 돈 아닌 '내 돈' 이어서 쓸 때는 좋지만, 갚으려면 여간 속이 쓰라린 게 아니다. 그러나 아무리 속이 쓰리다 해도 빚은 언젠가는 갚아야 한다. 그러지 않으면 80년 전 윤택영 후작이 그랬던 것처럼, 제 나라 제 집에서 등 붙이고 살기 힘들어진다.

차금대왕 윤택영 후작

1926년 5월은 대한제국 마지막 황제 순종의 국장으로 온 나라가 어수선했다. 조선왕조의 마지막 국장은 순종이 타계한 4월 25일부터 인산일因山日인 6월 10일까지 46일간 이어졌다. 온 나라가 애도 분위기에 싸여 있을 때, 엉뚱한 인물이 언론의 주목을 받았다.

부채왕負債王 윤택영 후작은 국상 중에 귀국하면 아주 채귀債鬼(빚 귀신)의 독촉이 없을 줄로 안심하고 왔더니 각 채귀들이 사정도 보지 않고 벌 떼같이 나타나서 소송을 제기하므로 재판소 호출에 눈코 뜰 새가 없는 터인데, 일전에는 어찌나 화가 났던지 그의 형 '대갈대감'과 대가리가 터지게 싸움까지 했다고 한다. 그렇게 싸우지 말고 국상 핑계 삼아 아주 '자결'이나 하였으면 충신 칭호나 듣지.

후작이면 후작이지 '부채왕'은 무슨 말일까? 근신하고 삼가야 할 국상 중에 웬 빚받이 소송인가? 빚 떼먹고 해외로 도망간 사람이 '나, 돌아왔소.' 소문내고 귀국한 이유는 무엇일까? 윤택영과 "대가리가 터지게" 싸웠다는 "대갈대감"은 또 누구일까?
이 기사만 가지고는 도무지 이해가 되지 않는다. 좀 더 살펴보자.

차금대왕借金大王이라는 별명을 듣는 윤택영 후작은 지난번 국상 때 귀국한 이후 백여 명 채권자의 기웃거리는 눈을 피하여 창덕궁 내전에서 일절 외부 출입을 하지 않고 있다. 각 채권자들은 다만 그 하회만 엿보고 있던 중, 국장도 이미 끝나고 장차 졸곡卒哭(곡을 그칠 때 지내는 제사, 망자가 죽은 지 석 달이 지나기 전에 지낸다)이 멀지 않았으므로 졸곡이 지나면 곧 다시 중국으로 갈는지 모르는 고로 채권자들은 조급히 서두르는 모양이다. 우선 송달섭, 와타나베 케이조우(渡邊慶造) 외 12명의 채권자가 파산선고를 신청하여 오는 16일에 경성지방법원 민사부에서 공판이 개정될 터라 하더라.

이번엔 '왕'으로도 모자라 '대왕'이란다. 윤택영 후작이 빚을 무지막지하게 많이 지긴 했던 모양이다. 창덕궁 내전에 칩거했다면 황실과도 인연이 있는 인물일 테고, 일제의 서슬이 시퍼렇던 시절에 후작이라면 권세도 상당했을 텐데, 어쩌다 그처럼 많은 빚을 지고 중국에서 도피 생활을 하고 있었던 것일까?

지금부터 '채무왕' '부채왕' '차금대왕' '대채왕大債王' 등으로 부르며, '빚의 제왕'으로 일세를 풍미한 윤택영의 인생 유전에 대해 본격적으로 알아보자.

폐하, 장인 빚 좀 갚아 주시옵소서

윤택영(1876~1935)이 빚의 제왕으로 등극한 것은 을사늑약 이듬해인 1906년으로 거슬러 올라간다. 그해, 당시 황태자 신분이었던 순종의 태자비 민씨가 세상을 떠났다. 아무리 국운이 쇠진했어도 황실과 사돈을 맺는 것은 가문의 영광이자 부귀영화의 지름길이었다. 오랜만에 찾아온 기회를 놓치지 않으려고, 여러 가문에서 동궁계비東宮繼妃 책봉 운동을 벌였다.

윤택영도 딸을 태자비로 앉히기 위해 황실에 요샛말로 가열차게 '로비'를 했다. '운동비(로비 자금)'만 50만 원(현재 가치 5백억 원)을 쏟아 부었다. 당시 경성 시내 고급 주택 한 채 가격이 만 원 남짓이었다. 고급 주택 50채를 살 수 있는 돈을 아낌없이 뿌려 가며 벌인 로비가 적중해, 윤택영의 열세 살 난 셋째 딸이 동궁계비에 책봉되었다. 황태자를 사위로 얻었을 때, 윤택영의 나이는 고작 서른하나였다.

윤택영의 행운은 여기에 그치지 않았다. 황실과 사돈을 맺은 지 1년 만인 1907년, 고종이 양위하고 순종이 황제로 등극했다. 고종의 양위는 헤이그 밀사사건의 책임을 물어 일본과 친일파의 강요로 이루어진 굴욕적인 사건이었다. 그러나 고종과 나라의 불행이 윤택영에게는 더없는 행운이었다. 윤택영은 불과 서른둘 새파랗게 젊은 나이에 국구國舅(임금의 장인)가 되어 권력과 명예를 동시에 움켜쥐었다. 만일

▲ **순종의 결혼식(1906년)**_ 이 성대한 결혼식을 치르기 위해 윤택영은 로비 자금과 결혼비용 명목으로 50만 원의 빚을 얻어 '채무왕'에 등극한다.

고종이 자리를 지켰더라면, 12년 뒤에야 찾아올 영예였다.

순종 즉위 직후, 해풍부원군海豊府院君 정일품상보국正一品上輔國에 제수된 윤택영은 일약 권력의 실세로 떠올랐다. 갑자기 친구도 많아졌고, 집으로 찾아오는 손님도 부쩍 늘었다.

황후 폐하께옵서 여시동女侍童을 더 뽑으신다 함으로 해풍부원군 윤택영 씨 집에는 지원자의 청탁이 많아 문과 뜰이 저자와 같다더라.

"뜰이 저자가 된다", 「대한매일」 1910년 1월 28일

윤택영이 하루아침에 권력의 실세가 되었다곤 하나 처리할 나랏일은 많지 않았다. 을사늑약 이후 국정의 태반은 통감부 일본인 관리의 손으로 넘어갔기 때문이다. 허울뿐인 감투를 쓴 윤택영을 비롯한 조선인 고관대작들은, 그러나 밤낮없이 분주했다. 고관대작들의 '다망한 일정'은 연일 신문 지상을 뒤덮었다. 그 가운데 몇 가지만 살펴보자.

시종장 조민희 씨가 재작일 하오 7시에 정동에서 연회를 가졌는데 윤덕영, 윤택영, 이지용 씨가 참석하고 10시에 단성사로 가서 잘 놀았다더라.

"잘들 논다", 「대한매일」 1907년 12월 1일

중추원 의장 이지용 씨는 재작일 저녁에 용산에서 연회를 베풀어 이준용, 이재극, 윤덕영, 윤택영, 조민희, 한창수, 심상익 씨와 어울려 밤새워 놀고 새벽에 헤어졌다더라.

"용산 연회", 「대한매일」 1907년 12월 3일

해풍부원군 윤택영, 황후 궁대부 윤덕영, 중추원 고문 이지용, 심상익 등은 무슨 경황이 있는지 작일 하오 6시에 화월루에서 질탕히 연회를 벌리고, 10시에 동대문 안 광무대로 가서 또 한 번 놀았다더라.

"태평 재상", 「대한매일」 1907년 12월 5일

재작일 하오에 승영부 총관 조민희 씨가 자기 집에서 연회를 열어 이준용, 이지용, 이회구, 윤덕영, 윤택영, 박제빈 씨 등 수십 인을 청하여 거문고 타고 질탕히 놀았다더라.

"잘 논다", 「대한매일」 1908년 2월 9일

해풍부원군 윤택영 씨와 황후 궁대부 윤덕영 씨는 일전에 영성문 밖에 사는 박홍식 씨 집에 가서 풍악을 울리고 하룻밤을 질탕히 놀았다더라.

"형제 발동", 「대한매일」 1908년 2월 23일

고관대작이 주최하는 각종 연회는 이틀에 한 번 꼴로 어김없이 벌어졌다. 저녁 무렵 시작된 연회는 새벽녘에야 파했다. 얼마나 세게 놀았던지 서른셋 젊디젊은 윤택영이 몸져누울 정도였다.

해풍부원군 윤택영 씨가 신병으로 여러 달 동안 신음하는데 어느 때나 나을지 알 수 없다더라.

"부원군 신병", 「매일신보」 1908년 12월 5일

국구의 권세를 부리며 몸에 병이 날 정도로 세상 모르고 놀던 윤택영에게도 말 못할 고민이 있었다. 바로 빚이었다.

해풍부원군 윤택영 씨가 가례 시에 쓴 물품 값이 과다한 것을 지금까지 갚지 못하였는데, 당장 빚 받을 사람의 독촉이 자심하다더라.

황실과 사돈을 맺기 위해 쏟아 부은 '운동비' 50만 원 가운데 태반이 빚이었다. 웬만한 돈이었다면 참봉 첩지(하급 관리에게 주는 임명장)라도 팔아 메웠겠지만, 워낙 큰 빚을 진지라 벼슬 팔아 백 원씩, 천 원씩 버는 돈으로 해결할 수 있는 문제가 아니었다. 고관대작들과 어울려 질펀하게 놀다가도 귀가하면, 집 앞에는 어김없이 빚쟁이들이 기다리고 있었다. 빚쟁이들의 성화에 놀아도 즐거운 줄 몰랐고, 권세를 부려도 뿌듯한 줄 몰랐다.

아무리 나라가 몰락해 간다 해도 황제 장인은 지엄한 존재였다. 처음엔 빚쟁이들도 황제 장인의 위세에 눌려 빌린 돈을 돌려 줄 것을 젊잖게 부탁했다. 그러나 윤택영이 아무 대책도 없이 채무 상환을 차일피일 미루자, 빚쟁이들의 말투도 덩달아 거칠어졌다.

"재판정에서 만나자."

"집문서라도 내놔라."

빚에 쪼들려 험한 꼴 본 것보다 더 난감한 것은 배를 갈라도 갚을 돈이 없다는 것이었다. 그러나 궁하면 통하는 것이 세상의 이치다. 빚쟁이의 독촉에 시달리던 윤택영은 예사 사람 같으면 상상조차 하기 힘든 놀라운 채무 해결책을 생각해 냈다.

해풍부원군 윤택영 씨가 여러 가지 빚 진 것으로 빚쟁이의 독촉을 받아 심히 곤란을 받고 있다는 것은 세상이 다 아는 바거니와 근일에 들은 즉 전후 곤란한 사정을 황제 폐하께 아뢰고 처분을 기다린다더라.

윤택영은 다짜고짜 황제 사위를 찾아가 생떼를 부렸다.
"폐하, 장인 빚 좀 갚아 주시옵소서."
아무리 사위라고 해도 황제 앞에서 어지간한 배포 없이는 꺼내기 힘든 말이었다. 5백 년 사직이 오늘 망할지 내일 망할지 모르는 순간에도 마지막 황제 순종은 하루가 멀다 하고 찾아와 돈 달라고 보채는 철면피 장인 등쌀에 시달렸던 것이다. 효심이 아니라 남 보기 부끄러워서라도 장인 빚을 갚아 주고 싶었다. 그러나 50만 원은 한 나라의 임금이라도 갚기 어려운 돈이었다.

해풍부원군 윤택영 씨의 빚 문서를 조사한즉 그 금액이 50~60만 원이나 되는 고로 황실에서도 지급할 도리는 없고 각처 채주의 독촉은 성화 같은 고로 윤씨의 곤란이 막심하다더라.

황실에서 빚을 대신 갚아 주지 않자 윤택영은 눈을 해외로 돌렸다.
"허울뿐인 대한제국 황실에 돈이 있으면 얼마나 있겠는가. 빚을 떠넘기려면 돈 있는 곳에 줄을 대야 한다."
윤택영은 일본에 손을 벌렸다.

해풍부원군 윤택영 씨는 황후 폐하 가례 시에 50만 원 빚을 졌는데 황실에서 물어 주기를 운동하다가 아니 되므로 장차 일본으로 건너가 운동코자 한다더라.

일본이 무슨 자선단체도 아니고 사위도 안 갚아 주는 빚을 대신 갚아 줄 리 있겠는가. 일본은 이웃 나라 황제 장인의 터무니없는 요구를 단칼에 거부했다. 그러나 한 번의 실패로 물러설 윤택영이 아니었다. 그는 기회가 있을 때마다 황실과 통감부를 찾아가 자기 빚을 대신 갚아 줄 것을 집요하게 요구했다. 그러는 동안 윤택영은 빚쟁이에게 끌려가 법정에 서고, 살던 집에서 쫓겨나는 등 갖은 고초를 겪었다.

해풍부원군 윤택영 씨가 예전에 살던 안동 집으로 이사하였다더니 다시 들은즉 그 집은 빚쟁이에게 주고 지금 시종경 윤덕영 씨 산정山亭에서 잠시 머물러 산다더라.

지성이면 감천이라 했던가. 윤택영이 황실과 통감부를 상대로 채무 해결 운동을 벌인 지 1년 만에 채무를 일거에 청산할 절호의 기회가 찾아왔다. 호시탐탐 국권을 노리던 일본이 한일 강제 합방을 단행한 것이다. 5백 년 사직의 몰락을 지켜보면서 윤택영은 눈물을 흘렸다. 그러나 그것은 슬픔과 울분에 찬 눈물은 아니었다. 감격과 환희의 눈물이었다.

윤택영은 황실의 외척으로 '강제 합방'에 앞장선 공로를 인정받아 후작에 봉작되고, '은사 공채恩賜公債(한일합방 유공자에게 총독부가 내린 사례금으로 매국 공채라 한다)' 50만 4천 원을 받았다. 그가 받은 은사 공채는 왕족 이강, 이희가 받은 83만 원 다음으로 많았고, 귀족 중에는 가장 많았다. 강제 합방에 앞장선 공로도 공로려니와 집요한 채무 해결 운동의 결실이었다.

빚을 얼마나 많이 졌던지, 윤택영은 그처럼 큰돈을 하사받고도 채무를 완전히 털어 버릴 수 없었다. 그러나 가문 날의 단비 같은 은사 공채 덕분에 그럭저럭 빚쟁이들을 무마할 수 있었다.

본인 재산은 3백 원밖에 없어

한일 강제 합방으로 마음고생이 끝나고 행복한 나날이 시작되는 듯했다. 이제야 두 다리 뻗고 편히 자나 싶었다. 그러나 의외의 순간에 복병이 나타났다. 새까맣게 잊고 지내던 10년 전 채권자 김영규의 출현이었다. 갑자기 나타난 김영규는 윤택영을 다그쳤다.

"왜 나만 쏙 빼놓고 다른 사람 빚만 갚느냐!"

김영규와의 악연은 윤택영이 동궁계비 책봉 운동을 벌이기 5년 전인 1902년으로 거슬러 올라간다. 그해 윤택영은 김영규에게 9만 5천 원을 빌려 쓰고 갚지 않았다. 3년 뒤 김영규는 소송을 제기해 승소 판결을 받았다. 김영규는 강제집행에 들어가려 했으나 윤택영이 중재자를 넣어 집행을 잠시 유예시켰다. 윤택영은 조만간 갚겠다고 약속하고, 그 길로 다른 이에게서 50만 원을 빚내 동궁계비 책봉 운동에 들어갔다. 요즘말로 하자면 윤택영은 아주 상습적인 악성 채무자였다.

김영규는 윤택영이 진 빚을 대신 받아 줄 것을 총독부에 여러 차례 청원했다. 그러나 총독부는 조선 황실을 의식해 김영규의 요구를 들어주지 않았다. 참다못한 김영규는 1911년 3월, 일본인 변호사에게 의뢰해 윤택영 소유 동산의 강제집행 절차에 들어갔다. 그 과정에서 의외의 사실이 밝혀졌다.

윤택영 후작은 타인에 대한 채무는 조금씩 상환했지만 김영규의 채무는 조금도 반환하지 않았다. 이에 김영규는 총독부에 수차 청원했지만 해결의 실마리를 찾지 못했다. 급기야 지난달 말에 일본인 변호사에게 의뢰하여 윤씨의 동산을 집행케 했다. 그러나 윤택영 소유의 재산은 겨우 3백여 원에 불과했다. 집행하기 위해 찾아갔던 집달리執達吏도 의외의 상황을 접하고 "이것이 과연 조선 귀족 대표의 재산일리오." 하며 경악을 금치 못했다. 그래도 법은 법인지라 집달리는 전 재산에 봉인을 붙이고 돌아왔다.

「매일신보」, 1911년 4월 13일

▲ 남산 한옥마을에 있는 윤택영 고택. 윤택영이 그의 셋째 딸이 동궁계비에 책봉되어 창덕궁에 들어갈 때 지은 집이다. 이 역시 빚을 얻어 지었다.

경매는 지난 10일에 열렸다. 각 물품을 일일이 1전, 2전으로부터 경매에 부쳤는데, 부인용 의류 중에 좋은 것이 있어 겨우 1100원을 회수했다. 원래 윤택영 후작은 지난날에 다액의 은사 공채를 받았을 뿐 아니라 그 밖에도 다수한 재산을 숨겨 둔 의혹이 있으며, 또는 타인의 명의로 옮겨 놓은 재산이 있을 개연성이 크다. 김영규는 끝까지 추적하여 이와 같은 사실이 드러나면 기어코 '재산 은닉죄'로 고소할 것이라 한다.

윤택영 후작은 10만 원에 가까운 남의 돈을 갖다 쓰고도 10년 동안이나 갚지 않고 버티다 급기야 아내의 옷가지까지 경매에 부쳐지는 수모를 겪었다. 옷가지조차 경매당한 그의 아내는 여염집 주부가 아니라 황제의 장모였다. 윤택영의 방탕한 생활은 집안 망신이기 이전에 황실의 망신이었던 것이다.

"본인 재산은 3백 원밖에 없어."

동산을 집행하러 온 집달리에게 윤택영은 자기 재산은 3백 원밖에 없다고 우겼다. 신기한 것은 전 재산이 3백 원밖에 없다던 윤택영은 그 후로도 하루에 수백 원씩 쓰고 다녔다. 빚쟁이에게 줄 수 있는 돈은 3백 원밖에 없었지만, 호화롭고 사치스런 생활을 위해 쓸 돈은 마르지 않고 샘솟았던 것이다.

후작 윤택영씨가 가택을 수리하다가 경비가 부족하여 공사를 정지하였다더니 어떤 일본인에게 소유 전답문서를 잡히고 금화 4만 원을 차입하여 일전부터 그 공사를 다시 착수하였다더라.

빚을 깔고 사는 게 궁색하게 사는 것보다 나았던 것일까? 윤택영은 차압 딱지를 뗀 지 불과 1년 만에 집수리를 한답시고 또다시 전답문서를 잡혀 4만 원을 빌렸다. 1년 전 3백 원밖에 없다던 사람이 고급 주택 네 채를 살 수 있는 돈을 멀쩡한 집수리하는 데 퍼부었다.

한 달 후 다시 이곳에서 만나겠소

빚을 지고, 호화 사치 생활로 탕진하고, 차압 들어오고, 경매당하고, 또 빚을 지고, 또다시 탕진하는 악순환은 그로부터 10년을 두고 이어졌다. 그의 집에는 수시로 집달리가 찾아와 차압 딱지를 붙이고 돌아갔다. 일본 왕이 하사한 화병, 고종이 하사한 친필 서첩 등 당시로서는 값으로 따지기 어려운 귀한 물건에도 차압 딱지가 더덕더덕 붙었다. 몇천 원씩 집행당한 경매가 수십 차례 이어졌다. 자신의 빚이 얼마나 되는지는 윤택영 후작 본인도 알지 못했다. 빚쟁이들이 몰려와 차용증서를 내밀면 그때서야 '썼나 보다.' 하는 식이었다.

그렇게 빚과 소송에 시달리길 어언 10년. 1920년 봄, 경성시내에는 흉흉한 소문이 돌았다. 윤택영 후작이 큰아들 윤홍섭을 비롯한 가족 전부를 데리고 중국 베이징으로 도주한다는 소문이었다. 소문은 여기에 그치지 않고, 그의 빚이 수백만 원이라는 둥, 조선총독이 윤택영 후작에게 직접 전화를 걸어 재산이 정리될 때까지 잠시 해외로 나가 있으라고 했다는 둥 꼬리에 꼬리를 물었다. 사실을 확인하기 위해 방문한 기자에게 큰아들 윤홍섭은 다음과 같이 말했다.

"저와 가친이 만유漫遊를 가고자 중국 여행권을 청구한 일은 있었소. 아닌 게 아니라 지난 25일에 두 장이 함께 교부되었소. 그러나 전 가족이 다 간다는 것은 어디서 난 소리인지 모르겠소. 어차피 아무것도 하지 않는 한가한 몸이므로 당초에는 나 혼자 유람 삼아 베이징으로부터 난징까지 둘러보고 오려 하였는데, 가친께서도 갑갑하시므로 당신도 구경 삼아 함께 가시겠다고 해서서 모시고 가게 되었을 뿐이오. 내용이라고는 다만 일종 만유에 지나지 않는 것이오. 그믐날 출발하려 했는데 사정이 생겨 좀 늦어졌소. 여행 일정은 대략 1개월 정도로 잡고 있소."

윤택영 부자가 중국어 통역관 한 명, 경호순사 한 명을 데리고 베이징행 기차에 몸을 실은 것은 1920년 7월 8일이었다. 거물급 인사의 출국 장면이 으레 그러하듯, 총독부와 황실에서 사람을 보내 일행의 장도를 배웅했다. 중국으로 떠나는 윤택영 후작은 재회색의 양복에 질박한 검은 넥타이를 매고, 고색창연한 '파나마 모자'를 쓰고 있었다. 중국 여행에 대한 기대 때문인지, 표정은 매우 밝았다. 한마디 해달라는 기자에게 윤택영 후작은 다음과 같이 말했다.

"이처럼 나와 주시니 고맙소. 이번 길에 대하여 세상에서는 별별 풍설이 다 많은 모양이나 내용은 결코 그렇게 복잡치 않소. 단순한 유람에 지나지 않으니 이 점에 대해서는 세상의 오해를 아무쪼록 덜어 주시기 바라오. 모모 신문에서는 내 집이 파산을 한 원인은 나의 자질이 부랑한 결과이라고까지 하나 그것은 결코 그렇지 않소. 과연 내가 여러 가지 사정으로 부채가 많았는데 도무지 귀찮아서 아주 내어 맡긴 것이니 이 점 또한 곡해하지 말아 주시오. 목적지가 베이징이므로 체류할 동안에도 베이징을 중심으로 삼고 그 부근을 혹 순유할지도 모르나 좌우간 약 일개월 후면 다시 이곳에서 만나겠소."

전 재산을 '채귀'에게 던지고 큰아들을 데리고 중국으로 떠나며 윤택영이 마지막으로 남긴 말은 "일개월 후에 돌아오겠다."는 것이었다. 그러나 약속한 한 달이 지나고, 그해가 저물고, 그 다음해가 가도 윤택영은 돌아오지 않았다.

베이징 엿장수

윤택영이 베이징으로 출발한 직후, 채권자들 사이에는 그가 채무 해결을 위해 '황실의 비밀 임무'를 띠고 갔다는 소문이 돌았다. 채권자들은 윤택영이 돌아오는 날엔 채권 일체를 돌려받을 수 있을 것이라는 기대에 부풀었다.

후작 윤택영 씨가 최근 중국 베이징을 향하여 출발한 것은 모두 아는 바거니와 후작의 베이징 출발에 대하여 여러 가지 풍설이 있는 바, 요사이 전하는 바에 의하면 승하하옵신 덕수궁 태왕 전하(고종)께옵서 지금부터 20년 전에 중국 대총통 위안스카이(袁世凱)에게 사적으로 금화 30만 원을 꾸어 주신 일이 있었고, 돈 꾸어 주시었다는 증서가 근래에 발견되었으므로, 윤 후작은 그 돈을 위안스카이의 유족에게 받기 위하여 증서를 가지고 건너간 것이라더라.

황실이 위안스카이에게 받을 돈이 있었을 개연성은 충분하다. 설령 그렇다 하더라도 고양이한테 생선을 맡기지 '채무왕'에게 '채권 추심'의 밀명을 맡길 리 있겠는가?

윤택영 부자가 베이징으로 건너간 진짜 이유는 재산 정리에 있었다. 윤택영은 1920년 6월 한 달 동안에만 열 차례나 경매 처분을 당했다. 그러한 수모를 당하고도 남은 빚이 수백 만 원에 달했다. 윤택영은 자신이 자리를 비운 사이 대리인을 시켜 재산을 정리한 뒤, 이른바 '빚잔치'를 하고 채무를 탕감받기 바랐다. 그러나 채권자의 저항은 완강했다. 돈을 못 갚겠거든 법의 심판이라도 받으라고 다그쳤다.

한 달쯤이면 모든 일이 해결될 것으로 기대했던 윤택영은 베이징에서 발이 묶였다. 빚쟁이가 타협해 주거나 빚 내준 사실을 잊을 때까지 무작정 기다리는 수밖에 없었다. 윤택영은 베이징에서 돌아오지 않은 것이 아니라, 돌아오지 못한 것이었다. 윤택영의 귀국을 가장 강력히 희망한 사람은 바로 윤택영 자신이었다.

"여기는 사람 살 곳이 못된다."

윤택영은 중국에 당도한 지 며칠이 지나지 않아 귀국을 희망했다. 고국에는 빚으로 지은 집일망정 호화로운 저택이 있고, 채무왕이라 손가락질 당할망정 황제 장인과 후작이라는 위세가 있었다. 그러나 베이징에서 그는 초라하게 늙어 가는 초로의 도망자일 뿐이었다.

후작 윤택영 씨는 천만사에 성공은 없고 항상 낭패가 많은 결과로 각처의 채무가 일신을 괴롭게 하여, 할 수 없이 종말에는 작년 7월경에 종자 세 사람과 자제 윤홍섭을 데리고 중국 베이징으로 들어가 일 년 동안을 적막하게 지냈다. 베이징에 도착한 후에 두어 날을 지나지 않아 고국으로 돌아오고 싶다는 소리가 아주 입에 올라서 조선 산천을 항상 그리워했으나 종자와 주위 사람의 만류로 간신히 오늘까지 참아 온 터이다. 요사이는 하루에 세 끼 식사도 변변치 못하므로 주위에 있는 종자들은 후작의 근심을 잊어버리게 하기 위하여 고심 중이다. 창덕궁(순종의 처소)에서 나서서 채권자들과 교섭 중인데, 윤택영 후작은 교섭이 체결된 후에야 조선으로 돌아올 수 있다더라.

극심한 향수병에다 이역만리에서 생전 처음 끼니조차 챙겨 먹기 힘든 극심한 가난까지 겪고 보니 '황제 장인, 후작 각하' 신세가 말이 아니었다. 수년이 지나도 윤택영이 귀국하지 않자 경성에서는 흉흉한 소문이 나돌았다.

수백 만 원의 재산을 탕진하고 조선을 떠나 중국 베이징 방면에서 표랑漂浪하는 윤택영 후작은 요사이 베이징에서 극도의 생활 곤란에 빠진 결과 이왕직으로부터 누누이 생활비를 받아 오던 중, 최근에는 그 생활이 더욱 곤란하게 되었다. 목하 윤씨는 무엇이든지 해가지고 일신을 안정시키고자 경성에 밀사를 파견하여 '엿장사' 를 할 만한 자금을 얻고자 하는 중이라더라.

베이징에서 엿장사 할 돈도 남의 돈을 빌려 마련하려 했으니, 과연 윤택영에게 붙은 채무왕이라는 별명이 부끄럽지 않았다.

쇄도하는 빚받이 소송

윤택영 부자가 베이징으로 도주한 이후, 국내에서는 윤택영 측 대리인과 채권단의 막후교섭이 진행되었다. 대리인의 교섭 조건은 총 채무액의 10퍼센트를 상환할 테니 나머지 90퍼센트를 탕감해 달라는 것이었다. 칼만 안 들었지 강도나 진배없었다. 채권단은 다 받을 수 있을 것이라 기대하지는 않지만 10퍼센트는 너무하다며 좀 더 성의를 보여줄 것을 요구했다. 대리인과 채권단의 팽팽한 줄다리기로 교섭은 지지부진했다.

막후교섭이 진전되지 않고 1년을 넘기자, 채권단은 협상을 파기하고 빚받이 소송을 제기했다. 10년 전 빚받이 소송이 만 원, 십만 원 단위였다면, 이번에는 백만 원 단위라는 차이가 있었다. 빚받이 소송의 첫 테이프를 끊은 것은 황실 종친 이해승 후작이었다.

윤택영은 베이징으로 도주하기 직전, 일본인 귀족의 토지를 담보로 잡히고 34만 원의 돈을 고리로 빌려 썼다. 이 거래를 주선하고 보증을 선 인물이 윤택영과 사돈지간인 이해승 후작이었다. 윤택영은 이렇게 해서 마련한 돈을 순전히 개인적인 용도로 탕진했다.

이해승 후작은 아무리 사돈지간이고 동료 귀족이라 해도 윤택영이 탕진한 34만 원의 채무를 도저히 혼자 떠안을 수 없었다. 그랬다간 덩달아 자신마저 파산하게 생겼기 때문이다. 이해승 후작은 조선인 76명, 해동은행을 비롯한 7개 은행과 함께 사돈 윤택영 부자를 걸어 사기횡령 소송을 제기했다. 소송 가액은 무려 240만 6천 원에 달했다.

후작 윤택영 씨가 돌연히 베이징으로 간 후 경성에서는 여러 가지 풍설이 많고, 또 경기도 경찰부와 종로경찰서에서는 윤씨 사건에 관련된 심상익 씨를 잡으려고 경관을 베이징까지 보냈으나 잡지 못하고 그냥 돌아왔다. 조사한 결과, 윤씨의 죄상은 사기·횡령 등으로 그 범죄 금액은 240만 6천 원에 달한다. 윤씨의 범죄 원인은 1920년 2월에 살림을 처분하여 부채를 정리하려 했으나 돈이 부족하였고, 뚝섬의 낙화생落花生(땅콩) 재배에 실패하고, 큰아들 윤홍섭 씨가 미두米豆 투기에 큰 실패를 본 까닭이라더라.

베이징으로 떠나기 직전 윤택영, 윤홍섭 부자는 쓰러져 가는 가문을 일으키기 위해 백방으로 뛰었다. 그러나 평생 남의 돈을 끌어다 쓸 줄만 알았지 땀 흘려 돈 벌어 본 적 없는 윤택영 부자가 사업에 성공할 만큼 세상이 호락호락하지는 않았다. 두 부자가 움직일 때마다 부채는 눈덩이처럼 불어났다.

먼저 아들 윤홍섭이 나섰다. 윤홍섭은 아비의 빚을 갚을 유일한 방법이 '미두 투기'를 통한 일확천금이라 생각했다. 미두는 현물 없이 10퍼센트의 증거금으로 쌀을 사고파는 선물거래의 일종이다. 쌀값이 10퍼센트만 오르내려도 두 배의 수익을 올리거나 깡통을 차는 고위험 고수익 거래다. 미두에 성공하려면 쌀값에 영향을 미치는 쌀의 국제 시세와 수급 상황, 그 밖에 기상과 국제 정세 등을 훤히 꿰고 있어야 했다. 윤홍섭 같은 한량은 애초부터 '판돈'만 대주고 손 털고 나올 운명이었다. 윤홍섭의 허욕은 부채를 덜기는커녕 집안 빚을 걷잡을 수 없이 늘려놓았다.

다음은 아비 윤택영 차례였다. 뚝섬 땅콩 농장 경영에 실패한 윤택영은 은행가로 변신을 시도했다. 윤택영은 귀족이 중심이 되어 설립한 해동은행海東銀行의 창립 발기인이자 대주주로 참여했다. 그러나 남의 돈을 제 돈 쓰듯 탕진한 채무왕이 신용을 생명으로 하는 은행가로 성공할 리 있겠는가? 윤택영은 주식을 배정받고도 주식 대금을 납입하지 않은 채 중국으로 도주했다.

주주들은 해동은행 전무인 심상익을 베이징으로 보내 미납한 주식 대금을 받아 오게 했다. 대한제국 시절 「제국신문」 발행자였던 심상익은 고관대작의 연회에 기웃거리며 정관계에 인맥을 넓힌 윤택영의 심복이었다. 심상익은 베이징으로 가는 도중 수십 만 원의 은행 돈을 횡령해 도주했다. 주주들은 심상익의 은행 돈 횡령 사건에 윤택영도 깊이 관여했을 것으로 믿었다. '심상익 횡령 사건'을 계기로 윤택영은 '악성 채무자'에서 '사기·횡령범'으로 죄질이 나빠졌다.

▲ 동생 윤택영이 빚 독촉을 피해 베이징으로 도주한 후에도 '대갈대감' 윤덕영은 인왕산 밑에 조선 최대 규모의 저택 송서원을 지어 세인의 지탄을 받았다.

윤택영의 형 윤덕영 자작은 해동은행의 설립을 주도하여 초대 사장에 내정되었다. 그러나 동생이 수백만 원의 채무를 지고 해외로 도주하고, 자신 또한 고종황제 국장 때 '분참봉 첩지 위조 사건'의 주동자로 검찰 수사를 받아 사장에 취임하자마자 낙마했다.

'분참봉 첩지 위조 사건'은 윤덕영 자작이 주도하고 다수의 귀족이 연루된 희대의 사기극이었다. 황제의 장례식을 주관하는 임시직 관리인 '분참봉'에 임명한다는 첩지를 다량으로 위조하여 '양반이 될 수 있는 마지막 기회'라 선전하며 팔고 다니다가 꼬리를 잡힌 것이다. 매관매직으로 나라 말아먹은 귀족들은 나라가 망한 뒤에도 제 버릇을 버리지 못했던 것이다.

윤택영 부자의 부채는 이해승 후작 등에게 빌린 240만 6천 원이 전부가 아니었다. 베이징으로 도피한 지 만 3년째 되던 1923년, 와타나베 케이조우(渡邊慶造), 카토 츠루마츠(加藤鶴松) 외 12명은 윤택영 부자를 걸어 법원에 파산 신청을 제기했다.

후작 윤택영 씨가 수 년 전에 주야로 못살게 구는 부채 독촉을 견디지 못해 장남 홍섭 씨를 이끌고 비밀리에 경성을 떠나 중국 베이징으로 건너간 후에, 모든 채권자들은 윤택영 씨가 돌아오기를 고대하였으나 오늘날까지 아무런 소식이 없다. 결국 지난 14일 채권자들은 목숨 있는 사람에게 경제적으로 사망을 선언하는 것이나 다름없는 파산 신청을 경성지방법원 민사부에 제기했다. 신청서를 제출한 사람은 시내 황금정 와타나베 케이조우와 화원정 카토 츠루마츠 외 12인으로 키오(木尾), 아카오(赤尾) 두 변호사가 대리인이 되어 파산을 신청했다. 그 신청서에 씌어 있는 내용을 보면, 피신청인 윤택영과 윤홍섭은 연대하여 1920년 3월 중에 신청인들에게 대하여 50만 원이라는 거액에 달하는 부채를 지고 그 변상 기일인 1920년 4월 30일에 이르러서도 원리금을 갚지 않고 오늘날까지 이르는 동안에 전 재산을 탕진하고 다시 원리금의 변상을 하지 아니할 뿐만 아니라 이자를 지불하지 않으므로, 파산선고를 하는 동시에 피고 두 사람을 파산자로 선고하여 달라는 것이다.

와타나베와 카토가 제기한 윤택영 파산 신청 재판은 1923년 11월에 열렸다. 피신청인인 윤택영 부자는 베이징에 도피 중이었으므로 윤덕영 자작이 대신 증인으로 불려 나왔다. 윤택영의 빚이 얼마나 되느냐는 재판장의 질문에 윤덕영은, "비록 친아우이나 그 재산에 대한 자세한 내용은 알 수 없다."고 전제하면서, 파산 신청인 와타나베와 카토를 적반하장 격으로 꾸짖었다.

"아우는 와타나베와 카토가 제기한 50만 원 외에도 조선 천지에 빚이 깔려 있소. 부채를 다 합치면 3백만 원은 족히 넘을 것이오. 겨우 50만 원

가지고 파산 신청까지 할 것은 무엇이오? 아우의 빚을 다 갚을 길이 없으니 알아서 처분하시오."

과연 윤택영은 '채무왕'으로도 부족한 '차금대왕'이었다. 기업이 사업하느라 진 빚도 아니고, 개인이 호화 사치 생활을 위해 탕진한 빚으로는 윤택영 부자의 빚 3백만 원이 역대 최대였다. 조선 천지에 윤택영의 빚이 깔려 있다는 윤덕영의 증언을 입증하듯, 1925년 3월, 고양군 숭인면 안암리에 사는 대금업자 유해창이 윤택영 부자가 빌려 간 돈 11만 원을 돌려 달라는 채무 상환 소송을 제기했다.

비운의 여인, 순정효황후

윤택영의 베이징 도피 생활이 길어지자 황후의 근심도 깊어만 갔다. 아무리 빚을 물 쓰듯 쓴 탕자라 하더라도 아비는 아비였다.

이왕(순종) 윤비 양 전하께서는 베이징에 체재 중인 윤택영 씨의 소식이 중국 내란이 일어난 후 분명하지 못하므로 깊이 염려하사 22일 이왕직李王職(한일합방 후 조선 왕실 관련 업무를 담당하던 관청) 장관을 총독부에 보내사 조사해 보도록 하라는 하명을 내리셨다고 한다.

순정효황후 윤씨는 방탕한 생활과 친일로 악명이 높은 피붙이들과는 달리 조선왕조의 마지막 국모로 손색이 없는 인물이었다. 열세 살에 동궁계비로 들어가 열네 살에 황태후가 되는 광영도 맛보았지만, 그녀의 일생에는 기쁨보다 안타까움과 절망이 더 많았다. 한일 강제 합방 당시 모두 대세가 기울어졌음을 인정한 뒤에도 그녀만큼은 옥새를 부둥켜안고 끝까지 버텼다는 아름다운 일화는 지금껏 두고두고 칭송된다. 황후의 품에서 옥새를 빼앗아간 사람은 다름아닌 큰아버지 윤덕영이었다.

▲ 순정효황후_ 조선의 마지막 국모. 품성이 남달랐던 그는 가족들의 허랑방탕한 생활로 한시도 마음 편할 날이 없었다.

 천성이 어질고 인자했던 순정효황후는 가족들의 '기행'과 '비행'으로 단 한 순간도 마음 편할 날이 없었다.

 우선 큰아버지 윤덕영 자작. 머리가 앞뒤로 튀어나와 '대갈대감'으로 부르던 윤덕영은 소문난 탐관오리로 매관매직을 일삼아 나라의 몰락을 재촉했다. 강제 합방에 앞장선 공로를 인정받아 자작에 봉작되고 은사 공채 5만 원을 받았다. 강제 합방 이후에도 탐관오리 기질을 버리지 못하고 '분참봉 첩지 위조 사건'을 필두로 갖가지 비리를 저질러 검찰청과 법원을 제집 드나들 듯했다. 동생이 빚에 내몰려 베이징으로 도주한 이후에는 인왕산 기슭에 조선 최대 규모를 자랑하는 프랑스식 저택 송석원을 지어 세인의 지탄을 한 몸에 받았다. 태평양전쟁 당시에는 조선 귀족 대표로 일본 귀족원의 의원이 되는 기염을 토했다.

황후의 아비 윤택영 후작은 또 어떤가. 황실과 사돈을 맺은 뒤 하루가 멀다 하고 내전에 들어와 하는 말이 "황후 폐하, 불충한 아비의 빚을 갚아 주시옵소서."였다. 중국으로 도주한 이후에도 끊임없이 사람을 보내 전하는 말이 "총독부에 잘 이야기해서 아비의 빚을 해결해 주시옵소서."였다. 황후는 베이징에 피신한 아비에게 매달 적지 않은 돈을 생활비로 보내 주었건만 고맙다는 인사는 고사하고 그 돈 가지고는 못 살겠으니 다음 번엔 더 보내 달라는 회답이 되돌아왔다.

윤택영 후작이 중국 베이징에 간 지 벌써 5년이 지났다. 그리운 고국에 돌아오고자 하나 오기만 하면 빚쟁이들이 독을 품고 또다시 못살게 할 터이므로, 베이징에서 중국 사람 생활을 하고 있다. 윤택영 후작이 그의 백씨 되는 윤덕영 자작을 사이에 놓아 가지고 이왕직에 빚을 대신 갚아 달라고 했는지, 일주일 전부터 윤덕영 자작은 창덕궁 궁문이 닳을 만큼 드나들며 양 전하께 애걸한다고 한다. 말인즉 자기 동생의 빚이 모두 90만 원인데 20만 원은 자기가 부담하고 70만 원은 전하가 갚아 달라는 요구라더라.

인자하옵신 전하께옵서 이 말씀을 들으시고 측은하신 마음은 계시나 역시 자유로 쓰시는 돈은 없고, 또 있다고 하여도 총독부의 허가를 맡지 않으면 쓸 수가 없으므로 어찌하겠느냐고 하셨다. 이에 윤덕영 자작은 그러면 이완용 후작을 총독에게 보내어 교섭하여 주십사 하고 애걸하였다. 전하께옵서 이완용 후작을 부르사 총독과 협의하여 보라고 하셨다.

윤씨의 집과는 서로 대면도 잘 하지 않던 이완용 후작도 돈 이야기에는 귀가 쏠렸던지, 기꺼이 소임을 맡았다. 총독과 한 차례 협의하였으나 타결을 보지 못하고 돌아왔다. 재차 이왕직과 협의한 후에 전하의 '친용금'과 '정리용금' 몇 달 치를 이용하자는 등의 의안을 제출하고 다시 총독을 면회하였다.

 총독에게 양 전하께서 윤씨를 생각하시고 항상 슬퍼하시니 의안대로 하자고 하나, 총독은 총독부와 이왕직 예산 중에서 70만 원이라는 거금을 돌려 쓸 것 같으면 예산이 터무니없이 부족하게 된다고 난색을 표했다. 어친척御親戚 귀족들 중에서는 걸핏하면 전하에게 아뢰어 돈을 뜯어 가는 고로 현재에도 어찌할지 모르는 중에 이와 같은 요구가 있으므로 이왕직 안에서는 매우 문제 중이라는 소리가 세상에 전하더라.

 5백 년 사직에 종지부를 찍고, 황제에서 왕으로, 황태후에서 왕비로 전락한 것도 원통한 일인데, 나라를 말아먹은 이른바 왕실 귀족이라는 작자들은 허구한 날 창덕궁으로 찾아와 허울뿐인 황제에게 돈이나 뜯어 갔다. 파렴치한 귀족 중에 으뜸은 누가 뭐래도 황후의 아비 윤택영이었다. 아비가 찾아와 추태를 보일 때마다 품성이 어진 황후의 마음은 어떠했겠는가? 아비가 추태를 부리다 돌아가면 낯 뜨거워 황제를 어찌 보았을 것이며, 손아래 황족은 또 어찌 보았을 것인가?

 말썽을 부린 이가 윗대뿐이었다면 그나마 나았을 테지만, 황후의 피붙이 중에는 또 한 명의 '탕아'가 있었으니 바로 황후의 큰오빠 윤홍섭이었다. 윤택영과 함께 베이징으로 도주한 윤홍섭은 1922년 아비를 베이징에 혼자 두고 아내와 함께 미국으로 건너가 대학에 다녔다. 1935년에는 워싱턴 아메리칸대학에서 철학 박사학위까지 받았다.

지난 3일 윤홍섭 씨는 아메리칸대학에서 철학 박사학위를 받았는데, 박사 논문은 '국제적 극동관계 상 조선' 이라 한다. 윤홍섭 씨는 일찍이 와세다대학에서 정치학 학사 학위를 받고 1922년 북미로 건너가서 뉴욕 컬럼비아대학과 워싱턴 아메리칸대학에서 국제 정치와 비교헌법을 연구하였다.

빚에 쪼들려 해외로 도주한 인물이 착실히 공부해서 박사학위까지 받았다면 칭찬받아 마땅할 것이다. 그러나 사정을 들여다보면 꼭 그렇지만은 않다. 미국으로 건너간 윤홍섭의 수중에 학비가 있을 리 없었다. 그렇다고 고학으로 학교에 다녔는가 하면 그런 것도 아니다. 오랫동안 아비를 곁에서 지켜보며 터득한 윤홍섭 나름의 학비 조달 방법이 있었다.

윤택영 후작의 아들 윤홍섭 씨는 현재 미국에서 유학 중인 바, 걸핏하면 비전하께로 전보 혹은 글을 올려 학비를 대달라고 하므로 비전하께서도 측은히 여기사 몇 번 보내신 일이 있다. 그럼에도 불구하고 거의 날마다 오는 편지가 모두 돈 달라는 소리라더라.

과연 못 말리는 형제, 못 말리는 부자였다. 순정효황후가 날마다 수심에 잠긴 것은 단지 5백 년 사직에 종지부를 찍은 자괴감 때문만은 아니었다.

채무왕의 귀환

윤택영 후작은 해외 도피 7년 동안 오매불망 귀국할 날만 기다렸다. 황제 장인, 후작의 위세도 마음껏 부려 보고 싶었고, 한껏 빚을 내 호화로운 생활도 만끽하고 싶었다. 그러나 고국에서 윤택영을 기다리는 것은 그러한 행복한 생활이 아니었다. 그를 기다리는 것은 3백만 원에 달하는 빚과 백여 명의 '채귀'였다. 무작정 고국으로 돌아가는 것은 섶을 쥐고 불에 뛰어드는 것만큼이나 위험천만한 일이었다.

중국 도피 생활 7년째 되는 해, 윤택영이 그런 아귀지옥으로 뛰어들지 않을 수 없는 불가피한 일이 일어났다. 1926년 4월 25일, 순종이 돌연 승하한 것이었다. 평생 순종의 속만 썩인 윤택영이었지만, 신하로서 장인으로서 순종의 마지막 가는 길을 지키지 않을 수 없었다.

국상 중이라 큰 봉변이야 당할 리 없었지만 불상사는 미리 대비해 나쁠게 없었다. '채무왕'의 귀국과 입궐은 첩보 작전을 방불케 할 정도로 치밀한 계획 아래 추진되었다.

부원군 윤택영 후작은 창덕궁 전하가 위독하시다는 급보를 듣고 급히 은거하던 베이징을 떠나 27일 밤 입경하였다. 본래 같으면 부원군의 신분이라 당당한 기세로 입궐하였겠지만 무엇보다도 채무 관계로 유명한 터라 모든 사람을 물리치고 미리 준비하여 두었던 이왕직 자동차를 문산까지 마중 나오게 하여 문산역에서 하차하는 즉시 자동차로 갈아타고 사람의 눈을 피하여 입경하여 13시 30분경에 금호문으로 입궐

하였다.

윤택영의 입국은 7년 전 경성역에서 총독부와 이왕직 직원의 영접을 받으며 위세 좋게 출국하던 때와는 사뭇 다른 모습이었다. 혹시 빚쟁이들이 진을 치고 기다리지나 않을까 우려되어 창덕궁 코앞에 있는 경성역을 이용하지도 못하고 문산역에서 내려 먼 길을 돌아와야 했다.

그러나 아무리 치밀하게 계획을 짰다 해도 기자의 눈까지 속이기는 어려웠다. 몰래 입국하던 윤택영은 문산역에서「시대일보」기자에게 발각됐다. 입국 감상을 묻는 기자의 거듭된 질문에 윤택영 후작은 짤막하게 귀국 소감을 밝혔다.

"세상 사람이 아는 부끄러운 일이 많아서 다른 사람을 만나기 싫소. 별다른 감상은 없소. 이번에도 펑톈(奉天)에서 전하의 승하 소식을 듣고 사정이 하도 딱하여 잠깐 다니러 온 것이오. 아무도 만나지 않고 국상

▲ 순종의 인산 행렬_ 온 나라가 떠들썩했던 순종의 국장 기간 동안 채무왕 윤택영은 창덕궁에 은거하며 7년 만에 꿀 같은 휴식을 취했다.

이 끝나면 다시 베이징으로 돌아가겠소."

윤택영은 국장 기간 동안 창덕궁에서 칩거했다. 서슬 퍼런 빚쟁이들도 차마 국장 중에 창덕궁까지 찾아가 채무 상환 독촉을 하지는 못했다. 6월 10일, 46일간 이어진 조선왕조 마지막 국상이 끝났다. 그 기간이 윤택영에게는 7년 만에 맛보는 꿀 같은 휴식 기간이었다.

"이제 다시 떠나야만 하는가."

윤택영은 다시 베이징으로 귀양 아닌 귀양을 떠날 생각을 하니 참담한 생각이 들었다. 아무리 '빚 귀신' 이 들끓는 아귀지옥이라 하더라도 내 나라 내 집에서 살고 싶었다. 윤택영은 윤덕영을 중재자로 삼아 채권단과 협상을 시도했다. 윤택영은 120인의 채권자에게 채무 총액 350만 원 중 10퍼센트인 35만 원을 주겠으니 그 나머지는 탕감해 달라는 협상안을 제시했다. 35만 원은 윤덕영이 마련하기로 했다. 서두에서 인용했던, 월간지 『개벽』의 '회고 조선 500년 특집호' 에 실린 "국상 중에 윤택영과 그의 형 대갈대감이 대가리가 터지게 싸웠다." 는 기록은 35만 원을 형이 부담해 달라고 보채는 과정에 형제 간 주먹다짐이 있었음을 암시한다.

어차피 받기 어려운 빚인지라 120인의 채권자 중 112인은 윤택영의 협상안을 마지못해 수용했다. 그러나 큰 돈을 떼일 위기에 처한 채권자 8인은 끝까지 협상안을 거부하고 법대로 하자고 버텼다. 결국 막후 협상은 아무런 성과 없이 결렬되었다.

초라한 도주, 그리고 최후

7월 6일, 국상이 끝난 지 한 달이 지나고, 상복을 벗는 졸곡도 사흘 앞으로 다가왔다. 3년 전 개정된 이래 마흔다섯 차례에 걸쳐 진행된 파산 재판 선고일도 코앞에 닥쳤다. 막후 협상 결렬로 채무를 해결할 길이 막막해진 윤택영은 다시 베이징으로 도망가기로 결심했다.

윤택영은 창덕궁 내전을 찾아가 황후에게 멀리 가겠다는 뜻을 전했다. 황후는 석 달 전 남편을 잃은 데다 부친과 또다시 생이별할 생각을 하니 서러움에 북받쳐 하염없이 눈물을 흘렸다. 내전을 나온 윤택영은 간동 자택으로 돌아가 선조의 위폐를 모신 사당에 하직을 고했다. 손자 둘을 불러 공부 잘하라고 당부한 뒤, 윤덕영의 저택 송석원으로 향했다. 송석원에서 윤덕영과 함께 자동차에 올라탔다. 집안 사람들에게는 파주 산소에 다니러 간다고 말했다.

두 형제는 운전수 한 명만 데리고 파주의 선산으로 갔다. 해가 진 뒤에 윤택영은 문산역에서 형님과 헤어지고 하오 7시에 경성에서 출발한 특별열차를 올라탔다. 신의주로 가 안봉선으로 갈아타고 펑톈까지 간 후 다시 기차를 갈아타고 다롄으로 가서 배편으로 톈진을 거쳐 베이징까지 이를 예정이다. 채권단과 화해 교섭이 끝내 타결되지 않으면 후작은 아무리 그리운 고국의 산천이라도 다시 밟을 희망이 없다고 한다.

채권단은 윤택영이 일러야 졸곡 다음날인 7월 10일경 베이징으로 탈출을 시도하리라 예상했다. 아무리 상황이 자신에게 불리하게 돌아간다 해도 윤택영이 국구의 몸으로 순종의 졸곡 전에 탈출을 감행하지는 않을 것으로 믿었다. 윤택영은 졸곡 직전 채권단이 방심한 틈을 노려 '경성 탈출 작전'을 감행했다. 채권단의 눈을 속이기 위해 7년 동안 베이징에서 함께 지냈던 나카무라(中村) 순사를 다른 길로 돌아오게 했다. 용의주도한 계획 덕분에 윤택영은 무사히 아귀지옥을 빠져나갈 수 있었다.

윤택영의 두 번째 중국 도피를 감행한 지 이태 뒤인 1928년 2월, 경성지방법원은 와타나베와 카토의 청구를 받아들여 윤택영에게 파선선고를 내렸다. 그날로 총독부는 윤택영의 후작 작위를 박탈하고, 귀족 예우를 중지했다. 윤택영은 황제의 장인이 되어 해풍부원군에 오른 지 20년 만에 자연인으로 돌아갔다.

윤택영은 두 번 다시 고국 산천을 밟지 못했다. 파주 선산으로 가는 길 차창 밖으로 굽어본 7월의 녹음이 살아생전 윤택영이 본 마지막 고향 풍경이었다. 1935년 어느 스산한 가을날, 윤택영은 베이징의 허름한 병원에서 임종을 지키는 가족 하나 없이 쓸쓸히 세상을 떠났다.

> 일찍이 조선을 떠나 중국 베이징에 체류하고 있던 이왕비 전하의 어부御父 고 윤택영 씨(60세)는 늑막염으로 베이징 일화동인의원日華同仁醫院에 입원치료를 받던 중 백약이 무효하여 23일 오전 8시 15분에 별세하였다.

윤택영은 서른하나에 황태자를 사위로 얻어 인생의 전기를 마련했고,

▲ 윤택영의 가족_ 왼쪽부터 '채무왕' 윤택영, 모친, '대갈대감' 윤덕영.

서른둘에 사위가 제위에 올라 인생의 정점을 맞았다. 마흔넷까지 나라와 가정은커녕 제 몸 하나 돌보지 않고 주색잡기, 호화 사치를 탐닉하며 신나게 놀았다. 그러나 빚진 돈도 내 돈이라 여기며 세상 모르고 놀던 기간도 고작 12년이었다. 마흔다섯부터 예순 살까지 16년간 윤택영은 빚쟁이의 눈을 피해 베이징에서 귀양 아닌 귀양살이를 했다. 세상은 그를 '채무왕'이라 손가락질했고, 아무도 그의 죽음을 슬퍼하지 않았다.

윤택영의 부고를 접한 윤치호는 일기장에 다음과 같이 적었다.

윤비의 부친 윤택영 씨가 베이징에서 세상을 떠났다고 한다. 그는 돈 욕심이 지나치지만 않았던들 조선에서 몇 손가락 안에 드는 부자로 살다 죽었을 것이다. 그는 빚이 수백 만 원에 이를 때까지 은행과 개인에게 높은 이자로 돈을 꾸었으며, 빚쟁이들을 피해 줄행랑을 쳐서 지난 10년 남짓 베이징에서 살았다. 빚쟁이들이라면 몰라도, 그의 죽음은 어느 누구에게도 손해날 일은 아니다.

대한제국 황제의 장인, 일제 치하 후작의 위세라면 어지간해서는 비참한 최후를 맞지 않았다. 그러나 윤택영은 16년간 제 나라 제 집에서 쫓겨나 해외를 떠돌다 비참하게 죽었다. 젊은 날 한때의 쾌락을 위해 빚을 얻어 분에 넘치는 사치를 부렸기 때문이다. 지나친 빚은 사위가 황제라도 대신 갚아 주지 못한다.

***

오늘날 신용불량자의 숫자는 4백만에 달한다. 그 사람들 중에는 피할 수 없는 사정이 있는 사람들도 상당수 있겠지만, 대책 없이 빚을 진 사람도 적지 않다. 지금 이 순간에도 백화점과 술집에는 일단 긋고 보자는 '묻지마 카드족'이 넘쳐 난다. 돈이 필요한데 없으면 빌려야 한다. 하지만 빌리기 전에 먼저 갚을 궁리부터 해야 한다. '빚진 돈'은 분명 '내 돈'이 아니다.

현재의 쾌락을 위해 미래를 좀먹지 말자. 명품 가방이 눈앞에 어른거리거든 '황제의 장인' 윤택영 후작의 비참한 도주 행각과 쓸쓸한 최후를 생각하자. 지금 당장 빚을 줄이자.

이인용 남작 집안 부부 싸움

이재극 남작의 백만금 유산을 둘러싼 음모와 암투

조중인 여사가 남편 이인용 남작을 걸어 경성지방법원에 준금치산 선고 신청을 제기했다. 이인용 남작이 1927년부터 1931년까지 팔아서 없앤 재산은 24만 6천여 원(현재가치 246억여 원)에 달한다. 이인용 남작은 이처럼 거대한 재산을 무엇에 낭비했는가? 이인용 남작 자신이 그 재산을 자기의 손으로 없애지 않았다면 그 돈은 누구의 손을 거쳐 흔적없이 사라졌는가? 멀지 아니하여 법관의 날카로운 메스에 해부를 당할 이 사실에 대하여 세간의 의혹은 더한층 깊어졌다.

-「동아일보」 1932년 8월 15일

위기의 '조선 귀족'

 부유하고 귀해지기는 어려워도 가난하고 천해지기는 쉬운 것이 세상의 이치다. 부귀는 이루기보다 지키기가 어렵고, 대대로 이어 가기는 더더욱 어렵다. 오늘날이 그러한대 식민지 시대라고 달랐을 리 없다. 일제의 서슬이 시퍼렇던 시절, 친일파는 일본의 비호 아래 대대손손 부귀영화를 누렸을 것 같지만 사실은 그렇지만도 않다. 나라를 팔아먹은 대가로 일본의 작위를 받은 이른바 '조선 귀족'들도 마찬가지다.

 조선 시대에는 귀족이 없었다. 조선 귀족은 역설적으로 조선이 사라진 이후 생겨났다. 1910년 7월 한반도를 손에 넣은 일본은 같은 해 10월 7일 이른바 '합방 유공자' 76명에게 작위를 수여했다. 공작은 없었고 후작이 6명, 백작이 3명, 자작이 22명, 남작이 45명이었다. 작위는 재산과 함께 세습되었지만, 몇몇은 처음부터 작위 받기를 거부했고, 몇몇은 독립운동, 파산, 품위 실추 등의 이유로 작위를 박탈당해 1930년대에는 60명 내

이인용

외의 귀족만이 남게 되었다.

일본으로부터 작위를 받은 조선 귀족은 대부분 조선 왕실의 종친, 척족이거나 대한제국 시기 대신들이었다. 명문 거족의 후예로 물려받은 재산이 많았고, 무능한 정부의 고위 관료로 재직하면서 갖가지 비리를 저질러 긁어모은 재산도 엄청났다. 게다가 작위와 함께 등급에 따라 2만 5천 원에서 50만 원까지 지급된 은사 공채를 덤으로 받았다. 산술적으로만 생각하면 어지간한 사치와 방탕으로는 줄어들지 않을 재산이었다. 그러나 조선 귀족 대부분은 작위를 받은 지 겨우 10여 년 만에 그 많던 재산을 모조리 탕진하고 심각한 생활고에 허덕였다.

『제일선』 1932년 12월호에 실린 "조선 귀족 어디로 가나"라는 기사는 그 원인을 다음과 같이 설명하고 있다.

비록 작위는 얻었으나 정계의 실권에는 하등 머리를 들이밀지 못하게 되고, 귀현貴顯은 얻었으나 사회의 대우는 그다지 향기롭지 못하게 되니 그들은 할 수 없이 사회의 한 귀퉁이에 숨어서 한가한 나날을 보냈다. 세상과 격리되어 일신상 부족한 것이 없는 생활을 영위하기 그럭저럭 10여 년이었다. 밖으로 할 일이 없고 안으로 생활이 궁하지 아니할 뿐 아니라 옛날에 살아오던 풍도風度와 운치는 그대로 남았으니, 그들의 하는 일이 묻지 아니하여도 가히 짐작할 수 있는 일이다. 그러나 사람의 욕망은 끝이 없고 물질의 공급은 한이 있는 것이라 마침내 몇몇 사람을 제외하고는 조선 귀족 일체가 공황에 휩싸이게 되었으니 그것은 무엇보다도 지금껏 호화를 자랑하던 그들의 생활에 몰아닥친 재정의 파탄이었다.

상속받은 유산과 긁어모은 재산을 1930년대까지 유지한 귀족은 '토지왕' 민영휘 자작, 이완용의 장손 이병길 후작과 차남 이항구 남작, 박영효 후작, 고희경 백작, 윤덕영·한창수·이달용·이풍한·김사철 남작 등 열 손가락으로 꼽을 정도였다. 나머지 귀족들은 재산을 송두리째 들어먹고 오늘은 이왕직, 내일은 총독부로 발바닥에 땀이 나도록 드나들며 살려 달라고 애원했다. 깡통만 안 찼을 뿐 거지나 진배없었다.

지성이면 감천이라 했던가. 1929년, 영락한 조선 귀족을 구원해 줄 은인이 나타났다. 총독부 정무총감으로 부임한 이케가미(池上)는 조선 귀족의 몰락 소식을 듣고 '일본의 작위를 받은 귀족이 생활의 곤궁을 겪는다는 것은 국가의 체면상 묵과할 수 없다.'고 판단했다. 그의 지시로 총독부는 250만 원의 재원을 마련해 '창복회昌福會'라는 재단을 설립하고 몰락한 귀족을 구제하기 위해 나섰다.

창복회는 생활고에 시달리는 귀족에게 매월 백 원씩, 2백 원씩 나눠 줬다. 교사 월급의 두 배가 넘는 금액이었지만, 파렴치한 귀족은 그 돈 가지고 어찌 사냐고 올려 달라고 생떼를 썼다. 당초 총독부가 이른바 '합방 유공자'에게 작위를 내준 명분은 '민심 수습'이었다. 결국 이 때문에 총독부는 광복 직전까지 돈 달라고 물귀신처럼 물고 늘어지는 조선 귀족의 등쌀에 시달려야 했다. 조선 귀족에 몸서리친 것은 조선 민중이나 총독부나 마찬가지였던 것이다.

과거의 영화에서 몰락의 참경慘景을 당하여 창복회에 등을 대고 목숨을 이어 가는 귀족이 69인 중 33인으로 거의 반수라 한다. 30명 내외의 귀족이 몰락하였다 하여 일반의 사회인으로서는 하등 슬퍼할 일이 아니지만, 그들 자신으로 지나간 날을 회상하고 오늘의 영락을 생각한다면 또한 강개참회慷慨懺悔의 눈물을 흘릴지도 모를 일이다.

그러나 최근에 와서는 윤택영 후작의 파산 사건을 다음하여 세인의 화제에 오르내리는 또 하나의 사건이 생겼으니, 그것은 누구나 다 아는 이인용 남작 가의 부부 전夫婦戰이다. 그 내용에 이르러서는 이미 신문 잡지에 떠들대로 떠들어 놓았으니 다시 늘어놓을 필요도 없거니와, 백만의 재산을 가지고도 사람이 못생겨서 남의 바람에 녹아 나는 이인용 남작 가의 일은 오늘날 귀족 생활을 여실하게 반영하는 현상이 아니고 무엇이랴.

조선 귀족의 경제적 파탄을 이야기하다가 뜬금없이 이인용 남작 집안의 부부 싸움 이야기가 등장한 이유는 무엇일까? 부부 싸움을 얼마나 크게 했기에 신문 잡지에서 '생중계'까지 해주었을까? 이인용 남작 집안의 부부 싸움은 이른바 조선 귀족의 무능과 부패, 도덕적 타락을 가장 집약적으로 보여주는 대사건이었다.

지금부터 "신문 잡지에 떠들대로 떠들어 놓아서 세상 사람 누구나 다 알고 있었다."는 세기의 부부 싸움 현장으로 들어가 보자.

이인용 남작 집안의 부부 싸움

1932년 5월 9일, 이인용 남작의 부인 조중인은 동대문경찰서를 찾아가 고소장을 제출했다. 이로써 이재극 남작의 백만 원 유산을 둘러싼 5년간의 암투가 백일하에 드러났다.

고 이재극 남작의 상속인인 장남 이인용 가家에 가정 쟁송 사건이 일어났다. 이인용의 아내 조중인 씨는 남편과 시가 사람들을 걸어 지난 9일 동대문경찰서에 폭력 취체령 위반과 협박·공갈의 죄명으로 고소를 제기했다. 고소장의 내용은 조씨가 간통하였다고 남편 이인용과 시가 사람들이 이혼장에 도장을 찍으라고 구타·협박하고, 또 피고소인들은 이재극 가 재산 관리 위원장인 박영효 씨가 관청의 교섭을 맡아 보니 이혼장에 도장을 찍지 않으면 경찰에 잡아 넣겠다고 공갈했다는 것이다. 이인용과 그 아내에 대한 분쟁은 이전부터 일어난 것으로 상당한 내용이 숨어 있는 듯하다.

이재극 남작은 왕실의 종친으로 대한제국 시기 한성판윤, 법부대신, 학부대신, 내부대신, 궁내부대신 등 요직을 두루 지낸 대표적인 친일 정객이었다. 일본 공사관에서 열린 일왕의 생일잔치에 가서 "텐노 헤이카 반자이(천황 폐하 만세)!"를 불렀다가 "신하는 제 나라 국왕에게만 만세를 부르는 법도도 모르느냐?"는 고종의 꾸지람을 듣자, "반자이라고 했지 만세라 하지 않았나이다."라고 변명을 늘어놓았다는 일화는 지금껏 인구에

회자된다.

이재극 남작은 가렴주구로 긁어모은 재산을 죽을 때까지 지켜 낸, 열 손가락으로 꼽을 수 있는 귀족 중 하나였다. 그러나 그렇게 살뜰히 지켜 낸 재산도 어리석은 아들에게 상속된 지 5년 만에 바닷가 모래알처럼 뿔뿔이 흩어졌다.

부부 싸움의 주인공 이인용과 조중인은 이재극의 장남과 며느리다. 귀족 가문 부인이 남편과 시가 사람들을 걸어 고소를 제기하는 것도 이례적인 일이지만, 고소장의 내용은 더욱 가관이었다.

남편 있는 여인이 간통을 하고도 이혼하지 않겠다고 버티면 경찰에 고발해 콩밥을 먹이든지 조용히 법원에 이혼 소송을 제기하든지 하면 그만이다. 그처럼 손쉬운 일을 제쳐두고 알 만한 집안에서 뭐가 아쉬워 애꿎은 여인을 구타·협박하고 공갈까지 하면서 이혼장에 도장을 찍으라고 강요했을까? 중추원 부의장으로 공사다망했을 박영효 후작은 왜 상속자가 시퍼렇게 눈뜨고 있는 집안의 재산관리위원장으로 들어앉아 남의 가

◀ 막대한 재산을 두고 소송을 벌여 장안의 화제를 일으킨 이인용 남작과 아내 조중인.

정 이혼 문제에 개입한 것일까? 기사의 마지막 줄에 적힌 대로 "상당한 내용"이 숨어 있는 사건임에 틀림없다.

조중인은 남편과 시가 사람들을 경찰에 고발하는 데 그치지 않고 열흘 뒤 전대미문의 '동거 청구 소송'을 제기했다. 말하자면 남편과 한 이불 덮고 살게 해달라고 법에다 호소한 것이다.

고 이재극 남작의 상속자 이인용 남작의 부인 조중인은 원고가 되어 그의 남편을 상대로 19일 경성지방법원 민사부에 동거 청구 소송을 제기했다. 소장의 내용을 보면, 원고는 구 한국 시대의 명문대가인 황주 목사 조윤희의 둘째딸로, 지금으로부터 9년 전 이 남작과 결혼해 장남 이해윤, 장녀 이진숙 등의 1남 1녀를 낳았으나 남편은 지난 1927년 남작을 습작한 후 주위에서 남작을 이용하려는 모든 악배들의 꼬임을 받아 화류계에 투족하여 원고를 학대하기 시작했다. 그리하여 지난 2월 16일 밤에는 그들 악배 5~6명이 원고의 침실에 달려들어 남작의 명령이라고 하면서 원고로 하여금 남작의 집에서 나가라고 강요했으나 원고는 이에 불응하고 끝끝내 저항했다. 그러나 악배들은 그 다음날 밤에 또다시 몰려와서 원고의 퇴거를 강박했으나 원고는 죽기를 각오하고 이에 저항했다. 그 악배들은 필경 원고의 몸에 손을 대어 강제로 몰아내므로 약한 몸이 어찌할 수 없어 친가로 갔다가 그 익일 다시 들어온즉, 피고의 집 문간에는 다수한 굳센 남자들이 지키고 서서 원고가 들어오지 못하게 막았다. 그 후 원고는 할 수 없이 피고가 개심하기만 기다렸으나 도무지 회개치 않으므로 부득이 법률의 보호를 받고자 이 소송을 제기했다고 한다.

경찰 고소장에는 남편과 시가 사람들, 박영효 후작, 재정정리위원회가 등장하더니 법원 소장에는 '악배들'까지 나타났다. 이 '가련한' 여인은 5년 동안 도대체 몇 사람을 상대로 싸웠단 말인가? 그러나 조중인의 주장에도 미심쩍은 부분은 있었다.

우선 남편이 화류계에 발을 들여놓은 뒤 5년 동안 아무 말이 없다가 그해 2월 들어서야 갑자기 아내더러 집에서 나가라고 한 이유가 석연치 않았다. 5년 동안 살던 대로 살면 되는데, 이인용은 왜 안 나가겠다는 아내를 억지로 내치려 했을까? 아내가 잘못을 저지르지 않았다면 폭력까지 행사하며 내쫓을 필요가 있었을까?

또한 조중인이 남편과 헤어지지 않으려고 소송까지 걸면서 매달린 것도 이해하기 어려웠다. 조중인은 도대체 남편을 얼마나 사랑했기에 학대하고, 때리고, 협박하고, 공갈해도 법에 호소까지 해가며 남편과 같이 살고자 했을까? 조중인에게도 숨겨 놓은 비밀이 있었던 것은 아닐까?

아닌 게 아니라 그로부터 2주 뒤, 이인용은 음탕하고 방종한 아내와 도저히 같이 살 수 없다고 이혼 청구 소송을 제기했다.

시내 이화동 20번지 이인용 남작의 부인 조중인이 그의 남편을 상대로 동거 청구 소송을 제기한 것은 이미 보도한 바와 같거니와 지난 2일 이인용 남작은 다시 원고가 되어 그의 처 조중인을 상대로 이혼 청구의 반소反訴를 경성지방법원에 제기했다.

그 소장의 내용을 보면, 피고 조중인은 귀족 집 주부의 몸으로 천성이 음탕 방종한데, 지난 1927년 원고의 부친 고 이재극 남작이 사망한 후 가사를 정리하기 위해 박영효, 이달용 제씨와 총독부와 이왕직 관계자들로서 가사 정리위원을 선정하여 원고의 집 재산을 정리하는 중 피고는 이 정리위원들을 싫어하며 스스로 이팔용이라는 자를 불러들여 가사를 정리하면서 정리위원들의 정당한 활동을 방해할 목적으로 흉계를 꾸며 그 위원 중 우연히도 두 사람이나 죽어 버렸다.

그리고 1927년부터 1930년까지 3년간 피고는 원고의 집 재산을 거의 탕진해 버렸으니, 즉 원남동 가옥을 6만 원에 팔고 은행회사 주권과 안성, 포천 등지에 있는 토지와 현금 등 10만 2천 원을 자유 처분해 가지고 그중 4만 5천여 원은 피고가 소비해 버렸다.

이 외에 피고의 음탕한 증거로는 전기 사설 정리위원 이팔용과 지난 1927년 여름부터 정교 관계를 맺고, 또 피고가 지난 1929년 봄 관철동 민영진 병원에 입원해 있을 때에 친척 관계가 있는 민성기와 정교 관계를 맺어서 동년 여름 석왕사까지 동행해 그 관계를 계속하고, 또 피고의 상노床奴(밥상을 나르거나 잔심부름을 하던 어린이)였던 이철돌과도 정교를 했으므로 원고의 호적 면에 입적되어 있는 장남과 장녀도 기실 원고의 자식이 아니다.

원고는 이 사실을 투서와 기타 모 방면으로부터 정확하게 알고 원고의 친족회를 한 결과, 피고와 이혼하기로 되어 피고에게 이 사실을 고했던 바, 피고도 그 비행을 부끄러워하여 자기 친가로 퇴거한 것이다. 그러므로 지난번 피고가 동거 청구 소송을 제기한 소장에서의 주장처럼 원고가 폭력을 행사하여 피고를 내쫓은 것은 아니며 단연 이혼을 청구했는데 재판은 오는 22일로 결정했다고 한다.

귀족 가의 부부 싸움은 점입가경이었다. 폭행·협박·공갈죄로 형사 고발되고, 동거 청구 소송의 피고가 된 이인용 남작은 합의를 시도하기는 커녕 도리어 아내를 간통죄로 맞고소했다.

"내가 화류계에 투족하여 아내를 협박했다고? 아니다. 간통을 한 것은 아내다. 아내가 낳은 자식들도 내 자식이 아니다. 어디 그뿐인가. 아내는 허랑방탕한 생활로 가산을 탕진했다."

진실을 말한 사람은 누구일까? 아내일까, 남편일까? 아니면 둘 다일까?

이쯤에서 법정 공방 이야기는 잠시 미뤄 두고, 시간을 거슬러 올라가 지난 10년간 이인용 남작 집안에서 도대체 무슨 일이 있었는지부터 알아보자.

철없는 어린 신부

경성 동쪽 낙산 곁에 우뚝 솟은 대궁은 이재극 남작의 저택이었다. 재산이면 재산, 명예면 명예 어느 것 하나 아쉬울 게 없었건만 이재극에게는 남모르는 근심이 있었다.

"내게는 가까운 친척이 없는데, 아들의 건강이 부실하니 내가 죽으면 이 집안이 어떻게 될지 걱정이다."

이재극은 현명한 며느리를 얻어 가사의 뒷날을 맡기기로 결심했다. 그리고 집안, 재산, 외모 같은 것을 일체 따지지 않고 총명한 처자를 백방으로 수소문했다. 그 결과, 아들 이인용이 열두 살 되던 해에 열네 살 먹은 조중인을 며느리로 맞아들였다. 남편이 무엇인지, 아내가 무엇인지 알지도 못하는 어린 부부였지만, 두 사람은 웅대한 대궁에서 오누이처럼, 원앙처럼 사이좋게 지냈다.

1927년 봄이었다. 철모르는 열네 살 소녀는 어느덧 성숙한 여인으로 성장했다. 무엇 하나 부족한 것 없이 살아온 조중인은 꽃같이 화려한 청춘에 이르자 남편의 부실한 건강이 원망스러워졌다. 봄꽃 향기가 바람에 실려 대궁의 담을 넘어 들어오자 대궁의 젊은 여주인의 마음은 몹시 심란해졌다. 하루는 신경이 날카로워지고 까닭 없이 짜증이 난 조중인이 이재극 남작이 부인과 함께 오순도순 이야기하는 것을 보고 중얼거렸다.

"늙은이는 부부 사이 의가 좋고, 젊은 사람은 아내를 돌볼 줄 몰라."

조 부인은 저도 모르게 이런 말을 입 밖에 내었다. 이 말은 어느덧 하인의 입에서 남작 부인 귀에 건너오고 다시 이재극 남작에게까지 알려졌다. 이재극 남작은 모든 일을 알았다는 듯이 머리를 끄덕이고 말을 삼가라 할 뿐 며느리를 꾸짖지 않았다. 아들을 아는 이재극 남작은 며느리의 '히스테리'를 꾸짖을 생각보다도 며느리의 청춘기가 까닭 없이 두려워졌다. 이재극 남작은 며느리의 꽃피는 듯한 청춘을 보고는 가여워하는 생각도 들었지만, '금단의 과실'을 따먹는 불상사가 이 집에서 나지 않을까 하고 남모르는 불안을 느꼈다.

불길한 예감은 적중했다. 이재극의 귀에 며느리의 추문이 수시로 들려왔다.

"하인 이철돌과 부정한 관계를 맺었다. 또 누구누구하고도 이상하다."

이재극은 길게 한숨을 쉬고 머리를 흔들었다.

'참자. 가문을 생각하자.'

이재극은 가을바람같이 우수수 들려오는 풍설에 눈을 감았다. 그러나 며느리의 행동만은 밤낮으로 감시했다. 며느리가 수상한 거동을 보일 때마다 그는 혼자 속으로 근심을 거듭했다. 과연 조중인은 제3자가 봐도 수상하게 여길 만큼 하인 이철돌을 총애했다.

하루는 이재극이 집안일로 며느리를 꾸짖었다. 그날 밤 조중인은 금비녀를 뽑아 놓고 후원에 있는 우물에 나아가 자살한다고 난리를 쳤다. 그것을 지켜보던 이재극은 지금까지 참아 오던 분노가 폭발했다.

이 남작은 엄격한 목소리로 며느리를 불렀다. 조 부인은 두려움에 떨며 남작 앞에 앉았다.

"부모의 꾸지람에 반기를 들고 자살을 하려는 일이 자식의 도리더냐?"

이 남작의 목소리는 노여움에 떨렸다. 조 부인은 머리를 수그린 채 아무 대답을 못했다.

"내가 그동안 너의 행동이 아름답지 못한 점도 있고 소문도 들리었으나 젊은 때 일이라 참아 왔다. 네 소행이 부모의 명령에 반항하는 뜻이 있는 이상 너는 내 집을 떠날 사람이다."

이 최후의 엄명을 받은 조 부인은 흐느껴 울며 용서를 구했다. 며느리가 눈물을 보이자 이 남작의 노여움은 눈 녹듯 풀어졌다.
　"그러면 이번은 용서할 터이니 서약서를 써오너라."
　조 부인은 시아버지의 용서를 받고 자기 방으로 돌아와 서약서를 썼다.
　"이번 한 번만 용서하여 주시면 다시는 그런 일을 하지 않겠습니다. 이후에는 내쫓겨도 항거치 않겠습니다."

　그 후 조중인은 울분을 삭이며 우울한 나날을 보냈다. 그녀의 일거수일투족에는 시아버지와 친척들의 감시의 눈초리가 따라붙었다. 그는 의식적으로라도 행동을 삼가지 않을 수 없었다. 대신 애매한 하인들에게만 수시로 분풀이를 했다. 그러나 유독 이철돌만은 친절히 대했다.
　이 시기 잘생긴 청년 하나가 대궁에 나타났다. 바로 삼등 비행사이자 소문난 '오입쟁이' 민성기였다. 그는 이재극의 외손자이자 이인용의 조카였다. 민성기는 상하이 임시정부에서 활약하던 아버지 민정식의 권유로 안창남과 함께 잠깐 동안 중국 내전에 참전했다가 경성으로 돌아와 어머니가 기거하던 외가에 머물렀다.

　외숙모와 생질. 조 부인과 민성기는 이러한 친척의 계단을 놓고 수시로 접촉했다. 히스테리에 신경이 예민하여진 외숙모에게 민성기는 친절한 간호를 베풀어 남모르는 위안을 주었다. 그동안에도 이인용 남작은 아무것도 모르는 듯이 조 부인을 아내로 대하고 접촉했다. 그러나 건강이 부실한 이인용 남작은 항상 조 부인에게 불만과 번민을 안겨 주었다. 민성기의 대궁 출입은 날마다 빠지지 않았다. 조 부인과의 접촉도 날마다 있었다. 외숙모의 방에서 민성기는 달콤한 감언을 늘어놓았다.

며느리를 꾸짖은 지 두 달 뒤, 이재극은 앓고 있던 지병이 악화되어 괴로운 신음을 계속하다가 유언 한마디 없이 세상을 떠났다. 주인을 잃은 대궁은 그 순간부터 커다란 비극에 휩싸였다. 가까운 친척 하나 없는 젊은 주인은 거대한 대궁을 꾸려 갈 만큼 기질이 건실치 못했다. 대궁은 키가 부러진 배마냥 방향 없이 흔들리기 시작했다.

이재극 남작이 죽은 후 대궁의 주인은 조 부인이 아닐 수 없었다. 이인용 남작이 한 집안을 다스릴 건강을 못 가졌으니, 조 부인의 손에 이 집안의 실권은 들어가야 할 형세였다. 엄격한 시부 밑에 모든 울분을 가슴속에 감추고 적막하게 지내던 조 부인은 대궁의 여왕으로 호령을 부리기 시작했다. 조 부인은 대궁의 젊은 여왕의 자리에 올라앉게 되자 방만한 성격을 드러내며 돈 아까운 줄 모르고 낭비했다.
"수십 만금의 거재는 내 것이다. 사고 싶은 것을 왜 못 사며, 주고 싶은 것을 왜 못 주느냐."
엄한 시부모 아래에서 억압되었던 마음속의 울분은 일시에 폭발되어 이 분풀이를 돈 쓰는 것으로 대신했다.

조중인의 전횡은 날이 갈수록 심해졌다. 그러나 처시하妻侍下 이인용은 이 모든 악행을 수수방관할 뿐이었다. 소문이 퍼지자 먼 친척들이 이인용의 뒤를 봐준다며 대궁으로 떼지어 몰려왔다. 그러나 뒤를 봐준다는 것은 한낱 명분일 뿐이고, 마음속으로는 모두 이 기회에 땅마지기나 건지려는 흑심이었다. 조중인이 탕진하는 만큼 친척들이 빼먹을 재산은 줄어들 것이었다. 이인용의 주위에 몰려든 친척들은 대궁의 장래를 염려한다며 조중인의 방종한 행동에 사사건건 간섭했다. 그러나 친척들이 잔소리를 할 때마다 조중인은 "내 집의 내 돈을 쓰는데 딴 사람이 군소리할 권리가 어디 있느냐."며 노여움을 드러냈다.

친척들의 간섭이 심해지자 조중인은 그에 대한 반발로 더 많은 돈을 쓰고, 더 많은 사람과 추문을 뿌렸다. 하인 이철돌, 외조카 민성기에 이어 개인적으로 고용한 사무원 이팔용과도 추문이 일었다. 딴 사람이 무슨 말을 하면 할수록 조중인의 행동은 더욱 방약무인傍若無人해졌다.

"아무리 제 살림이라고 하여도 남편이 있는 이상, 남편과 이렇다는 말 한마디 없이 막대한 돈을 써야 옳은가? 우리는 대궁의 장래를 위하여, 이 남작의 명예를 위하여 말하는 것이다."

친척들은 이렇듯 조중인에게 반기를 들고 결속했다. 자신들의 힘만으로 조중인의 전횡을 막기 힘들다고 판단한 친척들은 '귀족회'에 연대를 제안했다. 돈에 굶주린 귀족들은 연대 제안에 쾌재를 불렀다. 이로써 조중인 일파와 친척 일파에 이어 귀족 일파까지 이재극이 남긴 '백만금 눈먼 돈'을 먹고자 덤벼들었다.

재정정리위원회의 활약(?)

　귀족회는 조중인의 전횡을 빌미 삼아 이왕직의 동의를 얻어 박영효 후작을 위원장으로 하는 재정정리위원회를 출범시켰다. 재정정리위원회는 이인용 가의 재정 일체를 인수하고, 위원장의 결재 없이는 한 푼도 지출할 수 없게 했다. 전대미문의 재정정리위원회가 출범하자 조중인의 실권은 하루아침에 안개처럼 사라졌다. 조중인의 전성시대는 막을 내리고, 기나긴 투쟁기로 접어들었다.

　박영효 후작이 이끄는 재정정리위원회가 이인용 집안의 재산 정리에 착수하자 조중인의 방탕한 행적이 속속 드러났다.

▲ **박영효 후작(1861~1939)**_ 박영효는 열세 살 때 철종의 딸과 결혼했고, 금릉위로서 갑신정변에 가담했다가 일본에 망명했다. 1927년 이인용의 친척들과 연대해 이재극 남작의 백만금 유산을 갈취할 음모를 꾸민 장본인이었다.

　조 부인이 빚내 쓴 돈과 마름에게 가져다 쓴 돈은 적지 않았다. 1927년에는 마름 이희문에게 2천 원을 소작료 전납비로 받아 소비했고, 1928년에는 죽은 시어머니 신씨의 명의로 있는 양주 토지를 4천 원에 팔아 소비했다. 그 외에도 마름 이현춘에게 소작료 전납으로 5천여 원, 고리대금업자 유경운과 박가분 등에게서 수천 원을 빚 얻어 썼다. 이 돈은 정리위원회에서 생활비를 받은 외에 조 부인이 개인적으로 소비한 것이다. 무엇에 썼는지 돈 쓴 길은 전혀 몽롱하다. 1930~31년까지 재정위원회의 엄중한 제재를 받으면서도 조 부인은 전후 3만 3천여 원을 소비했다. 돈 귀한 줄 모르는 귀족 가 젊은 여주인은 부르주아의 방종을 여지없이 발휘했다.

조중인이 탕진한 돈의 태반은 민성기의 호주머니로 흘러들었다. 민성기는 독립운동을 하는 아버지를 만나려고 상하이에 드나들었다. 상하이에서 아버지의 민족 정신을 배워 왔으면 좋았으련만, 민성기는 고작 마작을 배워 와서 조중인에게 가르쳐 주었다.

조중인은 우울한 심사를 마작으로 달랬다. 한번 맛을 본 조중인은 하루도 거르지 않고 판을 벌였다. '펑!' '치' '홀라!' 하는 동안 조중인의 돈은 십 원씩, 백 원씩 민성기의 호주머니로 빨려들어갔다.

먹여 주고 재워 주고 한 달에 월급 조로 10원씩 받던 하인 이철돌은 어디서 돈이 생겼는지는 모르나 금시계에 말쑥한 양복을 입어 겉차림은 이인용 남작보다 나아 보였다. 하루는 하인 이철돌이 죽은 이재극의 양복을 입고 다니다가 친척에게 발각되었다.

"삼년상도 지내기 전에 노老 남작이 입던 의복을 하인에게 주다니……." 친척들은 분개했다.

하루는 대궁 사랑에 전화가 왔다.

"이 남작 계십니까?"

"무슨 일입니까?"

"이인용 남작이 수형手形(어음)을 내놓고 돈 천 원을 썼으니 갚아 주어야

지요."

"재정정리위원회는 모르는 일입니다."

재정정리위원회는 이인용에게 사연을 묻는 한편 동대문경찰서에 조사를 요청했다. 사건의 원흉은 민성기였다. 어느 날 민성기가 이인용을 백화원으로 데리고 가서 술을 먹으며 돈 천 원이 필요하니 수형에 도장을 찍어 달라고 요구했다. 마음 약한 이인용은 조카의 간절한 부탁을 거절하기가 어려워 이름만 쓰고 도장은 찍지 않았다. 민성기는 이인용의 인장을 위조하여 이인용이 이름만 쓴 수형에 찍어 김기선에게 천 원을 얻어 썼다. 동대문경찰서의 조사 결과, 전모가 밝혀지자 민성기는 인장 위조와 사기 횡령 혐의로 검거되었다. 민성기가 검사국으로 송치되자 조중인은 천 원을 변상한 후 정리위원회에 고소를 취하하라고 요구했다. 조중인의 도움으로 간신히 법망을 빠져 나온 민성기는 표연히 상하이로 떠났다.

그 후 계속해서 이 남작 모르게 얻어 쓴 조 부인의 빚이 자꾸 드러나 재정위원회는 여간 머리 아픈 게 아니었다. 하루는 민성기가 봉산군에 있는 땅을 이 남작 모르게 6만 원에 판 사실이 박영효 후작의 귀에 들어왔다. 후작은 깜짝 놀라 이 일을 중지시키는 동시에 나머지 부동산 전부는 팔아 현금으로 만들어 가지고 재정위원회에서 보관하게 되었다.

재정정리위원회라고 깨끗하지만은 않았다. 사실상 재정정리위원회 자체가 이인용 남작의 재산을 갈취하기 위해 박영효 후작이 꾸민 음모였다.

총지휘 격인 박영효 후작은 이 남작의 십여 촌이나 되는 먼 일가들을 추켜세워서 모든 책동을 뒤에서 조종했다. 조중인의 낭비와 방종을 핑계 삼아 재정 정리에 착수하여 박영효 후작은 자기의 지위와 권세 있는 것을 기회로 삼아 가지고 남작의 일족과 같이 이왕직의 찬동을 얻는다, 귀족회를 연다 하야 대궁의 재정정리위원회를 조직하고 정리위원장이 된 후 이 남작 가에는 일본인과 조선인의 두 사무원을 두어서 일체 살림을 간섭케 했다.

그리고 재정을 정리한다는 명목 하에 전후 4~5년간 은행회사의 주권株券, 토지가옥 등을 똥오줌이나 같이 헐가에 팔아서 24만 원이라는 대금을 소비했다. 말로는 대토를 한다 하고 기실 행방을 알지 못하게 되었으며 자기의 처남 되는 박모에게 아무런 담보도 없이 수만 원을 대부하는 등 실로 '검은 손'의 활약은 그칠 줄을 몰랐다.

안주인이 들어먹고, 십여 촌 친척들이 들어먹고, 남의 집 재산을 관리한답시고 들어앉은 재정정리위원회가 들어먹으니, 백만금 재산인들 몇 년이나 버티겠는가. 이재극이 죽은 뒤 5년에 세 패는 갖은 술책을 부려 가며 재산을 빼먹고, 서로의 비리를 캐내고, 따지기를 반복하면서 이전투구, 아귀다툼을 벌였다.

조중인은 음모와 술책이 판치는 대궁의 혼탁한 분위기 속에서 심병心病을 얻었다. 병원에 입원해 치료를 받았지만 약으로 나을 병이 아니었다. 몸에 좋다면 값을 따지지 않고 약을 지어 먹었지만 병세는 날로 악화되었다. 병원 치료에 염증이 난 조중인은 요양 치료를 결심하고 1931년 여름,

민성기, 여자 하인, 유모, 간호부 등 종자從者를 대동하고 물 좋고 공기 좋은 석왕사로 떠났다. 조중인 일행은 석왕사 스님들의 환대 속에서 석왕사 앞채 전부를 얻어 사용했다.

석왕사 요양 중에도 조중인은 돈을 절조 있게 쓰지 않았다. 조중인은 석왕사 요양비로 박영효 후작에게 2백 원을 받았으나, 이를 적다고 일축한 후 빚을 얻어 7백 원을 만들었다. 조중인은 봉급쟁이 1년 치 연봉보다 많은 이 거액을 열흘이 되기도 전에 다 쓰고 또다시 돈을 청구했다. 박영효 후작은 조중인의 청구에 응하지 않았다. 그러나 여기서 물러설 조중인이 아니었다. 그는 경성으로 올라와 또다시 빚을 얻어 석왕사로 내려갔다. 조중인 일행은 석왕사에서 정양하는 70여 일 동안 4천 5백 원을 탕진했다. 석왕사에서 민성기는 조중인과 수시로 드라이브를 다니고, 간호를 구실로 한방에서 묵었다.

내 집에서 나가라

조중인이 가산을 탕진하고 민성기, 이팔용, 이철돌 등과 추문을 일으키는 동안 도대체 남편 이인용은 무엇을 하고 있었을까? 이인용은 재산을 노리는 십여 촌 친척들의 꼬임에 빠져 주색으로 세월을 보내고 있었다.

이 남작의 재산을 노리는 일가들은 이 남작을 끌고 유람을 시킨다는 명목 하에 조선 각지와 만주의 각 도시로 데리고 다니며 돈을 쓰게 했다. 이목을 넓히니 멋모르고 자랐던 대궁 안 젊은 서방님이 비로소 세상맛을 알게 되어 술도 배우고, 계집도 사고, 첩도 얻고, 기생도 데리고 놀 줄 알았다. 제법 있는 돈이요, 이 남작도 돈 쓰는 맛도 조금은 깨닫고, 옆에서 꼬드기는 바람에 노는 맛이 싫지는 않았다.

요양에서 돌아온 조중인은 여주인의 권리를 주장하며 친척들, 재정정리위원회와 또다시 충돌을 일으켰다. 참다못한 친척들은 조중인을 대궁에서 내쫓을 음모를 꾸몄다. 1932년 2월, 이인용에게 투서 한 장이 날아들었다.

"조 부인은 아름답지 못한 일을 할 뿐 아니라 재산을 낭비하니, 남작은 세심히 주의하여 집안 처리를 옳게 하시오."

투서를 받은 이인용은 친척에게 조사를 명했다. 편지는 끝끝내 누가 썼는지 밝혀지지 않았지만, 조사 결과 그 내용은 사실로 드러났다. 조사 보고를 받은 이인용은 격노했다.

이 남작은 온몸이 부르르 떨리고 이가 갈렸다. 이 남작은 대궁의 명예와 자기의 지위를 돌보지 않고 최후의 언명을 조 부인 앞에 내놓으려고 생각하고 또 생각했다.

"집안의 평화를 어지럽히는 아내에게 내 어찌 남편의 권리를 행사치 못하랴. 주저할 때가 아니다."

이 남작의 심중에는 일대 결전을 하려는 전사와 같이 단호한 결심이 일어났다. 이 남작은 그 부인에게 대궁을 나가라는 명령을 내렸다. 조

부인은 죄 없는 사람을 내쫓는 것은 부당하다고 항거했다. 이 남작의 선전포고에 기세를 얻은 친척들은 연합 세력으로 조 부인을 공격했다.

"네 죄를 네가 몰라. 대궁의 가운이 너 때문에 일그러진 것을 너는 모르느냐?"

이 남작의 얼굴에는 살기가 등등하였다.

"……."

어린 딸과 아들을 부둥켜안은 조 부인은 두 눈에 굵다란 이슬방울이 어리었다. 두 어깨는 울음소리와 함께 춤추었다.

이 다음부터는 조중인과 이인용의 주장이 엇갈린다. 조종인은 악배들이 구타하고, 협박하고, 공갈해 내쫓았다고 주장하고, 이인용은 조중인이 잘못을 시인하고 자가용을 타고 조용히 떠났다 한다. 진실을 가리는 것은 법원의 몫으로 돌아갔다. 이제 잠시 미뤄 뒀던 법정 공방으로 돌아가자.

이전투구 법정 공방

"남편과 시가 사람들이 폭행하

◀ 조중인의 밀서(『동아일보』, 1932년 8월 13일)_ 동거 청구 소송에 승소한 조중인은 이인용의 집으로 들어가지만 니와 쇼키치라는 일본인에게 감금당한다.

고, 협박하고, 공갈했다."

"아니다. 아내가 간통했다."

귀족 부부가 맞고소를 하자, 법원은 검사국에 의뢰해 사건의 진실을 파악했다. 미증유의 큰 의혹 사건이었기에 경성지방법원 검사국은 검사가 부족해 개성으로부터 인원을 지원받을 정도였다. 가택수색에서는 털 셔츠 44벌이 발견되어 조중인의 사치벽의 유력한 증거로 압수되었다.

6월 22일, 증인 심문이 열리는 법정에는 귀족 부인 2백여 명이 몰려들어 일대 소동이 벌어졌다. 이 또한 조중인이 사교계의 여왕이었음을 입증하는 유력한 증거였다. 법정에는 이인용 남작 집 여자 하인 조씨, 유모 손씨, 사무원 이희원 등 3명이 증인으로 나왔다.

조씨 : 마님이 이팔용, 민성기, 이철돌 등과 간통하는 것을 보지는 못했으나 그런 소문이 있었던 것은 사실입니다. 이팔용은 원래 남작 집 내실에 들어오지 못하던 사람인데, 한번 내실에 출입하기 시작하면서 마님과 가끔 술도 같이 먹었습니다. 석왕사에 가서는 민성기와 마님이 한방에서 자는 것을 보았습니다.

재판장 : 이 남작은 그 사실을 모르느냐?

조씨 : 그 어른은 원체 얌전한 어른이니까 알지 못합니다.

재판장 : 조중인의 두 아이는 누구의 자식이냐?

조씨 : 남작님 자식입니다.

손씨 : 마님은 간통한 사실이 없습니다. 민성기나 이철돌이와 한방에서 지낸 일은 있지만 간병을 위해서 그런 것이지 다른 일은 없었습니

다. 더구나 민성기는 남작님 누이의 아들인데 어찌 그런 흉측한 일이 있겠습니까.

   이희원 : 마님이 이팔용, 민성기, 이철돌과 부적절한 관계를 맺은 것은 확실합니다. 마님은 이팔용과 가끔 비밀 전화를 했고 함께 외출하는 일도 자주 있었습니다. 석왕사에 가서는 민성기, 이철돌과 한방에서 지냈는데 눈치가 매우 수상했습니다. 이철돌에게는 월급 외에 옷과 쌀도 함부로 주었습니다.

조중인에게 불리한 증거와 증언이 줄을 이어 등장했지만, 법원은 조중인의 간통 사실을 인정하지 않았다. 결국 이인용이 제기한 이혼 청구 소송은 기각되고, 조중인이 제기한 동거 청구 소송이 받아들여졌다. 이로써 이인용 남작 집안 부부 싸움은 한낱 웃음거리로 끝나는 듯했다. 그러나 이는 단지 시작에 불과했다.

   백만장자요, 귀족인 이인용 남작과 그의 부인 조중인 사이에 일어났던 동거 청구 소송은 이미 보도한 바와 같이 원고 조중인이 승소하여 지난 7월 중 이 남작의 집으로 들어갔는데, 사건은 이로써 낙착이 된 것이 아니라 더한층 분규를 일으키고 있다. 조중인이 동거 청구와 남편이 제기한 이혼 소송에서 모두 승소하여 남편의 집에 들어는 갔으나 남편 되는 이 남작은 어디로인지 종적을 감추어 버리고 그 집은 니와 쇼키치(丹羽正吉)라는 일본 사람이 빌려 사용하고 있었다. 니와는 안방에 조중인이 있음에도 불구하고 대문을 폐쇄하여 조중인과 외부의 연락을 끊어서 불법 감금했다. 또한 조중인의 어머니 곽기현이 딸의 위급을 구하고자 그 집으로 들어가다가 역시 그 집에 세 들어 있는 코바야시(小林)라는 사람에게 구타를 당했다는 고소장이 10일 경성지방법원 검사국에 제출되었다.

조중인은 불법 감금 혐의로 니와와 코바야시를 고소하는 한편, 남편 이인용의 준금치산자 선고 신청을 제기했다. 격분한 이인용 측은 이혼 청구 소송을 경성복심법원에 항소했다. 법정 공방이 길어지면서 양측은 체면과 지위를 돌보지 않고 폭로전을 전개했다. 공판이 열릴 때마다 그 '재미난 광경'을 목격하고자 수백 명의 방청객이 몰려들었다. 9월 26일 공판에서는 이인용 남작을 놓고 조중인 측과 재정정리위원회 측이 쟁탈전을 벌여 법정이 아수라장이 된 일도 있었다.

아수라장이 된 경로를 이야기하면, 개정 벽두 이 남작이 나타났고 그다음 조 부인이 나타났던 바, 조중인 부인은 지금까지 오래도록 남편되는 이 남작을 그리워하다가 법정에서 만나게 되어 부인은 정신없이 울면서 그 남편을 끌어안았다. 이 찰나에 남작 측 불량배는 이 남작에게 부인을 가까이 못하게 했다. 이때 조중인 측 사람들이 무리한 처사라고 책한 바 남작 측에서 반항해 일대 아수라장이 된 것이라 한다. 경관들이 여러 무리를 퇴정시키자 법정 밖에서는 다시 일대 격투가 시작되었다. 남작 부부는 몸을 피하여 신문기자실로 피신했다. 공판은 오는 10월 13일로 연기하여 증인 심문을 하기로 하고 폐정했는데, 수백 명은 아직도 재판소를 포위하고 부부가 나타나기를 기다리고 있다고 한다.

법정 소란이 있은 뒤, 이인용은 박영효 후작 앞에 불려가 일장 훈시를 들어야 했다.

"이놈아, 그래도 행실 잃은 계집하고 살겠어. 에라 못난 자식! 그래도 가문의 체면을 좀 생각해야지."

그것은 옛날 정객으로 세상에 이름 높고 오늘 이 남작 가정 전家庭戰의 총지휘자이신 박영효 후작의 훈시였는데, 그래도 미련이 있는지 이에 대한 이 남작의 대답이 명구이다.

"인제 재산도 다 없어지고 했으니까 굶으나 먹으나 그 여자하고 같이 살겠어요."

그러나 거룩하신 그 양반은 남작의 결심이 깨어지기를 기다리느라고 그러는지 자기 집 깊숙하고 그윽한 뒷 산정에다가 감금 비슷하게 해두고 내놓지 않는다 한다.

기나긴 법정 공방은 1934년 1월 말 이인용이 승소함으로써 종결되었다. 형식적으로 이인용이 이긴 재판이었지만, 사실상 승자 없는 이전투구였을 따름이다.

***

친일파 후손의 '땅 찾기 소송'이 줄을 잇고 있다. 친일파 재산은 보호할 가치가 없다거니, 친일파 재산을 환수하는 특별법을 제정해야 한다거니 말들이 많다. 그러나 '보호'고 '환수'고 재산이 남아 있을 때 이야기다.

친일파의 후손을 포함한 많은 사람이 친일파가 엄청난 재산을 가지고 광복을 맞았을 것으로 믿고 있지만, 불행인지 다행인지 친일파의 재산은 대부분 일제 때 탕진되었다. 조상이 이미 탕진해 버린 땅을 국가가 되돌려 줄 이유가 없음은 법적으로만 따져도 두말할 필요가 없다. 특별법을 제정하기 이전에 과연 친일파에게 남은 재산이 있는지부터 확인해야 할 것이다.

▲ 이재극의 땅이었던 곳으로 추정되는 경기도 문산읍 당동리 일대. 이재극의 땅은 며느리 조중인과 박영효가 모두 팔아 치웠다.

이재극 남작의 후손이 '이재극이 일제 때 취득한 땅'을 돌려 달라고 국가를 상대로 소송을 제기했다. 이재극이 취득한 땅은 조중인과 박영효가 다 팔아 버렸다는데, 무슨 땅이 남았다고 그러는지 모를 일이다. '땅 찾기 소송'에 분개하기 이전에 친일파가 잃어버린 땅인지 허랑방탕한 생활로 탕진한 땅인지 차분히 따져보아야 할 것이다.

이화여전 안기영 교수의 '애정도피 행각'

'사랑의 이름으로' 가정을 버린 위대한 예술가의 비루한 사생활

1919년 봄
    안기영 3·1운동에 적극 가담. 북만주를 거쳐 상하이로 망명.

1924년 봄
    귀국. 첫사랑 이성규와 결혼.

1925년 겨울
    미국 유학.

1928년 여름
    귀국. 이화여전 음악과 교수로 부임.

1932년 봄
    가출. 하얼빈, 신징, 베이징, 상하이, 도쿄 전전.

1936년 봄
    귀국. '치안상의 문제'로 귀국독창회 취소.

가출

  1932년 4월 11일 저녁, 이화여전 후원회장 윤치호는 교수단을 자택으로 초대했다. 새 학기를 맞아 교수들의 노고를 위로하고 학교의 발전 방향을 논의하기 위해 마련된 자리였다. 그날 아침, 음악과의 안기영 교수는 조강지처 이성규에게 학교 행사 때문에 늦겠다는 말을 남기고 여느 때처럼 집을 나섰다.

  행사는 그다지 늦지 않게 끝났다. 그러나 그날 밤 안기영은 귀가하지 않았다. 다음날에도, 그 다음날에도 소식이 없었다. 하얼빈에서 편지가 온 것은 며칠이 지난 후였다.

  "나는 러시아로 갈 것이오. 피아노와 집을 팔고 살림도 줄이시오. 러시아로 간 다음엔 주소도 알리지 않겠으니 기다리지 마시오."

  서른세 살 젊은 교수 안기영은 작곡가이자 조선 제일의 테너 가수로 이름 높았다. 이화여대 교가를 작곡한 사람이 바로 안기영이다. 예술에 대한 열정 때문이었을까? 안기영은 부와 명예가 보장된 직장과 임신한 아내, 사랑하는 두 딸이 기다리는 가정을 헌신짝처럼 버리고 돌연 가출해 해외로 떠났다.

그로부터 몇 년간 안기영은 고국으로 돌아오지 않았다. 베이징에 산다더라, 상하이에서 고생한다더라, 도쿄에 건너갔다더라 하는 풍문만이 간혹 들릴 뿐이었다.

안기영은 4년이 지난 1936년 3월 12일에야 경성역에 나타났다. 그의 얼굴에는 고생한 흔적이 역력했다. 서울에 돌아온 안기영은 무슨 연유인지 아내와 세 아이가 기다리는 아현정 자택 대신 관동정 부친의 집에서 묵었다. 그는 아무도 만나지 않고 칩거하면서 귀국 음악회를 준비했다. 병석에 누워 신음하는 팔순의 장모가 사위 얼굴 한 번 보면 눈을 감고 죽을 수 있겠다며 사람을 놓아 여러 번 청했지만, 안기영은 들은 척도 하지 않았다. 해외에 있는 동안 태어난 네 살배기 아들조차 보러 가지 않았다.

'안기영 귀국 독창회'는 1936년 4월 11일 밤, 장곡천정 경성공회당에서 열릴 예정이었다. 그날은 그가 집을 나간 지 4주년이 되는 '기념일'이기도 했다. 그러나 공연을 이틀 앞둔 4월 9일, 관할 본정경찰서는 '치안상의 문제'를 들어 돌연 공연 허가를 취소했다. 귀국 독창회의 주제는 '사랑의 찬가'였

▲ 이화여전 재직 시절의 안기영

다. 서슬이 시퍼렇던 일본 경찰이지만, 정치적 목적의 집회도 아니고 순수한 음악회를 강제로 금지한 경우는 흔치 않았다. 그러나 '사랑의 찬가'도 때로는 심각한 '치안상의 문제'를 야기했다. 그 사연은 대략 다음과 같다.

부르지 못한 '사랑의 찬가'

귀국 음악회 일주일 전, 관동정 안기영의 처소에 평소 친분이 있던 김 목사가 찾아왔다. 김 목사는 안기영의 경솔함을 꾸짖었다.
"자신의 과거 행동을 뉘우치는 바가 있다면 좀 더 근신할 것이지, 세상의 눈도 있거늘 고향에 돌아오자마자 음악회는 무엇이냐?"
안기영이라고 호락호락 물러서지 않았다.
"내가 무슨 큰 죄를 지었느냐? 음악회를 못할 이유가 무엇이냐?"
김 목사는 더 말해 봐야 소용이 없다고 여기고 분을 삭이며 돌아갔다. 음악회 소식에 더 분개한 것은 안기영의 처가 식구들이었다. 처가 젊은이들이 음악회에 떼 지어 몰려가 풍파를 일으킬 것이라는 소문이 나돌았다. 김 목사는 본정경찰서를 찾아가 안기영의 음악회를 허가하지 않는 것이 좋겠다는 기독교계와 교육계의 뜻을 전했다.

"안기영은 한때 이화여전 교수로 있으면서 교회에서도 신임을 받았소. 그러나 어느 날 자기 제자 김현순을 데리고 해외로 달아나 이화여전은 물론 교육계와 교회에도 막대한 악영향을 끼쳤소. 이제 돌아와서 자기의 과거를 청산하려는 성의 있는 빛도 없이 장한 일이나 한 듯이 음악회를 여는 것은 교육계나 일반 사회에 영향이 좋지 못할 것이오."

안기영은 예술에 대한 열정 때문에 고국을 박차고 떠난 것이 아니었다. 그가 하얼빈으로 떠난 지 며칠 뒤, 이웃에 살던 제자 김현순이 슬그머니 집을 나가 신징(新京)에서 그와 합류했다. 해외 유랑 4년 내내 안기영의 곁에는 늘 김현순이 있었다. 도쿄에서는 사랑의 결실인 딸까지 얻었다. 해외 유랑은 '사랑의 망명'이었던 셈이다.

여학교 교수가 가족을 버리고 제자와 함께 사랑의 도피 행각을 벌인다는 것은 사회 통념상 용납될 수 없는 일이었다. 안기영도 자신의 허물을 모르지 않았다. 음악회는 그가 '속죄'의 방법으로 선택한 것이었다.

"고토에 돌아올 면목이 없었습니다. 우리는 4년이란 세월 동안 고생을 하면서도 꾸준히 성악을 연구했습니다. 조선 음악계에 기여하여 만분지 일이나마 속죄하려고 고토로 돌아왔습니다. 사랑을 위하여 눈물과 정과 피로 떠나간 우리는 다시 눈물과 정과 끓는 피로써 조선 음악계에 기여하렵니다. 다만 이 한 가지 마음과 염원을 가지고 허물 많은 우리들의 앞길을 개척하렵니다. 오직 여러분의 뼈저린 채찍질과 지도를 기다릴 뿐입니다."

음악가가 음악으로 사생활의 허물을 용서받겠다는 것은 일면 타당했다. 그러나 가족들이 생각하는 속죄의 방법은 달랐다. 안기영이 김현순과 애정의 도피 행각을 벌이던 4년 동안, 그의 아내와 세 자녀는 돌아오지 않는 남편, 돌아오지 않는 아버지를 애타게 기다렸다.

"그릇된 일을 하여도 나의 남편은 남편이요, 그 애들의 아버지는 아버지이니 그에게 무엇을 원망하며 무엇을 욕합니까. 다만 그가 과거의 잘못을 뉘우치고 다시 돌아오기만 기다립니다."

가족들은 그저 회개하고 가정으로 돌아오기를 바라는데, 안기영은 대중 앞에서 '사랑의 찬가'를 불러 자신의 허물을 속죄하겠다는 것이었다. 사랑의 찬가? 누구를 위한 사랑의 찬가란 말인가? 가족에게 그것은 속죄가 아니라 또 한번 가슴에 못을 박는 파렴치한 행동이었다.

김 목사의 청원을 접수한 경찰은 안기영의 아내 이성규를 불러 전후 사정을 들었다.

"그가 돌아왔대도 아직 만나 이야기도 못해 보았는데, 음악회를 연다는 것은 너무 이르지 않나 생각합니다. 집안 사람들이 음악회에서 풍파를 일으키겠다기에 말렸습니다. YMCA 사람들도 음악회에서 야유를 보내겠다기에 그럴 것 없다고 말렸습니다. 음악회야 이후에도 할 수 있는 것이라, 공연히 지금 열어 망신당하는 것보다야 그만두는 것이 나을 듯하나, 지금 나로서야 뭐라 말할 수 있겠습니까. 딸 애들도 아버지가 음악회를 하다가 망신이나 당하면 어떡하나 애태우고 있어요."

경찰은 보안상의 문제도 문제려니와 인류을 생각하면 도저히 음악회를 허가할 수 없었다. 안기영과 김현순의 '사랑의 망명' 4주년을 기념해 기획된 '안기영 귀국 독창회'는 가족과 YMCA의 반대에 부딪혀 끝내 취소되고 말았다.

'안기영 귀국 독창회'는 우여곡절 끝에 넉 달 후 평양에서 열렸다.

사랑의 탈출

1928년 안기영은 미국 오리건주 엘리슨 화이트 음악학교에서 3년간 음악을 공부하고 귀국했다. 그의 유학 기간 동안 아내 이성규는 보통학교 교사 생활을 하며 혼자 힘으로 근근이 두 딸을 키웠다. 귀국한 안기영은 아현리에 집을 장만하고, 이화여전 음악과에서 교편을 잡았다. 남은 생애는 음악과 가족을 위해 헌신할 작정이었다.

안기영의 부인은 남편이 없는 동안 어린 두 딸을 데리고 퍽 고생을 했다. 그가 미국에서 부인의 편지를 받고는 일주일씩 아무것도 하지 못하고 슬퍼하며 그리워했다. 귀국한 후, 그는 부인의 발 아래 무릎을 꿇고 맹세했다.

"나는 영원히 당신의 은혜를 잊지 않고 사랑하겠습니다."

어린 딸도 아버지의 사랑을 무던히 받아 안기영의 가정은 몹시 행복하고 평온한 것 같았다.

안기영의 음악은 한없이 곱고 부드럽고 애달팠다. 은실처럼 뽑아 내는 그의 노래는 듣는 이의 마음을 달콤한 사랑과 하염없는 꿈속으로 빠져들게 했다. 안기영이 무대에 오를 때면 조선 최고의 테너라는 찬사가 끊이지 않았다.

안기영의 헌신적인 지도로 이화여전 음악과는 활기를 띠었다. 무대 위의 안기영은 언제나 부드럽고 온화한 표정을 짓는 낭만적인 성악가였지만, 일단 교단에 서면 진지하고 열정이 가득한 교사로 돌아갔다. 재미있게 수업을 진행하다가도 학생들의 음악이 마음에 들지 않으면 얼굴이 빨갛게 되도록 화를 내기도 했다. 그러다가도 "어서 다시 해보세요." 하며 피아노 건반을 누르는 그의 어투는 몹시 상냥하고 정다웠다. 그의 수업을 듣는 학생치고 그를 흠모하지 않는 학생이 없었다.

▲ 안기영은 1928년부터 1932년까지 이화여전 음악과에서 교수로 재직했다. 사진은 현재 이화여대 음악대학 전경.

김현순과의 '운명적 만남'은 음악과 가족을 위해 헌신하고자 한 안기영의 결심을 뒤흔들어놓았다. 김현순은 아현리에 사는 이화여전 영문과 학생으로, 안기영이 조직한 음악 연구단체 성우회聲友會에서도 단연 돋보이는 소프라노였다. 원래 알토였으나 안기영의 지도를 받은 후 소프라노로 전향했다. 안기영은 탁월한 음색을 지닌 데다 성실한 김현순을 남달리 아꼈다. 안기영에게 성악을 배운 뒤, 김현순은 영문과에서 음악과로 전과했다.

김현순은 제1회 성우회 음악회에 출연해 실수 없이 맡은 역할을 소화했다. 그 후 안기영은 기회가 닿는 대로 김현순을 독창자로 내세웠다. 김현순의 음색은 나날이 곱고 맑고 세련되어 갔다.

김현순은 본래 영리하고 명랑한 성격을 가졌다. 또한 만만치 않은 의지력과 극성스런 야심도 갖추었다. 흠잡을 데 없는 얼굴에 감실감실한 눈과 납작하게 건너간 입이 묘한 매력을 풍겼다.

안기영과 김현순은 자기들의 성공에 재미가 나서 더욱 음악에 매진했다. 김현순은 안기영으로 말미암아 출세를 하게 되었고, 안기영은 김현순 같은 제자를 둔 것을 자랑하게 되었다.

안기영과 김현순은 집이 아현리 같은 동네에 있어 아침마다 함께 등교했다. 어깨를 나란히 하고 정답게 이야기하며 걷는 모습은 마치 정다운 연인을 연상케 했다. 두 사람은 고색창연한 음악실에서 밤늦게까지 연습하다가 함께 귀가했다. 가끔씩 산보도 다니고, 음악회도 다녔다. 잠잘 때

빼놓고는 늘 함께 지내다 보니 두 사람은 안기영 하면 김현순을 생각하고, 김현순 하면 안기영을 생각할 만큼 친해졌다.

"안 선생님하고 현순이하고 여간 좋아하지 않지? 그 부인이 속상해서 죽는다더라."

"참 별꼴 다 보겠다. 사무실에서 현순이가 안 선생님을 보고 몸을 비비 꼬면서 무어라고 웃으며 이야기하더군. 만날 빈 사무실에서 무슨 이야기가 그리 많아."

"현순이가 밤낮 운대. 아마 속상한 일이 있는 게지."

학교에는 흉흉한 소문이 파다했지만, 안기영은 크게 신경 쓰지 않았다. 애초 두 사람의 관계는 순수한 사제 간의 만남, 조선 음악계를 이끌고 갈 젊은 예술가 사이의 교제였다. 그러나 1932년 김현순이 이화여전을 졸업할 무렵 두 사람의 관계는 세상이 용납하기 어려운 관계로 발전했다.

안기영은 어려울 때 늘 함께 있어 준 사랑하는 아내와 두 딸, 그리고 아내의 뱃속에 든 아이를 생각하며 마음을 다잡아 보았지만, '운명적 사랑'을 거부할 수는 없었다. 귀가 시간이 늦어졌고, 외박이 잦아졌다. 김현순과 함께 정사情死할 생각도 해보았으나 죽기에는 세상에 대한 미련이 너무 많았다.

사제 사이로 넘지 못할 장벽을 넘고 뚫지 못할 길을 뚫은 그네들은 한동안 큐피드의 화살을 기쁨으로 맞이했으나 마침내 최후의 날이 오게 되매 김현순은 금강산이나 사람 모르는 곳으로 가서 죽어 버리자고 애원했다.

"난 살기 싫어요. 꼭 죽어요." 하고 김현순이 야단을 치면, "죽긴 왜

▲ 테너 안기영은 부드럽고 애달픈 미성으로 사랑 노래를 잘 불러 뭇 여성의 가슴을 설레게 했다(「조선일보」, 1931년 2월 17일).

죽어요, 그래도 살아야지요. 조선서 못 살면 중국으로 가고 게서도 못 살면 남양南洋이라도 가서 살아야지요." 하고 안기영이 위로했다.

하루는 상하이로 탈출하려고 부산행 차표를 사서 경부선 열차에 탔다가 대구에서 되돌아왔다. 아내와 자식들을 생각하니 차마 발이 떨어지지 않았다. 한 달 뒤에는 신징으로 가려고 북행 열차를 탔다가 사리원에서 되돌아왔다. 어디 갔다 오느냐고 아내가 힐책하자 안기영은 몸을 피할 수밖에 없는 딱한 사정이 있다고만 얼버무렸다. 도피에 두 번이나 실패했지만 김현순을 잊고 가정으로 돌아올 수 있을 것 같지 않았다. 안기영은 아내에게 기회 있을 때마다 말했다.

"내가 사라지거든 가사 일체를 정리해 가지고 친정 근처에 가서 살아요."

이화여전을 졸업한 김현순은 이탈리아 밀라노로 유학을 준비했다. 김현순의 부친은 경성에서도 내로라하는 갑부였다. 김현순이 유학을 떠나면 안기영은 더 이상 경성에서 살 수 있을 것 같지 않았다. 수도원 같은 곳에서 교편을 잡는 것보다는 좀 더 자유롭게 예술혼을 떨칠 수 있는 곳으로 떠나고 싶었다. 그는 하얼빈에 있는 친구 변홍규 목사를 생각했다. 그의 도움을 받으면 러시아로 갈 수도 있을 것 같았다.

1932년 4월 11일, 안기영은 150원과 트렁크 하나를 챙겨 북행 열차에 올라탔다. 신학기가 시작된 지 열흘 만에 '사랑의 탈출'을 단행한 것이다. 아내는 물론 김현순에게도 행선지를 알리지 않았다. 그러나 하얼빈에 도착하니 홀가분해지기는커녕 온갖 상념이 떠올랐다.

"하얼빈 변홍규의 집에서 나는 괴로워 밤잠을 못 잤습니다. 외로운 기러기같이 짝 잃은 현순이는 어떻게 지내나. 나를 믿고 따르던 내 제자들은 어찌할까. 마음속의 가시바늘은 때때로 내 심장을 요리조리 찔러 견딜 수가 없었습니다. 참다못해 그곳에 있다는 것을 현순이에게 편지해 알렸습니다. 얼마 후 현순이에게서 전보가 왔습니다. 하얼빈으로 온다는 것이었습니다.

나는 더욱 고민하게 되었습니다. 남이 애지중지 기른 딸! 장래가 촉망되는 조선의 소프라노가 나 때문에 혹시 장래를 그르치면 어쩌나 하는 생각에 나는 눈물로 참회했습니다. 허나 끓어오르는 사랑의 정열은 참을 길이 없어 신징으로 마중 가려고 변홍규에게 말했습니다. 그러자 변홍규는 "가정불화는 이해하지만 연애 방랑이야 어디 말이 되오?" 하며 못 가게 만류했습니다. 그러나 나의 가슴속엔 사랑 그것이 벅차올라 현순이를 맞으러 가지 않을 수 없었습니다.

"자네는 목사요, 나는 예술가일세."

한마디 말을 던지고 나는 표연히 현순이를 맞으러 갔습니다. 북만北滿의 봄빛이 아직 오지도 않은 찬바람 치는 이역에서 그를 만날 때 우리는 서로 붙들고 포옹하고 눈물 속에서 정신을 못 차렸습니다."

변홍규의 만류를 뿌리치고 신징으로 달려가서 김현순과 재회한 안기영은 러시아 유학을 포기하고 베이징으로 갔다. 베이징에서 병원을 개업한 김현순의 오빠를 찾아가 여비라도 넉넉히 얻어 가려는 생각이었다.

　　안기영이 김현순의 오빠를 찾아갈 때만 해도 같은 젊은이로서 그가 자신의 처지를 동정할 줄 알았다. 그러나 김현순의 오빠는 "나는 안 선생을 믿었는데……." 하며 안기영을 싸늘하게 대했다. 김현순에게는 "너는 정말로 그이를 사랑하느냐?" "헤어질 수는 없느냐?" 며 갈라설 것을 강권했다. 밀라노로 갈 여비라도 얻으려던 안기영과 김현순은 가슴에 상처만 얻은 채 상하이로 발길을 돌렸다.

고난의 도피 생활

　　상하이에서의 도피 생활은 고난의 연속이었다. 두 사람은 상하이에서 가장 허름한 단칸방을 얻어 '신혼살림' 을 차렸다. 살림이라곤 식기와 화덕이 전부였다. 안기영은 중국 여배우를 상대로 음악 개인 교습을 하는 일자리를 얻었지만 수입이 신통치 않았다. 성격 급한 여배우들이 겨우 몇 달 교습 받고 노래 솜씨가 나아지지 않는다고 그만두어 얼마 안 되던 수입 줄마저 끊겼다. 돈이 궁해 찬도 없는 밥을 지어 먹고, 딱딱하고 거친 침대에서 새우잠을 청했다.

　　백만장자의 딸로 태어나 고생 한번 하지 않고 자란 김현순의 충격은 엄청났다. 평생 사랑하고만 살 줄 알았던 두 사람은 서로 싸우고 다투는 일이 잦아졌다.

"우리는 처음 떠날 때 약간의 돈이 있었으나 베이징에서 상하이로 오자 돈이 떨어졌지요. 그래서 상하이의 1년 반은 그야말로 퍽이나 고생을 하였지요. 상하이 있을 때가 가장 고생이었지요. 그렇게 고생을 하던 때 어떤 '댄스홀'에서 마침 흑인 가수가 월급을 더 많이 주는 다른 데로 옮겨 가고 자리가 비었는데 나에게 월급 450원을 줄 테니 오라고 했어요. 나는 딱 잘라 거절해 버렸지요. 아무리 생활이 궁하기로서니 나의 예술가적 양심을 그렇게 쉽사리 팔아 버릴 수야 있느냐 하는 생각이었지요."

생계가 막막해지자 김현순은 베이징의 오빠 집으로 돌아갔다. 김현순은 돈이 생기는 대로 안기영에게 보냈다. 오빠한테 구두 산다고 10원을 타다가 6원짜리를 사고 4원을 남기는 식으로 마련한 돈이었다. 안기영은 라디오 방송국에서 노래도 불렀으나 생계에는 별반 보탬이 되지 않았다. 김현순은 오빠 집에서 돈을 마련해 허름한 사랑의 보금자리가 있는 상하이로 돌아왔다.

안기영은 서양 사람의 소개로 교회 찬양대에 들어가 합창 지도를 했다. 미국 계통의 교회라 영어나 음악이나 모두 잘 통해 일에도 재미를 붙이고 그럭저럭 생계도 유지되었다. 그러나 안락한 생활은 그다지 오래가지 않았다. 경성에 있는 어떤 목사가 상하이 교회 미국인 목사에게 안기영과 김현순의 과오를 써서 보낸 탓이었다.

'투서'를 받은 미국인 목사는 안기영 일행의 처지를 이해하고 동정하여 해결 방법을 모색했다. 그는 조선에 있는 목사에게 안기영이 본부인과 이혼하고 김현순과 정식으로 결혼할 수 있도록 주선해 달라고 부탁했다. 그러나 조선에 있는 목사의 거부로 안기영의 이혼 문제는 원만히 해결되지 않았다.

안기영과 김현순은 더 이상 교회에 다닐 면목이 없어 찬양대 일을 그만두었다. 다시 우중충한 방 안에 들어앉아 구슬픈 노래를 부르거나 산보를 다니면서 소일했다. 때로는 너무 할 일이 없어 서로 마주 앉아 화투를 치기도 했다.

"나는 그때 조선의 이혼제도, 결혼제도에 커다란 불만을 갖게 되었습니다. 자기가 사랑하는 이와 정식으로 결혼할 수 없는 비애! 싫은 아내와 이혼할 수 없는 고민! 이 때문에 젊은 조선 청년 남녀의 고민이 그 얼마나 컸을까요?"

안기영과 김현순은 조선의 결혼과 이혼제도의 불합리성을 뼈저리게 느끼며, 1년 반 동안의 상하이 생활을 청산하고 도쿄로 갔다. 도쿄의 분위기는 상하이와는 사뭇 달랐다. 안기영이 도쿄에 왔다는 소식을 듣고 '재동경 조선 음악가협회'에서 환영회까지 열어 주었다. 조선인 음악가의 도움으로 집과 개인교수 자리를 어렵지 않게 구했다. 생활에 여유가 생기자 외국어 공부도 하고, 음악회도 다니고, 오케스트라 지휘법도 공부했다.

도쿄에서 새살림을 시작한 지 얼마 되지 않아 김현순이 건강한 딸을 낳았다. 안기영은 남쪽 지방 상하이에서 생긴 아이라 하여 '남식'이라는 이름을 지어 주었다. 김현순의 부친은 딸이 아이까지 낳자 안기영과의 관계를 인정하지 않을 수 없었다.

"그놈들 소행은 고약하지만 어린애를 굶겨 죽일 수야 있나."

김현순의 부친은 달마다 약간씩 생활비도 보내 주고 피아노도 사주었다. 피아노 개인교수까지 할 수 있게 되자 살림살이는 몰라보게 나아졌다. 형편이 풀리자 고국에 대한 향수가 물밀듯 밀려왔다. 매일같이 어떻

▲ 안기영·김현순과 딸 안남식_ 안기영이 상하이에서 얻은 딸 안남식은 현재 북한에서 공훈배우 칭호를 받는 원로 피아니스트로 활약하고 있다.

게 하면 다시 조선으로 돌아갈 수 있을지, 어떻게 하면 자신들의 허물을 속죄하고 조선 악단에 한줌이라도 보탬이 될지 고민했다.

심각한 향수병에 시달리던 안기영과 김현순은 결국 조선으로 돌아가기로 결심했다. 하얼빈으로 '사랑의 망명'을 떠난 지 4년 만의 일이었다.

비운의 여인

안기영과 김현순이 고난의 도피 생활을 하는 동안 하염없이 눈물짓는

비운의 여인이 있었다. 안기영의 본처 이성규였다. 안기영과 이성규도 뜨거운 사랑 끝에 맺어진 부부였다.

이성규는 1899년생으로 남편 안기영보다 한 살 연상이었다. 서울 중림정 부유한 집안의 다섯 남매 가운데 막내로 태어나 집안의 귀여움을 독차지하며 자랐다. 숙명여학교를 졸업하고 열아홉 되던 해부터 공덕정 교회여학교에서 교원 생활을 시작했다. 그곳에서 공덕리교회 윤성열 목사의 소개로 안기영과 처음 인사를 나누었다. 당시 안기영은 연희전문 학생이었다. 안기영은 이성규가 근무하는 학교에 가끔씩 와서 아이들에게 음악을 가르쳤다.

얼마 후 이성규는 집에서 가까운 아현여학교로 전근했다. 그해 여름 수련회에서 우연히 안기영을 다시 만났다. 안기영은 이성규에게 사랑을 고백했다. 그러나 완고한 가정에서 자라난 젊은 여교사 이성규는 얼굴을 붉힐 뿐 아무런 대답도 하지 못했다. 그해 겨울 이성규는 모교의 주선으로 대전공립보통학교로 전근했다. 당시 공립학교는 사립에 비해 교원의 처우가 훨씬 나았다.

이성규가 대전으로 이주한 지 얼마 후 안기영의 연애편지가 날아왔다. 이성규는 편지를 받아들고 무슨 못 지을 죄나 범한 듯, 큰 봉변이나 만난 듯 당황해 어쩔 줄 몰랐다. 그러나 한편으로는 안기영에게 마음이 끌렸다. 몇 번이나 망설인 끝에 두려움에 가슴 조이며 답장을 썼다. 이후 두 사람은 수시로 연애편지를 주고받았다.

해가 바뀌자 3·1운동이 일어났다. 만세운동에 적극으로 가담한 안기영은 북만주를 거쳐 상하이로 망명길에 올랐다. 망명길에 오르기 전, 안기영은 이성규에게 약혼해 달라며 간청했다. 이성규의 집에서는 처음엔 안기영의 집안이 가난한 것을 이유로 반대했지만, 안기영을 만나 본 후에는 사람이 쓸만하다며 약혼을 허락했다.

상하이로 간 안기영은 차장 노릇을 하면서 고학으로 진링(金陵)대학을 다녔다. 그동안 이성규는 개성 정화여학교와 전남 창평에 있는 창신여학교에서 교편을 잡았다. 그들은 열렬한 연애편지를 주고받으며 서로의 성공과 건강을 빌면서 다시 만날 날을 기약하곤 했다.

처녀를 붙잡아 놓기만 하고 결혼을 못해 미안하다는 간곡한 사연. 보고 싶다는 하소연. 상하이로 오라는 권고. 미국에 가서 공부를 하고 싶은데 학비 때문에 못 간다는 이야기. 서신이 올 때마다 나는 맘을 졸이면서 답장을 썼다. 나는 아무 문제도 없으니 미안하단 생각 말고 성공하고 돌아오란 말. 상하이로 한시 바삐 가보고 싶으나 집에서 허락지 않아 섭섭하다는 이야기. 사랑의 글월은 그동안에 몇 장이 오고 몇 장이 갔는지 알지 못한다.

그러는 사이 어느덧 해가 여섯 번 바뀌었다. 고국을 떠난 지 만 5년이 지난 1924년 봄, 안기영은 기별도 없이 경성으로 돌아와서 창평에 있는 이성규에게 급히 상경하라는 전보를 쳤다. 뜻밖의 전보를 받은 이성규는 행장도 수습하지 못한 채 서둘러 상경했다. 이성규는 6년 만에 만난 약혼자가 반갑게 맞아 줄 줄 알았지만, 안기영은 청천벽력 같은 말을 던졌다.

"내가 편지로 이런 소리를 하면 당신이 자살할지도 몰라서 별안간 온 것이오. 나는 집안이 몹시 가난한 만큼 공부를 다 마칠 때까지는 결혼식을 할 수 없소. 그때까지 기다릴 수 없거든 다른 사람과 혼인하오."

이성규는 공부를 마치고 성공할 때까지 언제까지고 기다리겠으니 다시 공부의 길을 떠나라며 안기영을 달랬다. 이성규의 부모는 안기영에게 해외로 갈 때 가더라도 결혼식만은 치르고 가달라고 간곡히 부탁했다. 안기영은 못 이기는 척 결혼을 승낙했다. 갑작스런 결혼이었지만 형편이 풀리는 대로 미국 유학을 떠나겠다는 조건을 다는 것을 잊지 않았다.

상하이에서 공부하다 나온 학생이 결혼할 재력이 있을 리 없고, 가난한 안기영의 집에서 도와줄 여유가 있을 리 없었다. 이성규는 8년간 교원 생활을 하며 저축한 돈 300원을 털어 결혼식 비용을 치르고 신혼집과 신접살림을 장만했다.

결혼 후 안기영은 이화여전 음악과 교수 메리 영의 조교가 되었다가 얼마 후 정식 사무원으로 승진했다. 달마다 75원의 월급을 받게 되자 안기영 부부의 생활은 안정을 찾았다. 그렇다고 생활에 여유가 생긴 것은 아니었다. 안기영의 월급으로 시부모를 봉양하고 미국 유학비를 저축하고 나면, 두 부부 생활비는 늘 빠듯했다. 그러나 비록 풍요롭지는 않았지만 두 사람은 서로 의지하며 행복하게 살았다.

무너진 사랑탑

결혼한 지 1년 만에 첫딸 영식이가 태어났다. 둘째딸 화식이는 그로부터 2년 후인 1925년 1월 1일에 태어났다. 안기영은 둘째딸이 태어난 지 채 2주일도 지나기 전인 1월 12일, 꿈에 그리던 미국 유학길에 올랐다. 이성규는 산후조리도 제대로 못하고 남편의 출국 준비를 도왔다. 갓난아이를 업고 살림을 정리해 친정으로 이사까지 했다. 안기영은 결혼 후 저축한 돈 300원, 메리 영이 보조해 준 돈 200원, 빚으로 얻은 돈 300원, 모두 합쳐 800원을 가지고 미국으로 떠났다. 아내 이성규는 아이의 양육과 자신의 생계, 그리고 남편이 유학 떠나면서 남긴 300원의 빚을 고스란히 떠안았다.

이성규는 다시 생활 전선으로 내몰려 아현여학교에서 교편을 잡았다. 그가 첫 출근을 한 날은 1월 20일. 남편을 보낸 지 열흘도 안 되었고, 둘째딸을 낳은 지 삼칠일도 채 지나기 전이었다. 산후조리도 제대로 못한 상태에서 산꼭대기에 있는 학교로 걸어서 출퇴근하다 보니 몸에 탈이 나지 않을 수 없었다. 잔병치레가 잦더니 결국엔 류머티즘까지 생겼다.

월급 44원으로 병 고치랴, 살림하랴, 어린 두 딸 키우랴, 빚 갚으랴……. 남편을 유학 보낸 후 혼자 남은 이성규는 연약한 여자의 몸으로 차마 견디기 힘든 혹독한 고초를 겪었다. 미국으로 유학 간 남편이 성공해 돌아오기를 기대하면서 고단한 생활을 근근이 버텼다. 아픈 몸으로 두 아이를 기르고, 빚을 갚아 나가면서도 아내로서 마땅히 해야 할 일이라 여기고 한 번도 짜증내거나 싫은 표정을 짓지 않았다. 미국 유학 3년 동안, 안기영이 가끔씩 보내 주는 편지가 이성규에겐 유일한 위안이었다.

　나의 지극히 사랑하는 아내 성규에게
　그리운 아내와 딸들을 만나게 될 때가 점점 가까워 오니 나의 마음은 참 기쁘고 즐거워 저절로 웃음이 나오는구려.
　성규가 무엇이길래 내가 이다지도 그리워하고 보고 싶을까? 다른 남편도 나처럼 그렇게 못나게 아내를 보고 싶어 못 견디고 살이 마를까?
　흔히 남자는 혼인한 후에는 아내에 대한 사랑의 감정이 적어진다는데 나는 그와 반대로 더욱더 당신에 대한 정이 깊어지고, 공연히 당신을 잃을까 걱정이 되오.
　참 고맙소. 나는 당신이 너무 희생적으로 나가니 혹 일찍 죽지나 않을까 겁이 나오. 좀 나쁘게 굴더라도 오래 살아 있기를 나는 바라오.

　1928년 6월 26일, 안기영은 마침내 학업을 마치고 귀국했다. 이성규는 반가움과 기쁨에 넘쳐 두 아이를 데리고 부산까지 마중을 나갔다. 3년 만에 만난 부부는 기차간에 나란히 앉아 이야기꽃을 피웠다. "선교부에서 학자금을 얻어 힘들지 않게 공부했다." "메리 영의 소개로 수양아버지를 얻어 피아노도 장만했다." "한번은 맹장염을 몹시 앓았다." 등등. 3년간 쌓이고 쌓인 이야기를 풀어내기에는 경부선 천 리 길도 짧았다.
　안기영이 귀국한 후, 아현리에 집을 얻어 3년 만에 단란한 생활로 돌아갔다. 9월 신학기부터 안기영은 이화여전 음악과에 강사로 부임했다. 이듬해 4월, 첫아들 종식이가 태어났다. 아이를 낳고 이성규의 류머티즘이

도졌다. 한때 명랑하고 환희에 찼던 집안은 이성규의 병으로 인해 또다시 침울해졌다.

이성규의 병이 낫자, 이번엔 종식이가 죽었다. 이성규는 사람의 생활처럼 무상하고 기복이 심한 것이 없다는 것을 새삼스럽게 깨달았다. 강사 수입으로 집세까지 내가며 살림하기는 몹시 힘이 들었다. 안기영을 아끼는 메리 영은 딱한 사정을 듣고 집 한 채를 장만하라며 얼마간 변통해 주었다. 부족한 집값은 새로 산 집을 담보로 빌렸다. 그때 돈을 빌려 준 사람이 김현순의 부친 김태상이었다.

안기영은 강사 생활 1년 만에 교수가 되었다. 매달 150원의 봉급을 받게 되자 형편은 어느 정도 나아졌지만, 본가에 40원씩 부쳐 주고 50원씩 빚을 갚고 나면 그리 풍족한 편은 아니었다. 이듬해 10월, 또 아들을 낳았으나 그 아이는 태어난 지 21일 만에 죽었다. 이성규는 또다시 류머티즘이 도져 세브란스병원에서 수술을 받았다.

이성규가 병상에 누워 있는 동안 남편과 김현순 사이의 풍문이 들려왔다. 남편의 인격을 철석같이 믿었던 이성규는 풍문을 귀담아 듣지 않으려 했다. 안기영은 항상 "오늘의 성공은 모두가 당신의 숨은 공로요. 나의 영광은 당신한테 가는 영광이오."라고 말하며 아내에게 고마움을 표했다. 그런 남편이 변심할 리가 없었다. 그러나 아무리 듣지 않으려 해도 풍문은 끊임없이 들려왔다.

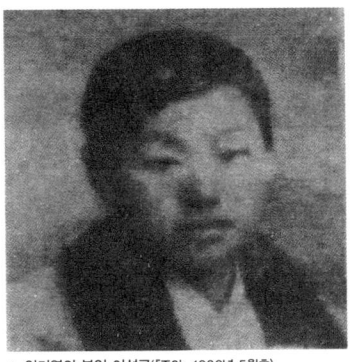

▲ 안기영의 부인 이성규(「중앙」, 1936년 5월호)

"그들은 밤낮 단둘이서 산보를 한다."

"두 사람의 관계가 심각하다."

모든 불쾌한 소문이 들릴 때마다 나는 깨끗이 그 소문을 묻고 싶었다. 나는 그를 믿었다. 의심은 말자. 병석에 누워 있는 나를 버리고 그가 산보를 하다니 천부당한 말이다. 저 친절하고 세심한 그가 나를 잊을 리가 있느냐.

허나 그의 외출이 날로 잦아지는 것은 어쩐 일이냐. 집에 돌아오는 시간이 불규칙해지는 것은 무슨 일인가. 산보를 자주하는 것은 소화불량 때문에 그렇다는데 믿자. 모든 것을 의심해서는 못 쓴다. 그러나 병석에 누워 있는 나의 마음은 적잖이 흔들렸다.

순회 음악을 하고 돌아올 때 현순이 집엘 먼저 들러 온다는 말. 현순이와 함께 금강산엘 갔었다는 이야기. 영원한 처녀로서 예술에 정진할 것인즉 선생님의 아내에 대한 사랑에는 침범치 않겠다는 현순이의 말. 나이 어린 제자를 어찌 사랑하겠는가 하는 남편의 말. 나는 모든 소문과 사실을 믿고 싶지 않았다. 다만 아내로서의 의무, 어머니로서의 책무에 충실함으로써 모든 것을 덮어 버리려 하였다.

1932년 2월 이성규가 겨우 지팡이를 짚고 일어날 수 있게 되었을 때, 안기영은 항상 밤을 새우다시피하고 귀가했다. 그 이유를 물으면 현순이에게 작곡을 가르치느라 늦었다느니, 현순이에게 성악을 가르치느라 늦었다느니 하며 둘러댔다. 이성규는 그런 남편의 변명을 들을 때마다 억장이 무너져 내리는 것을 간신히 참았다. 병든 아내를 두고 간호는커녕 젊은 제자와 무슨 일을 하는지 밤새 같이 있는 것은 아무리 좋게 이해하려 해도 인간의 도리가 아니었다.

어느 날 새벽, 안기영은 몹시 지친 표정으로 돌아왔다. 한참 말없이 있다가 상하이로 가려고 부산까지 차표를 사가지고 갔다가 대구에서 돌아왔다고 고백했다. 그리고 몸을 피하지 않으면 안 될 일이 있어 떠나려 했는데, 차마 어린 두 딸과 당신을 두고서 말없이 떠날 수 없어서 되돌아왔다고 덧붙였다.

그 다음 달 3월 어느 날이다. 남편이 또 집에 들어오지 않았다. 식모를 시댁으로 보내 보았다. 시댁에서도 간 곳을 모른다 했다. 시동생이 놀라서 집으로 달려왔다. 나는 그를 붙잡고 그동안의 이야기를 하소연했다. 그때 풀 없이 들어서는 남편의 얼굴!

나는 더 참을 수가 없었다. 두 사람 사이에는 드디어 한바탕의 야단이 벌어지고 말았다. 그는 사리원까지 갔다가 돌아왔다는 것이다. 그때의 이유도 역시 피할 수밖에 없는 딱한 사정 때문에 그리 되었다는 것이다. 그리고 그는 마지막 부탁처럼 언제고 해외로 가고 말 것이니 놀라지 말고 피아노와 집을 팔아서 살림을 줄이도록 하라는 말과 해외로 나간 다음엔 주소도 알리지 않겠고 그곳 가서 직업을 얻는 대로 선후책을 차릴 테니 그리 알라는 말까지 하였다.

두 번째 탈출 시도가 있은 지 한 달 후인 4월 11일, 안기영은 기어이 국경을 넘었다. 안기영이 해외로 가겠다고 했을 때, 이성규는 김현순까지 데리고 가리라고는 생각하지 않았다. 하얼빈에서 보내 온 남편의 편지를 받고 이성규는 남편이 왜 가정을 버리고 행방을 감추었는지 이해할 수 없었다.

이성규는 집문서를 잡히고 빚을 얻어 하얼빈으로 남편의 뒤를 쫓아갔다. 그러나 앓고 난 몸이라 하얼빈에 도착하자마자 몸을 가누지 못하고 쓰러져 이틀 동안 변홍규 목사의 집에서 누워만 지냈다. 이성규는 남편 뒤를 더는 쫓지 못한 채 집으로 돌아왔다.

그때까지도 이성규는 두 사람이 사랑의 도피를 했으리라고는 상상도 하지 못했다. 이성규는 두 사람이 상하이에서 동거한다는 신문기사를 보고서야 모든 것을 깨끗이 단념하고 앞으로 살아갈 방도를 찾기 시작했다.

이성규는 건강이 좋지 못한 데다가 임신 4개월째였다. 세 식구의 생계를 위해 하는 수 없이 피아노를 팔아 600원을 마련했다. 그러자 상하이에서 안기영의 편지가 왔다. 신문에서 떠드는 바람에 경성에 돌아갈 수 없다는 말과 고생이 심하다는 말이 적혀 있었다.

편지를 읽은 이성규는 마음이 불안해져서 피아노를 판 돈 중 50원을 보내 주었다. 악단에 나서게 되면 필요할지 몰라 예복과 구두까지 보내 주었다. 그 후 보내 준 물건과 돈을 잘 받았다는 편지가 큰딸 영식이 앞으로 왔다. 자기는 이미 더럽힌 몸이라 다시 돌아갈 수 없으니 자기를 잊어버리라는 사연과 함께.

소득이 없으니 생활은 날로 어려워졌다. 이성규는 집을 팔아서 아현리 친정 부근의 조그마한 집으로 옮겨 왔다. 남은 돈으로 그동안의 빚을 청산했다. 안기영이 떠난 지 여섯 달 만에 큰아들 충식이가 태어났다. 그때까지는 피아노와 집을 판 돈을 가지고 간신히 생계를 유지하고 해산을 준비했다. 상하이로 가끔 생활비를 청구해 보았으나, 야박한 남편은 생활비를 보내주기는커녕 이혼해 달라는 요구만 되풀이했다. 이성규가 들어줄 수 없는 요구였다. 그렇게 2년이 지나자 생활비가 바닥났다. 다행히 건강이 어느 정도 회복되어 이성규는 또다시 교원 생활을 시작했다.

남자의 간통은 무죄

이성규는 안기영과 김현순이 두 손을 꼭 잡고 경성역에 나타났을 때 애써 관심을 가지지 않으려 했다. 자기 남편이 딴 여자와 살림을 차리고 아이까지 낳았어도, 잘못을 회개하고 돌아오라고만 할 뿐, 아무런 법적 조치를 취하지 않았다. 사실은 이성규가 법적 조치를 취하지 않은 것이 아니라 법적 조치를 취할 수 없었던 것이었다.

당시 형법에도 간통죄는 있었다. 그러나 당시의 간통죄는 '부인 및 그 상간자相姦者의 간통에 대하여 2년 이하의 징역형에 처한다.'고 하여 남편의 간통에는

▲ **돌아오지 않는 아빠를 기다리는 세 남매**(「중앙」 1936년 5월호)_ 안기영은 로맨티스트였고 탁월한 음악가였지만, 좋은 아빠는 아니었다.

면죄부를 주었다. 집 나간 남편이 애인과 함께 무대에 올라 '사랑의 찬가'를 불러도 망신을 주는 것밖에는 달리 할 수 있는 일이 없었던 것이다.

남편을 간통죄 처벌 대상으로 올리는 문제가 1930년 일본 의회에서 한 차례 논의된 적이 있었다. 그러나 당시 첩을 둔 의원들의 '조직적 반발'로 입법화되지는 않았다. 남편과 부인 모두 간통죄의 처벌 대상이 된 것은 대한민국 정부 수립 이후다. 형법 제정 당시 남편을 처벌 대상으로 추가한 간통죄는 국회의원 재석원수(110명)의 과반수(56표)에서 겨우 한 표가 많은 57표의 찬성으로 통과되었다.

위대한 예술가, 비루한 일상인

안기영이 자신의 잘못을 속죄했는지는 알 수 없지만, 귀국한 뒤 안기영은 조선 악단을 위해 많은 일을 했다. 경성음악전문학원 교수가 되어 신진 성악가를 양성했고, 그 자신이 성악가, 작곡가, 평론가로 정열적으로 일했다. '향토가극'이라는 새로운 장르의 악극을 개발했고, 광복 이후에는 조선음악가동맹 부위원장으로 민족 음악 건설을 위해 헌신했다.

1950년 월북한 안기영은 평양음악무용대학 성악 담당 교수로 활동했고, 1980년 세상을 떠날 때까지 원로교수로 후진을 양성했다. 김현순과의 사이에서 태어난 안남식은 북한에서 공훈배우 칭호를 받으며 최고의 피아니스트로 활동하고 있다.

안기영에 대한 비난 여론이 드높던 1936년 6월, 문학평론가 백철은 '가인歌人을 구하라'는 평론을 발표, '안기영 구하기'에 적극으로 나섰다.

하여튼 나는 최후로 절규하고 싶다. 사회는 좀 더 예술가를 이해하라! 진부한 도덕률을 가지고 예술가의 자유를 꺾어서는 안 된다. 예술가는 예술을 가지고 평가하라! 그러지 않고 속된 견해를 가지고 예술가를 감시하는 이상 우리 조선에서는 예술은 영원히 멸망하는 수밖에 없을 것이다! 가인을 구하라! 예술가를 구하라!

백철의 논리를 터무니없는 궤변이라 치부할 수만은 없다. 예술의 불모지나 다름없는 조선에서 재능 있는 예술가가 '하찮은' 애정 문제 때문에 예술 활동을 방해받는 것은 분명 문제가 있었다. 그러나 백철은 그가 비판한 사람과 마찬가지로 '예술가로서의 안기영'과 '일상인으로서의 안기영'을 구분하지 않은 치명적인 오류를 범했다.

백철의 '절규'처럼, 예술가는 예술을 가지고 평가해야지 한낱 세속적 윤리로 평가해서는 안 된다. 안기영은 분명 탁월한 음악가, 훌륭한 예술가였다. 그것은 그가 여 제자와 눈이 맞아 해외로 도피 행각을 벌였건, 처자식을 저버렸건 상관없이 진실로서 인정되어야 한다. 그러나 마찬가지로 한 사람의 인격은 보편적 윤리를 가지고 평가해야지 한낱 예술적 성취로 평가해서는 안 된다. 안기영이 뛰어난 예술가였다는 사실 때문에 그의 허물 많은 사생활을 용서받을 수는 없다.

현실적으로 모든 유부남이 평생 한 여성만을 사랑하며 살기란 어렵다. 아내가 남편을 위해 헌신했다고 남편에게 영원히 아내만을 위해 살라고 강요하기도 어렵다. 결혼한 후 뒤늦게 진정한 사랑을 찾았다면, 아내와 자식을 버리고 사랑을 선택할 수도 있다. 그러나 '유부남의 사랑'과 '이혼'에도 예의와 도리가 있는 법이다. 병든 아내를 저버리고 젊은 여성과 밤새 사랑을 나누는 것은 옳지 못한 행동이다. 임신한 아내와 두 딸을 저버리고 애정의 도피 행각을 벌이는 것은 더욱 옳지 못하고, 남편으로서, 가장으로서, 남자로서, 인간으로서 최소한의 책무도 저버리는 것은 더더욱 옳지 못하다.

***

위인이란 특정한 공적인 영역에서 탁월한 업적을 남긴 사람을 말한다. 위인 중에는 고매한 인격을 지닌 사람도 있지만, 그렇지 않은 경우가 더 많다. 한 영역에서 탁월한 업적을 남기기 위해서는 희생해야 할 것이 있는데, 성취를 위해 가장 손쉽게 희생하는 것이 가정과 인격이다. 인격에 결함이 있다고 위인으로서 결함이 생기는 것은 아니다. 위인에게서 탁월한 성취만 배우고 인격은 배우지 않으면 그만인 것이다. 그러니 안기영에 대한 이중적 평가를 주저할 필요는 없다. 안기영, 그는 분명 탁월한 음악가였다. 그러나 그는 또한 비루한 일상인이었다.

조선의 '노라' 박인덕 이혼 사건

'신여성 선두 주자'는 왜 남편과 자식을 버렸나

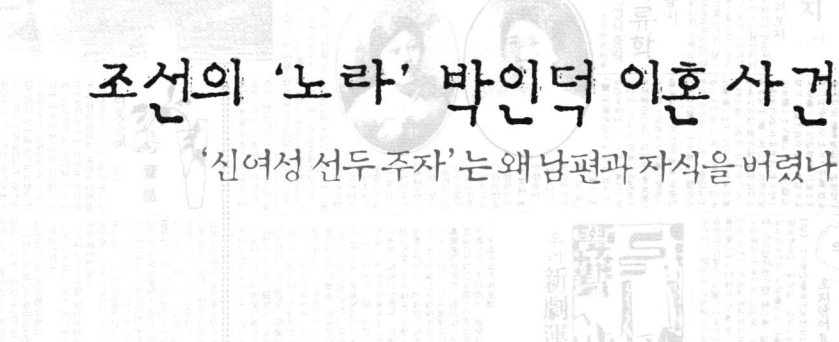

1919년 3월
　　　이화학당 교사 박인덕, 학생들과 함께 3·1운동에 참여. 3개월간 옥고 치름.

1920년 6월
　　　미국 유학을 포기하고 배재학당 출신 청년 부호 김운호와 결혼.

1921년 4월
　　　배화학교·여자신학교 시간제 교사, 윤덕영 자작 집 가정교사로 사회 복귀.

1926년 7월
　　　미국 유학, 웨슬리언대학 학부 졸업. 컬럼비아대학 교육학 석사학위 취득.

1928년 9월
　　　세계 순회 강연 시작. 32개국에서 260회 강연.

1931년 10월
　　　귀국, 이혼 요구.

신여성의 결혼관

　근대 교육과 자유연애의 세례를 받은 1920~30년대 신여성들은 자신의 의지로 배우자를 선택할 수 있는 권리를 얻은 첫 세대였다. 부모가 정해준 남성에게 억지로 시집가지 않게 된 것은 분명 전 시대에 비해 진일보한 것이었다. 그러나 스스로의 의지로 배우자를 선택했다고 가정 안에서 '아내의 의무' 나 '어머니의 의무' 가 달라진 것은 아니었다.

　사회는 개화되었어도 가정은 여전히 가부장적이었다. 많이 배우고 능력 있는 여성, 심지어 교사나 의사 같은 전문직 여성조차 결혼하면 쪽을 찌고 집 안에 들어앉아 전업주부가 되는 게 일반적이었다. 어지간히 독한 마음을 먹지 않고는 사회생활과 결혼생활을 병행하기 어려웠다. 자신의 의지로 선택할 수 있는 것은 오직 배우자뿐, 결혼 뒤의 삶은 전부 배우자의 의지와 능력에 좌우될 수밖에 없었던 것이다.

　신여성에게 결혼은 일생을 건 도박과도 같았다. 한 남자에게 인생의 모든 것을 거는 위험을 감수하지 않으려면 평생 독신으로 지내는 수밖에 없었다.

근대와 전근대가 어정쩡하게 뒤섞인 결혼생활은 자유연애의 이상도 퇴색시켰다. 역설적이게도 자유연애가 일반화된 이후, 능력 있고 돈 많은 남성의 인기는 오히려 치솟았다. 아무리 사랑한다고 해도 무능하고 가난한 남성과 결혼한다면 평생 감수해야 할 위험이 너무 큰 탓이었다. 당시 여학교 동창회에서는 이런 대화가 오갈 정도였다.

"아이고, 저기 저이가 우리 3학년 때 4학년 반장으로 있던 이지?"
"그런데 어쩌면 쪽을 찌고 왔어! 퍽 예뻐졌는데. 옷도 예쁘게 지어 입구……."
"저이가 신문기자한테 시집갔다지?"
"시집 잘 갔네!"
"잘 가긴 뭐가 잘 가. 하인 하나 없이 조석도 자기가 짓는다는데."
"아이고, 어쩌면! 신문기자가 그렇게 껄렁껄렁한가?"
"거기다 시어머니까지 있다는걸."
"아이고, 징역살이로구려."

"잘생긴 여왕님 뒤에 시종무관이 없을 리가 있나. 있지, 응? 무엇하는 양반이요?"
"문학가요, 교육가요, 실업가요, 예술가요? 말을 좀 해요."
"몰라! 몰라!"

"물론 문학가나 예술가겠지. 원래 학생 적부터 취미가 많았으니까. 그런데 제발 월급쟁이나 시어미 있는 데는 연애도 걸지 말아요. 사람이 그냥 썩어요, 썩어!"

"혼자 살면 살았지 누가 그런 데로 가!"

"그래도 지금 신식 살림이라고 누가 와서 보더라도, 피아노나 하나 놓고 라디오나 놓고 커피 한잔이라도 내놓아야지. 그 정도도 못하면 뭐가 신식이란 말이오!"

"그러게 말이야. 깊은 산속에 들어가서 혼자 산다면 모르지만 10년 동안이나 학교를 다니고 나서 신식 결혼이라고 해 가지고 누가 시어미 버선 짝이나 꿰매고 아궁이에 불이나 때고 있단 말이오!"

사석에서 가볍게 주고받는 대화만 가지고 신여성의 보편적 결혼관을 가늠할 수는 없다. 그러나 기혼 여성의 사회 활동이 금기시되던 1920~30년대 신여성에게 부잣집에 시집가고 싶은 욕망이 있었던 것만큼은 분명하다. 아무 생각 없이 겉멋으로 여학교에 다니던 여성뿐 아니라 사회 지도자급 여성도 곧잘 '돈의 유혹'에 넘어가곤 했다.

자본주의 사회에 살면서 경제적인 여유를 누리며 살자는 것이 크게 잘못된 생각은 아니다. 모든 것을 포기하고 부잣집에 시집가 행복하게 잘 살았다면, 바람직하지는 않아도 '성공적인' 선택이었다고 볼 수 있을 것이다. 그러나 인생이 그렇게 계획한 대로만 풀려 나가지 않는다는 게 문제다.

박인덕의 화려한 귀국

1931년 10월, 온 나라의 이목은 6년간 미국 유학을 마치고 귀국한 박인덕(1896~1980)에게 쏠렸다.

박인덕은 이화학당에 다닐 때부터 '노래 잘하는 박인덕' '연설 잘하는 박인덕' '인물 잘난 박인덕'이란 평판이 자자한 인물이었다. 3·1운동 때에는 모교인 이화학당의 기하, 체육, 음악 담당 교사로 재직하면서 민족 정신을 고취하고 학생을 선동했다는 죄목으로 경찰에 연행돼 3개월간 옥고를 치렀다. 유관순 열사가 그의 제자다.

재색을 겸비해 뭇 남성의 가슴을 설레게 했던 박인덕은, 3·1운동 이듬해인 1920년 배재학당 출신 청년 부호 김운호와 결혼했다.

청년 부호와 결혼했다고 민족과 여성을 향한 박인덕의 열정이 식지는 않았다. 오히려 일을 향한 열정은 결혼 뒤 더 커졌다. 박인덕은 맏딸 혜

▲ 박인덕이 이화학당 교사로 재직할 당시 학생들과 찍은 단체 사진. 뒷줄 가운데가 박인덕이고, 같은 줄 오른쪽 끝이 유관순 열사다.

란을 출산한 직후 배화학교와 여자신학교 교사로 사회 활동을 다시 시작했다.

박인덕은 얼굴만 잘났는가? 아니 그보다 더 칭찬할 만한 것은 그의 재주고, 그보다 더 부러운 것은 그의 건강이다. 그가 얼마나 건강한가 하면, 배화학교와 여자신학교의 영어와 음악 선생으로 그리고 가정교사로 하루 평균 5시간 이상을 가르치면서 두 아이를 젖을 먹여 기른다. 해산하기 전 하루나 이틀, 해산한 후 2~3주 동안 학교를 쉬는 이외에 하루도 학교를 쉬는 일이 없다. 그렇게 건강에 무슨 비결이 있느냐는 기자의 질문에 그는 다음과 같이 대답한다.

"비결요? 아무 비결도 없습니다. 시간 맞추어서 하루 세 번 밥 먹고 시간 맞춰 하루 8시간 이상은 꼭 자고 힘써 일하고 유쾌하게 노는 동안에 자연히 건강한 몸이 되는 것 같습니다. 아이 나은 지 2주일쯤 되면 나는 벌써 학교에 갑니다. 갑갑해서 더 들어앉아 있을 수 없어요. 어린아이에게는 꼭 젖 주는 시간을 정해 놓고 아침에 나갈 때 충분히 배불리 먹이고, 점심때 돌아와 또 잘 먹인 다음에, 네 시에 돌아와 또 먹입니다. 그렇게 습관을 들이면 으레 그 시간이 되기 전에는 젖을 찾지 않습니다.

어린아이들이 정신이 들기 시작하여 내 얼굴을 익숙히 알게 되면 잘 떨어지지 않으려고 하지만 아침이면 으레 나가는 것이 습관이 되면 아침에 떼놓고 나가는 것이 조금도 힘들지 않습니다. 돌이 지나서 걸어 다니게 되면 으레 아침이면 엄마는 학교 갈 줄 알고 출근할 때 따라 나와 잘 다녀오시라고 인사합니다. 주일날이나 국경일에는 오늘은 왜 나가지 않느냐고 묻지요. 아이들이 다 건강합니다. 큰 아이는 유치원에 다니는데요, 창가를 곧잘 해요. 창가 선수로 뽑혀 다닌답니다."

박인덕은 청년 부호와 결혼하고도 하인 한 사람 부리지 않고 두 아이를 낳아 손수 키웠다. 학교 두 곳에서 가르치는 것도 모자라 개인 교습까지 했다. 어지간한 열정과 체력 없이는 감당하기 벅찬 일이었다. 박인덕의 일 욕심과 공부 욕심은 끝이 없었다.

박인덕은 1926년 7월, 여섯 살 난 맏딸 혜란과 네 살 난 둘째딸 혜린을 경성에 두고 미국 유학길에 올랐다. 남편 김운호와 요코하마 부두에서 헤어지면서 서너 해 안에 돌아오리라는 기약을 남겼다. 여성계에서 손꼽히는 재사였던 만큼 박인덕의 미국 유학은 사회적으로 큰 관심을 모았다.

배화여자고등보통학교와 여자신학교에서 오랫동안 교편을 잡고 있던 박인덕 여사는 오는 20일에 다년간 숙망이었던 미국 유학길에 올라 조지아주 웨슬리언대학으로 가게 되었습니다. 여사는 김운호 씨의 부인이요, 두 아기의 어머니요, 칠십이 되신 홀어머니의 따님이십니다. 여사가 사랑하는 남편, 사랑하는 두 따님, 늙은 어머님을 떠나 얼른 돌아오지 못할 길을 밟게 된 것은 여사의 마음 가운데 "조선 여자 사회를 위해 좀 더 잘 배운 일꾼이 되어 보자." 하는 결심이 얼마나 깊은지 능히 상상할 수 있습니다. 박인덕 여사는 다음과 같이 포부를 밝혔습니다.

"미국 유학은 여러 해 전부터 계획했던 것이올시다. 남편은 일본으로 공부를 가게 되었고, 두 아이는 시어머니께서 맡아 기르시게 되었습니다. 남편과 어린아이를 떠나가는 것이 매우 섭섭하나 삼사 년의 세월이란 금방 지나가리라고 믿고, 그때에는 희망과 이상으로 가득 찬 재회가 우리를 맞을 것이라 믿습니다. 나는 오직 기쁜 그 미래를 생각하고 현재의 떠나는 슬픔을 잊으려 합니다."

박인덕의 미국 유학은 성공적이었다. 3년 만에 웨슬리언대학을 졸업하고, 그로부터 2년 뒤에는 컬럼비아대학에서 교육학 석사학위까지 받았다. 대학원에 다니던 1928년 가을부터 1931년 봄까지 국제기독교청년회 초청으로 미국, 캐나다, 영국, 프랑스 등 32개국을 순회하면서 강연회를 열었다. 컬럼비아대학, 케임브리지대학, 파리대학 등 서구 유수 대학에서 2년 반 동안 무려 260회나 강연했다. 대략 열흘에 한 번꼴로 강연한 셈이다. 박인덕은 순회 강연회에서 조선의 사정을 설명하고 조선 민족의 독립 의지를 토로해 청중의 열렬한 호응을 얻었다.

1931년 6월, 귀국길에 오른 박인덕은 영국, 독일, 덴마크, 스웨덴, 오스트리아, 이탈리아, 터키, 시리아, 이집트, 인도, 싱가포르, 홍콩, 난징, 베이징, 톈진, 다롄, 펑톈, 안둥을 거쳐 10월 2일 평양에 도착했다. 10월 6일, 비행기를 타고 평양을 출발해 여의도비행장에 도착했다. 장장 5개월에 걸친 육해공을 아우르는 세계 일주 귀국길이었다. 당시는 여객기가 상용화되기 이전이어서 경성에 비행기를 타고 나타난 것만으로도 한동안 화제가 되었다.

"평양에는 누가 계십니까?"

"우리 어머님께서 계십니다. 중국서 전보를 쳤기 때문에 들르게 되었습니다."

"평양서 비행기로 경성까지 오셨다고요?"

"예, 퍽 기분이 상쾌했어요."

"처음이셨습니까? 비행기 타시기?"

"예, 처음이지요. 누구에게든지 권하고 싶어요. 한번 타보라고······."

"고국 땅을 디디실 때 무슨 감상이 나셨습니까?"

"6년 전 내가 조선에 있을 때보다 생활 문제가 더 곤란해진 것은 더 말할 것 없고요, 사람들의 기분을 말하면 다른 나라 사람들에 비해서 활기가 없어 보입니다. 물론 주위 환경의 지배로 그렇겠지만 애수에 쫓어 있는 것만은 사실입니다."

미국 유학 6년 동안 박인덕은 조선을 넘어 세계 여성계의 거목으로 성장했다. 그러나 귀국한 박인덕에게 쏠린 세상의 관심은 그가 이룩한 엄청난 성공 때문이 아니었다. 세상 사람들이 궁금히 여긴 것은 단 하나, 그가 집에 돌아가지 않는 이유였다.

박인덕 여사는 지금으로부터 6년 전에 미주에 건너가서 그간 컬럼비아, 웨슬리언 두 대학을 마치고 구미의 10여 나라를 만유하다가 얼마 전 귀국했다. 무슨 사정인지는 알 수 없으나 그의 남편인 김운호 씨와 사랑하는 두 따님이 있음에도 불구하고 그의 시집인 아현리에는 발그림자도 보이지 않고 시내 필운동 양주삼 목사 댁에서 체류하며 자기 시집 가족의 면회 사절은 물론이고 신문기자 같은 방문객의 면회도 일체 사절한다. 첨단 여성의 최첨단식!

남부러울 것이 없을 것만 같았던 박인덕의 가정엔 무슨 말 못할 사연이 숨어 있었던 것일까?

돌아오지 않는 어머니

유학길에 오르면서 박인덕은 남편이 일본 유학을 떠날 것이라 말했지만, 남편 김운호는 아내가 미국에 체류한 6년 동안 줄곧 아현리 자택에 남아 어린 두 딸을 돌봤다. 김운호는 하루 종일 집 안에 틀어박혀 아내가 성공해 금의환향할 날만을 손꼽아 기다렸다. 1년에도 몇 차례씩 하루가 다르게 자라나는 혜란과 혜련의 사진을 찍어 멀리 있는 아내에게 보내며 적적함을 달랬다.

박인덕은 남편과 두 딸에 대한 고마움의 표시로 남편에게 매달 20원 남짓 돈을 부쳐 주었다. 결혼 선물로 아내에게 만 원짜리 피아노를 사주어 장안에 화제가 되었던 김운호는 아내가 보내 주는 돈으로 근근이 생계를 유지했다. 당시 20원은 도시 노동자 최저생계비였다.

공부만 끝나면 돌아온다던 박인덕은 대학을 졸업한 지 3년이 지나도록 돌아오지 않았다. 순회 강연 다닌다, 대학원에 다닌다, 갖은 구실로 차일피일 귀국을 미뤘다.

급기야 1929년 봄, 김운호에게 이혼해 달라는 박인덕의 편지가 날아들었다. 김운호는 아내의 변심이 한편으로는 섭섭했지만 객지 생활에 신경이 날카로워진 탓이라 여기고 '진심어린' 편지를 써서 아내를 달랬다. 그 후 박인덕은 가족과 연락을 끊었다. 혜란과 혜련은 빛바랜 어머니의 사진을 들고 그리움의 눈물을 흘렸다.

박인덕이 귀국한 지 일주일이 지나도록 집에 돌아가지 않는다는 소식을 듣고 「매일신보」 기자가 아현리 김운호의 집을 찾아갔다. 맏딸 혜란이 기자를 맞았다. 수를 놓다가 나왔다며 색실을 손에 들고 있었다. 기자가 물었다.

"어머니 보고 싶지 아니하냐?"

"……."

혜란은 머뭇거리며 아무 말도 못했다. 기자는 말을 바꿔 물었다.

"어머니 오셨다는 소리는 들었지?"

"예."

"어머니가 오시기 전에 오신다고 편지 했더냐?"

"아니요."

혜란은 애교 있는 얼굴에 약간 쓸쓸한 웃음을 띠고 대답하기를 꺼렸다.

"그러면 어머니가 오셨다는 소리는 누구에게 들었니?"

"어른들이 이야기하시는 것을 들었어요."

"어머니 보고 싶니?"

"예…… 그런데 어머니는 왜 안 오실까요? 필운동에 계신다지요?"

혜란은 손에 들고 있던 색실을 이 손가락 저 손가락에 감아 가며 얼굴을 도리질쳤다. 눈에는 눈물이 고였다. 애써 미소 짓는 얼굴에는 적막함이 가득했다.

"그래, 필운동에 계신단다."

"필운동이 어디에요? 퍽 멀지요?"

"아니다, 필운동은 인왕산 밑이란다."

혜란은 인왕산이 어느 곳에 있는지 아는지 모르는지 또 고개를 숙였다.

"어느 날 오셨습니까?"

"6일 날 오셨다."

"비행기 타고 오셨다지요?"

혜란은 비행기를 타고 온 어머니가 자랑스러운 듯 물었다. 기자는 대답 대신 한 가지 제안을 했다.

"어머니를 만나게 해주랴?"

"어떻게요?"

"내가 데리고 가주마."

"아버지가 보내 주실까요?"

열한 살밖에 안 된 혜란이었지만, 아버지가 어머니를 만나지 못하게 할 것이라는 눈치를 채고 있었다.

"내가 아버지한테 잘 말해서 데리고 가지."

"예, 만나게 해주세요."

혜란은 아버지에게 말하고 어머니에게 데려다 준다는 말에 처음 만나 누구인지도 모르는 기자에게 반갑게 달려왔다. 기자가 혜란을 어머니에게 데려다 줄 생각이 있었던 것은 아니었다. 그저 취재 도중 즉흥적으로 내뱉은 말이었다. 기자는 공연히 천진한 아이를 속인 것을 뉘우치지 않을 수 없었다. 혜란은 거짓말인지도 모르고 또다시 말을 이었다.

"학교에 가면 밤에 돌아오니까 일요일이 아니면 못 가요. 요다음 일요일에 꼭 데려가 주세요!"

기자는 꼭 그러겠노라고 또 거짓말을 하지 않을 수 없었다. 그리고 어린아이에게 더 거짓말을 하지 않으려고 어서 집으로 들어가라 하고 돌아섰다. 집으로 들어가던 혜란은 또다시 기자를 찾았다.

"혜린이도 데리고 가야지요."

자기 혼자만 어머니를 만난다는 것이 철없는 그로서도 동생에게 죄를 짓는 것 같아 혜란은 집으로 들어가다 말고 돌아서서 기자에게 말했던 것이다. 기특한 주문이지만 기자는 양심상 더 이상 거짓말할 용기가 없었다. 그들이 가여워서……. 확실한 대답을 못하는 기자에게 혜란이 말했다.

"어제도 학교에 가니까 동무들이 신문에서 어머니가 오셨다는 것을 보았다며 얼마나 좋으냐고 묻겠지요."

어머니를 가진 동무가 부러운 듯, 동무의 앞에서 귀국하신 어머니가 집에는 안 오셨다는 말을 차마 못했다는 듯이 혜란은 울음 반, 웃음 반으로 인사를 하고 집으로 들어갔다. 거짓을 모르는 순진한 그들이 기자의 말을 믿고 일요일이 오기를 얼마나 고대하겠는가.

박인덕은 이처럼 애타게 어머니의 사랑을 갈구하는 두 딸을 왜 모질게

▲ 박인덕은 스무 살의 나이에 이화학당 교사가 되어 기하, 영어, 음악, 체육 등 다양한 과목을 가르쳤다. 사진은 2006년 5월, 신촌캠퍼스에 복원한 이화학당 한옥 교사.

저버렸던 것일까? 박인덕은 미국 유학 중 갑자기 이혼을 결심한 것이 아니었다. 미국 유학 자체가 불행한 가정에서 해방되기 위한 방편이었다. 축복은커녕 사회적 비난과 질타 속에 시작된 박인덕과 김운호의 결혼생활은 신혼 초부터 삐걱거렸다. 박인덕의 귀국과 이혼 요구는 10여 년 결혼생활의 비밀이 백일하에 드러난 것에 지나지 않았다.

잘못된 만남

박인덕은 인물 많기로 소문난 이화학당에서도 단연 돋보이는 존재였다. 얼굴 예쁘고, 공부 잘하고, 피아노 잘 치고, 노래 잘하고, 연설 잘하고,

교제 잘하는 이가 누구냐 물으면 누구든 박인덕을 첫째로 꼽았다. 겸손하고 신앙도 독실해 이화학당 교사들의 총애를 독차지했다. 여인 티가 나면서부터 뭇 남학생의 구애를 받았지만, 꿈쩍도 하지 않고 학업과 신앙생활에 매진했다. 이화학당 선교사들은 박인덕이 독신으로 남아 학교와 사회에서 중요한 역할을 해주기를 기대했다.

박인덕은 방년의 나이에 교사 생활을 시작해 기하, 영어, 음악, 체육 등 다양한 과목을 가르쳤다. 3·1운동 때에 석 달 동안 옥고를 치르고, 그해 11월 대한애국부인회사건으로 투옥돼 또 한 번 고초를 겪었다. 박인덕의 미모에 정신을 차리지 못한 것은 비단 주변의 남학생들만이 아니었다.

독립운동 때 박인덕 여사는 석 달 동안 감옥 생활을 했다. 그때 감옥 안 간수 사이에는 인물 잘나고 애교 있는 여죄수라하면 으레 박인덕 여사인 것을 알아들으리만치 그 미명美名이 높았다. 여사의 사건을 맡아 다스린 일본인 예심판사까지도 사석에서 박인덕 여사의 미모를 한껏 칭찬했다 한다.

이화학당 외국인 선교사들은 출옥한 박인덕에게 미국 웨슬리언대학으로 유학을 주선했다. 가난한 박인덕에게 더없이 좋은 기회였다. 그러나 박인덕은 머뭇거리다가 끝내 제안을 거절했다. 꿈에 그리던 미국 유학까지 포기하면서 박인덕이 선택한 것은 백만장자 김운호와의 결혼이었다. 얼마나 뜻밖의 소식이었던지, 결혼 청첩을 받은 이화학당 교사들이 남의 집 경사에 도리어 화를 낼 정도였다.

　박인덕이 마음은 물론 미래까지 바쳐 가며 사랑한 김운호는 배재학당을 졸업한 잘생긴 청년 부호였다. 김운호는 박인덕에게 구애하기 위해 동대문 밖 홍수동(창신동)에 저택을 짓고 다이아몬드 반지와 만 원짜리 피아노를 선물했다. 굳이 흠을 찾으라면, 이미 결혼한 유부남이라는 것 '정도'였다.

　김운호는 열세 살에 서울 동막(마포구 대흥동)에 사는 부호 이씨의 딸과 결혼해 10여 년 간 한 여자의 남편으로 살았다. 박인덕에게 피아노를 사주고, 홍수동에 박인덕과 같이 살 신혼집을 짓는 동안에도 아내 이씨와 한 이불을 덮고 지냈다.

　박인덕은 결혼 조건으로 본처인 이씨와 이혼할 것을 요구했다. 당시 구여성 본처와 이혼하지 않고 신여성과 결혼하는 경우도 드물지 않았다. 법으로 결혼을 인정받지 못할 뿐, 보통 가정과 큰 차이가 없었다. 조선 시대 첩과는 지위와 성격이 달랐기 때문에 당시 구여성 본처를 둔 남성과 결혼한 신여성을 '제2 부인'이라 불렀다. 박인덕으로서는 백만장자와 결혼하기 위해 모든 것을 포기한 마당에 '제2 부인'이라는 멍에까지 떠안을 수는 없었던 것이다.

　박인덕의 사랑을 얻을 수 있다면 영혼이라도 팔 각오였던 김운호는 이씨와의 10년 부부 연을 초개와 같이 내던졌다. 구여성 이씨는 신여성 박인덕에게 백만장자 안방마님 자리를 내주고 동막 친정으로 쫓겨났다. 엎친 데 덮친 격으로 친정의 가세마저 기울어 남의 집 침모 노릇을 하며 하루하루를 근근이 연명했다. 백만장자 안방마님의 10년 영화가 일장춘몽이었다.

이씨의 아픔에도 아랑곳없이 박인덕과 김운호의 혼담은 순조롭게 진행됐다. 두 사람은 1920년 6월 정동 예배당에서 성대한 결혼식을 올리고, 동대문 밖 홍수동에 '스위트홈'을 차렸다. 그러나 주위의 기대를 저버린 것도 모자라 남의 가슴에 못질까지 해가며 시작된 결혼생활이 순탄할 리 없었다. 처음엔 세상 사람들의 따가운 눈총이 견디기 어려웠다.

결혼한 지 얼마 후, 박인덕은 간청에 못 이겨 어느 음악회의 피아노 연주자로 무대에 섰다. 무대 위에 나타난 박인덕을 향해 청중은 온갖 야유와 욕설을 퍼부었다. 박인덕은 피아노 뚜껑 한번 열어 보지 못하고 울면서 퇴장했다. 그날 저녁부터 무려 7개월간 박인덕은 두문불출하고 아무와도 만나지 않았다.

세상 사람들의 따가운 눈총은 이후 찾아올 불행의 전주곡에 불과했다. 3·1운동으로 옥고까지 치른 민족 운동가이자 이화학당이 자랑하는 여성 운동가가 유부남을 이혼시켜 결혼하면서 그 정도의 각오가 서 있지 않을 리 없었다. 문제는 너무 빨리 찾아온 김운호의 몰락이었다.

김운호의 사업은 결혼한 지 불과 한 달 만에 큰 위기를 맞았다. 인사동 택시 회사, 관철동 병원, 종로 요릿집이 차례로 도산했다. '스위트홈'에서 피아노만 치고 앉아 있어서는 도저히 생계를 유지할 수 없는 지경으로 내몰렸다. 급기야 결혼한 지 채 1년이 되기도 전에 홍수동 저택과 피아노를 처분했다. 살림을 줄여 시내로 들어와 이곳저곳으로 전전하다가 김운호의 모친이 사는 아현리 옛집으로 들어갔다.

경제적 풍요 하나 바라보고 선택한 결혼은 박인덕을 결혼 전보다 더

심한 경제적 곤궁 속에 빠뜨렸다. 김운호의 사업이 그 지경이 되고 보니 박인덕이 나서지 않을 수 없었다. 다시 직업 전선으로 나가 남편과 두 딸, 시어머니와 친정어머니를 부양할 수밖에 없었다. 학교 두 곳에 출강하는 것으로도 딸린 식솔을 다 벌어 먹일 수 없어 윤덕영 자작 집에 가정교사까지 다녔다. 훗날 박인덕은 고단한 신혼 생활을 다음과 같이 회고했다.

"이화학당 대학과를 졸업하고 이화학당 중학과에서 얼마간 교편을 잡다가 결혼생활에 들어갔습니다. 내 결혼생활은 지금 여기서 이야기하기도 싫습니다. 6년을 사느라고 사는 사이에 나는 내 자신까지 아주 까맣게 잊어버리도록 정신을 차릴 수 없었습니다. 마음도 몸도 한가할 수 없었습니다. 배화학교 시간 교수, 여자신학교 시간 교수, 개인 교수……. 어쨌든 하루에 14시간 노동으로 몸은 피로할 대로 피로하고 마음도 또한 그 이상으로 피곤하고 우울하고 괴로웠습니다. 지옥에서 사는 것이었습니다. 유쾌한 시간이라곤 없었습니다. 이렇게 6년을 사는 사이에 아이 둘을 낳았습니다. 두 아이를 기르면서 그날그날을 밑 빠진 항아리에 물 부어 가는 격으로 살아왔습니다. 많은 날이 갈수록 나는 결혼생활에서 오는, 지옥보다 더 무섭고 싫은 감정을 억누를 수 없었습니다.

'나를 살리자. 아랫돌을 빼 윗목에 막고 윗돌을 빼 아랫목에 막는, 밤낮 마찬가지인 공허한 생활에서 뛰쳐나가자.'

결국 나는 이렇게 결단을 짓고 여장을 꾸려 미국으로 떠났던 것입니

▲ 인덕대학 교정에 서 있는 박인덕 동상_ 박인덕은 1961년 인덕 실업학교(인덕대학)를 설립하고 맏딸 김혜란과 나란히 이사장과 교장에 취임했다.

다. 남들이야 별별 소리를 하거나 말거나 나에게는 천당이었습니다. 무거운 쇠사슬이 내 발목에 항상 얽혀 내 걸음을 방해하던 것이 툭 끊겨 나간 듯했습니다. 그래서 나는 학교에서나 어디서나 늘 웃으면서 지냈습니다.

박인덕이 살아남기 위해 발버둥치는 동안 김운호는 지난 시절 부귀영화를 추억하며 허송세월을 했다. 아내가 "제발 경제적 독립을 해달라."고 피눈물을 흘리며 애걸해도 허구한 날 낮잠만 자는 속 편한 남편이었다. 아현리 김운호의 집에서는 수시로 남자의 호령과 여자의 울음소리, 매질소리와 여자의 비명이 흘러나왔다.

박인덕은 유학 중에도 장학금과 강연료를 모아 매달 20~30원씩 남편에게 보냈다. 남편에게는 한 푼도 주기 싫었지만, 무능하고 이기적인 남편에게 맡겨 둔 두 딸이 걱정돼 그렇게 한 것이었다. 아내가 돈을 부쳐 줄 때마다 김운호는 편지를 보내 자신의 마음을 솔직히 전했다. 편지에는 항상 이런 말이 쓰여 있었다.

"여자란 남편이나 섬기고 자녀를 기르는 것이 본디 자리니 속히 돌아오라."

남모를 고민

박인덕이 자기 한 몸 편하자고 부유한 유부남 김운호와 결혼한 것은 아니었다. 그에게는 남모를 고민이 있었다. 3·1운동 직후 미국 유학을 제안받았을 때, 사실은 떠나고 싶은 마음이 간절했다. 그러나 환갑을 훌쩍 넘긴 노모를 홀로 두고 차마 발길이 떨어지지 않았다. 망설이는 박인덕 앞에 백만장자 김운호가 나타났다. 김운호는 박인덕의 노모를 극진히 떠받들어 박인덕의 환심을 샀다.

박인덕은 1896년 평안남도 진남포 억양리에서 태어났다. 아버지는 평생 글만 읽은 선비였다. 돈을 벌어 가족을 부양하겠다는 생각도 없이 오직 글만 읽으며 평생 과거 준비에만 매달렸다. 박인덕이 태어나던 해 과거가 폐지되자, 아버지는 신세한탄만 하다가 박인덕이 일곱 살 되던 해 세상을 떠났다. 평생 선비 노릇만 하던 아버지가 유산을 남겼을 리 없었다. 젊은 나이에 과부가 된 어머니는 생활고에 직면했다. 어머니는 박인덕을 데리고 친정으로 들어갔다.

그때만 해도 딸자식은 남이라는 관념이 꽉 박혀 있을 때입니다. 관념뿐 아니라 실상 딸이란 시집만 가면 그만이었으니까요. 그러니 어머님의 신세가 생각할수록 기가 막힐 것이 아니겠습니까. 어머니는 남들이 다 자는 밤이면 내 머리를 쓰다듬으시며, "왜 네가 사내 녀석으로 태어나지 못했니?" 하고 한숨을 길게 쉬셨습니다. 이렇게 지내는 어머님께 어느 날은 어떤 이가 이런 말을 하셨더랍니다.

"지금은 딸자식도 공부만 시키면 아들만 못하지 않다구."

 어머니는 박인덕을 공부시키기로 마음먹었다. 당시 진남포에는 학교가 없어 친정 조카가 훈장 노릇하는 서당에 사내아이 옷을 입혀 다니게 했다. 여자는 서당에 다닐 수 없었기 때문이다.
 아홉 살 때 진남포에 삼숭학교라는 여학교가 처음 생기자 박인덕은 서당을 그만두고 학교에 입학했다. 삼숭학교에서 박인덕과 절친하게 지내던 단짝 친구가 윤심덕과 김일엽이었다. 공교롭게도 이후 세 여인 모두 남자 때문에 비극적 삶을 살아야 했다. '사의 찬미'를 부른 가수 윤심덕은 극작가 김우진과 관부 연락선 위에서 현해탄에 몸을 던져 정사情死했고, 소설가 김일엽은 네 차례나 결혼에 실패한 뒤, 수덕사에 들어가 머리를 깎고 스님이 되었다.
 열두 살에 삼숭학교를 졸업한 박인덕은 무작정 상경해 이화학당을 찾아갔다. 교장을 만나 공부를 하겠노라고 했더니, 교장은 보증인도 친척도 없는 아이가 어떻게 공부하느냐며 입학을 거절했다. 박인덕은 그냥 물러서지 않았다. 공부하겠다고 경성에 온 사람을 그냥 돌아가라고 하는 법이 어디 있느냐고 대들었다. 교장은 당돌한 여자 아이에게 장학금을 주며 학교에 다니게 했다.
 이화학당에 입학한 뒤 박인덕의 인생은 파죽지세로 뻗어 갔다. 공부면 공부, 운동이면 운동, 노래면 노래 등 못하는 것이 없었다. 스승, 친구, 후배 심지어 '연애병 환자' 남학생까지 누구든 그를 아끼고 사랑해 주었다.
 사회적으로 보자면 박인덕은 완벽한 인간이었다. 그러나 그에겐 남모를 고민이 있었다. 바로 평생 자기 하나만 바라보며 홀로 늙어 가는 어머니였다. 노모를 두고 언제 돌아올지 모를 미국 유학을 떠날 수 없었다. 사회생활을 계속하면서 노모를 부양할 방법은 없을까? 박인덕은 고민하고 또 고민했다. 오랜 고민 끝에 내린 결론이 바로 백만장자 김운호와의 결혼이었다. 그러나 그것은 장고 끝에 내린 일생일대의 패착敗着이었다.

남편과 자식을 먹여 살려야만 합니까

김운호에게 유일하게 기대했던 경제적 여유는 결혼한 지 한 달 만에 사라졌다. 기대한 것이 충족되지 않더라도 배우자에 대한 인간적 신뢰라도 남아 있다면 행복까지는 몰라도 그럭저럭 참고 사는 게 결혼생활이다.

그러나 김운호는 최소한의 책임감도 없는 나태하고 파렴치한 사내였다. 6년간 미국 유학을 마치고 돌아온 아내가 이혼을 요구했을 때조차 김운호는 무엇이 문제인지 깨닫지 못할 만큼 아둔했다. 박인덕이 이혼을 요구하는 이유가 무엇이냐는 기자의 질문에 김운호는 다음과 같이 답했다.

"그가 나를 배척하려는 동기와 원인에 대하여는 잘 알지 못합니다. 다만 그가 표면에 내세우려는 이유라는 것은 남편인 내가 경제적으로 무능하다는 것입니다. 그러나 나는 이것을 단순히 이에 대한 원인이라고는 볼 수 없으며, 또 그렇게 보지 아니합니다. 그가 외국에 가서 있는 동안에 나를 버리겠다는 마음이 생긴 것입니다. 나는 그 동기를 잘 알고 있습니다. 그리고 모든 것을 듣고 있습니다. 그러나 내가 안다는 그 것은 지금에 말할 수는 없습니다. 이번에 조선에 돌아올 때까지 아무런 소식이 없다가 만주에 와서 교회에 있는 교역자를 중간에 넣어 이러한 주문을 했습니다. 내가 조선에 들어갈 터이니 나의 자유를 간섭치 않겠느냐……

나는 완전히 그의 마음이 변한 것을 알았습니다. 그리고 그의 주문대로 해주겠다는 대답을 하였습니다. 만약 간섭을 하겠다고 하였으면 조선에 들어오지 않았을지도 모르지요. 그리하여 돌아와서는 교회를 중심으로 이혼을 요구합니다. 절대로 이혼을 안 해주려 하였습니다만 너무 끈적끈적한 행동인 것 같아 단념하고 이혼을 하여 주기로 결정했습니다. 내가 이혼을 하여 줄 테니 돈을 내라고까지 했다는 말이 세상에 돌아다니는데, 나는 그러한 요구를 한 바도 없었고, 또한 준다 하여도 받지 않을 것입니다."

김운호는 자기 잘못은 깨닫지 못하고 공연히 미국에 있는 동안 아내에게 남자가 생겼을 것으로 의심했다. 김운호 역시 '부정한 아내'와 더 이상 살고 싶은 마음이 없었다. 그렇다고 호락호락 아내의 이혼 요구를 받아 준 것도 아니었다. 김운호는 이혼을 통해 한몫 단단히 챙기려 했다. 「매일신보」 기자에게 말한 것처럼 그가 '이혼해 주는 대가'로 돈을 요구하지 않은 것은 사실이었다. 그러나 '자식 양육을 대가'로 집요하게 돈을 요구했다. 왜 이혼하려 하느냐는 기자의 질문에 박인덕은 다음과 같이 말했다.

"남편과 자식을 먹여 살려야만 합니까? 자식을 낳아 주어야만 합니까? 그것도 아들만……. 그리고 옷 해 입히고, 밥 지어 먹여야만 합니까? 나는 여자이니 어디까지든지 남편의 종이 되라는 말입니까?

나는 결혼 이후 10년이 되는 오늘까지 그들을 부양해 왔고, 그들의 어머니요, 아내라기보다는 종노릇을 해왔습니다. 그러므로 나는 어디까지든지 그에게 경제적으로 독립해 달라고 애원했습니다. 아내라는 사람은 뼈가 빠지도록 그들을 먹여 살리기 위해 일하는데 남편은 집에서 낮잠만 자야겠습니까? 나는 더 이상 인종忍從할 수 없습니다. 신여성이요, 선각자라는 내가 이에 굴종한다고 하면 이후 다른 여성들도 남편의 종이 되라는 것을 가르치는 것입니다.

나는 그에게 이혼을 요구하지 않았습니다. 다만 별거를 요구한 것입니다. 남편이 별거와 이혼이 무엇이 다르냐고 이혼해 주마 한 것이지요. 또 시집갈 내가 아니요, 남자를 탐하는 내가 아니니 이혼을 해주거나 별거를 하거나 문제가 아닙니다. 이혼을 해줄 터이니 돈을 내라니요. 모든 것이 나의 자유인 이상 내 자유를 돈을 내고 사겠습니까? 어린아이의 양육비로 달라고요? 자기의 자식을 자기가 기르지 아니하고 아내에게 양육비를 달라는 어리석은 말이 어디 있습니까?

자식의 장래를 위해 호의로서 주고자 하는 뜻도 없지는 않으나, 남편에게 돈을 준다 하면 이혼을 돈 주고 샀다는 오해를 받기 쉬운 고로 한 푼도 낼 수 없습니다. 자식이 기르기 어려워 내게 맡긴다면 장성할 때까지 훌륭히 양육하지요. 그가 무엇이라고 하든지 어떠한 짓을 하든지, 나는 사회를 위하여 일하려는 사람입니다."

박인덕의 주장도 모두 이치에 맞는 것은 아니었다. 별거를 요구했지 이혼을 요구하지는 않았다거나, 이혼하든 같이 살든 모든 것이 자기 자유라는 주장은 군색하기 이를 데 없다. 결혼은 자유이지만, 이혼은 자유가 아니다. 아무리 무능하고 사악한 배우자라도 이혼하기 위해서는 합의나 제도적 절차가 필요하다. 결혼은 결코 자유롭게 무를 수 있는 백화점 상품이 아니다.

다행히 두 사람 사이의 분쟁은 오래가지 않았다. 박인덕이 귀국한 지 한 달이 채 되기도 전인 1931년 10월 26일, 두 사람은 공식적으로 갈라섰다. 돈을 받지 않겠다거니 주지 않겠다거니 호기를 부렸지만, 실제로는 박인덕이 김운호에게 위자료 2천 원을 주는 것으로 정리되었다. 두 딸의 양육권은 박인덕이 가졌다. 박인덕은 한국 역사상 최초로 남편에게 위자료를 주고 이혼한 여성이 되었다.

행복의 조건

이혼 뒤 박인덕은 다시 여성 운동가로 돌아갔다. 조선직업부인협회를 조직하여 여권신장과 여성 계몽을 위해 노력했고, 덕화의숙을 설립하여 중등학교를 마친 여성에게 1년간 실업교육을 실시했다. 해방 뒤에는 제1회 국제부인대회에 한국 대표로 참석했고, 미국 전역을 순회하며 강연했다. 뉴욕에서 출간한 자서전 『9월의 원숭이 September Monkey』는 프랑스어와 독일어로도 번역돼 세계적으로 호평을 받았다. 1961년 인덕실업학교(인덕대학)를 설립하고 맏딸 김혜란과 나란히 이사장과 교장에 취임했다.

박인덕은 신여성의 선두 주자로 여성 운동사에 큰 족적을 남겼지만, 일생을 통해 두 가지 치명적 실수를 저질렀다. 첫 번째 실수는 일제 말기 친일 활동을 한 것이고, 두 번째는 김운호와 결혼한 것이다. 친일이라는 치명적인 오점으로 빛이 바래긴 했지만, 박인덕의 공적

▲ 박인덕이 1954년 뉴욕에서 출간한 자서전 『9월의 원숭이』. 세계적으로 호평을 받아 인세로 인덕실업학교 설립 자금의 일부를 충당했다.

인 삶은 대체로 성공적이었다. 그러나 인간으로서 박인덕은 그다지 행복한 삶을 살지 못했다. 홀어머니 밑에서 어렵게 자라났고, 6년간의 결혼생활은 육체적으로나 정신적으로나 고통의 연속이었고, 사회에 파문을 일으키며 이혼한 뒤로는 두 딸을 키우며 줄곧 독신으로 지냈다.

박인덕의 실패한 결혼생활을 돌이켜보면, 이혼 자체의 책임은 전부 남편 김운호에게 있었다. 그러나 결혼생활의 잘잘못을 따지기 이전에, 박인덕에겐 조건만 보고 돈 많은 유부남과 결혼한 원죄가 있었다. 결혼할 당시 박인덕은 배우자의 경제적 지원이 절박했는지도 모른다. 남성 중심주의와 가부장제가 뿌리내린 사회에서 비단 박인덕만 아니라 대부분의 여성이 그러할 것이다. 그러나 아무리 사정이 절박하다 해도 결혼은 거래가 아니고 배우자의 경제적 능력은 영원한 것이 아니다. 스물여섯 살 박

인덕의 선택은 원칙으로나 결과로나 잘못된 것이었다.

박인덕은 썩어 가는 물건이 있다면 그 물건이 다 썩기 전에 썩은 부분을 잘라 버려야 남은 부분이라도 생생하게 그대로 남을 것이라고 말했다. 맞는 말이다. 두 사람이 하루라도 빨리 갈라선 것은 서로를 위해 다행한 일이었다. 박인덕은 배우자에게 경제적으로 의지하려 했기에 어리석은 결혼을 했고, 경제적으로 독립할 수 있었기에 정상 궤도에서 이탈한 삶을 늦게라도 바로 세울 수 있었다. 박인덕이 평생 여성의 실업교육에 힘쓴 것도 후대의 여성들이 자신이 저지른 것과 똑같은 과오를 반복하지 말았으면 하는 바람 때문이었는지도 모른다.

***

결혼을 일컬어 인륜지대사라 한다. 태어나고 죽는 것은 본인의 의지로 결정할 수 없지만, 결혼만큼은 본인의 의지로 통제할 수 있다. 풍요롭고 안정된 삶을 바라는 것은 인지상정이고, 그러한 삶에 도달하는 가장 빠른 길은 어쩌면 부유하고 능력 있는 배우자를 만나는 것인지도 모른다. 그러나 박인덕의 실패한 결혼생활이 보여주듯, 부유한 배우자를 만난다고 행복한 삶이 보장되는 것은 아니다. 사랑하는 남자와 돈 많은 남자를 놓고 고민하는 여성들이여! 경제적 풍요가 가져올 미래가 한없이 행복해 보이거든 박인덕의 실패한 결혼생활을 반면교사로 삼아 하루빨리 환상에서 깨어날지어다.

조선 최초의 스웨덴 경제학사
최영숙 애사 哀史

명예와 사랑 버리고 조국 택한 인텔리 여성,
고국에 버림받고 가난으로 죽다

1926년 9월
  최영숙 스톡홀름 도착.

1927년 4월
  스톡홀름대학 경제학과 입학. 황태자 도서관 연구보조원으로 근무.

1931년 3월
  경제학사 학위 취득. 한 달 뒤 귀국길에 오름.

1931년 11월
  세계 20여 개 나라를 여행하고 귀국. 서대문 밖 교남동에서 '콩나물 장사' 시작.

1932년 4월
  태아에 탈이 생겨 동대문부인병원 입원. 홍파동 자택에서 27세를 일기로 절명.

아돌프 황태자

　1926년 10월, 구스타프 아돌프(1882~1973) 스웨덴 황태자가 조선을 방문했다. 아돌프 황태자는 중국, 그리스, 이탈리아, 키프로스 등지의 고고학 발굴 현장에 참여한 고고학자였다. 열흘 남짓한 조선 방문에서도 대부분의 일정을 경주, 경성, 평양 일대의 고분 발굴 현장과 유적을 돌아보는 데 할애했다. 10월 9일, 부산항에 도착한 황태자 일행은 곧장 경주로 이동해 다음날부터 고분 발굴 현장을 참관했다.

　교토제국대 고고학과 하마다 주임 교수는 황태자 일행을 발굴 작업이 한창 진행 중이던 노서동 제129호 고분으로 안내했다. 아돌프 황태자는 학자다운 호기심이 발동하여, 몸소 연장을 들고 발굴에 참여했다. 얼마 후 그는 허물어진 목관 아래에서 봉황 문양이 장식된 금관을 발굴했다. 금관총금관, 금령총금관에 이어 세 번째로 발견된 신라금관이었다.

　하마다 교수는 스웨덴 황태자가 발굴에 참가한 것을 기념해 금관이 나

▲ 서봉총 발굴 작업에 참여한 구스타프 황태자(왼쪽 첫 번째)_ 구스타프 황태자와 조선의 인연은 스웨덴으로 돌아간 뒤에도 이어진다.

온 제129호 고분을 '서봉총瑞鳳塚'으로 이름 붙였다. 스웨덴의 음역어 서전瑞典에서 '서' 자를 따고, 봉황鳳凰에서 '봉' 자를 따서 붙인 이름이다.

아돌프 황태자는 조선, 일본, 중국의 유적지를 순회하고 고고학과 미술사 관계 자료를 수집해 스웨덴으로 돌아갔다. 그는 1950년 제위에 올라 구스타프 6세가 됐다.

스웨덴의 조선 여성

아돌프 황태자가 조선을 방문하기 한 달 전, 스웨덴의 수도 스톡홀름에 소녀티를 갓 벗은 동양 여성 한 명이 나타났다. 사회과학을 공부하겠다는 생각으로 무작정 스웨덴을 찾아간 스물 한 살의 조선 여성 최영숙이었다.

스웨덴에는 아는 사람 하나 없었고, 스웨덴어는 간단한 인사 한마디조차 할 줄 몰랐다. 집안이 유학 경비를 대줄 만큼 넉넉하지도 않았고, 장학금을 대줄 후원자도 없었다. 천신만고 끝에 스톡홀름에 도착했을 때, 최영숙이 가진 것이라고는 사회주의 관련 서적 몇 권과 큼지막한 가방 하나가 전부였다.

최영숙은 그로부터 5년이 지난 1931년 11월, 스톡홀름대학 경제학사가 되어 금의환향했다. 귀국길에 덴마크, 러시아, 독일, 프랑스, 스위스, 이탈리아, 그리스, 터키, 이집트, 인도, 베트남 등 세계 20여 개국을 여행했다. 인도에서는 4개월간 머물면서 간디, 나이두 Sarojini Naidu 같은 저명한 인도의 독립운동가들을 만났다.

최영숙이 조선으로 돌아온 것은 스웨덴에서 살기가 고단했기 때문이 아니었다. 식민지 조선에 비하면 스웨덴은 천국이었다. 최영숙은 스웨덴 생활을 묻는 질문에 다음과 같이 대답했다.

"스웨덴은 나의 제2 고향입니다. 그곳 사람들은 외국인 대접을 극진하게 합니다. 더욱이 나는 동양 여자로 처음이었기 때문에 후대를 한 몸에 받았더랬어요. 아이들과 여성들이 자유롭고 힘 있게 뻗어 나가는 것이 부러웠습니다. 특히 연초 전매국이나 성냥 공장 같은 데서 노동하는 여공들까지도 정신상으로나 경제상으로나 풍요로운 생활을 하는 것이 정말이지 부러웠습니다. 그들에겐 일정한 노동 시간과 휴가가 있을 뿐 아니라 임금도 넉넉해 생활비를 빼고도 반은 남습니다. 그들은 노동복만 벗어 놓으면 유복한 숙녀들입니다. 더욱이 체육을 즐겨 날마다의 사는 재미가 더없이 호강스러워 보였습니다."

최영숙이 풍요로운 생활을 포기하고 귀국한 것은 사회과학을 공부해 조선의 노동자와 여성을 위해 일하겠다는 초심을 잃지 않은 까닭이었다. 최영숙은 귀국한 뒤 계획을 묻는 질문에 이렇게 대답했다.

"조선으로 돌아올 결심을 했을 때, 경제운동과 노동운동에 몸을 던져 살아 있는 과학인 경제학을 현실에서 실천해 보려했습니다. 공장 직공이 되어 그들과 같이 노동운동을 할 마음도 있었습니다. 그러나 집에 와보니 형편이 어려워 당장에 취직이 걱정입니다. 스웨덴에 있을 때, 그 나라 신문에 투고하여 조선을 다소 소개도 해보았고, 동무 중에도 신문기자가 많았습니다. 신문기자 생활에 관심이 많습니다. 조선의 실정을 아는 데도 제일일까 합니다."

최영숙은 어려운 집안 형편 때문에 곧장 여성운동과 노동운동에 투신할 수 없었다. 대신 기자가 되어서 집안도 돌보고, 조선 실정도 알아보겠다는 계획을 세웠다.

인도에서 생긴 '혼혈 사생아'

스웨덴에서 경제학을 제대로 공부했고, 영어 · 독일어 · 스웨덴어 · 중국어・일본어 등 5개 국어에 능통하고, 세련된 국제 감각까지 갖춘 최영숙은 인재가 부족한 조선에 보석 같은 존재였다. 어떤 직장이고 최영숙이 손을 내밀면 잡아 줘야 정상이었다. 그러나 조선의 어느 직장도 최영숙을 받아 주지 않았다.

"조선 사회는 아직 인텔리 여성을 수용할 준비가 되어 있지 않았습니다. 그는 외국어 교수 노릇을 하려고 애썼으나 아무도 받아 주지 않았습니다. 경성 어느 학교에 교사로 취직하려다가 문부성에서 교원 면허를 내주지 않아 그것도 불가능했습니다. 나중에 어떤 신문사의 여 기자로 입사하려고 운동했으나 그마저도 여의치 않았습니다. 마지막에 할 수 없이 낙원동에 있는 여자소비조합을 인계해서 사람의 왕래가 많은 서대문 밖 교남동 큰 거리에 자그마한 점포를 빌려서 장사를 벌였습니다. 그래서 배추, 감자, 마른미역줄기, 미나리, 콩나물을 만지는 것이 스톡홀름대학 경제학사 최영숙 양의 일상 직업이 되었답니다. 그런데 자본이 없는 일개 구멍가게로 어떻게 한 집안 생활비가 나오리까. 오직 최영숙 양은 살을 깎는 듯한 경제적 곤란을 당하고 지냈을 뿐입니다."

핍박받는 조선의 노동자와 여성을 위해 일하겠다는 일념으로 스웨덴에서 5년 동안이나 공부하고 돌아온 최영숙에게 고국이 허락한 일자리는 고작 '콩나물 장수'였다. 최영숙은 그마저도 오래할 수 없었다.

귀국한 지 채 5개월도 지나지 않은 1932년 4월, 임신 중인 최영숙은 태아에 탈이 생겨 동대문부인병원에 입원했다. 인도 청년 '미스터 로Mr.

Row'와의 관계가 드러난 것은 그때였다. 산모의 생명이라도 구하고자 낙태수술을 받았지만 병세는 나빠져만 갔다. 마지막 희망을 품고 세브란스병원으로 옮겨 치료를 계속했지만 악화되는 병세를 돌이킬 수 없었다. 4월 23일 오전 11시, 최영숙은 홍파동 자택에서 스물일곱의 나이로 짧은 생을 마감했다.

　스웨덴에서 돌아온 최영숙이 조선을 위해 일할 기회를 달라고 호소했을 때, 그에게 관심을 가진 사람은 아무도 없었다. 최영숙이 홍제원 화장장에서 한줌의 흙으로 돌아간 이후에야, 사람들은 그에게 뜨거운 관심을 보였다. 그러나 그에게 쏟아진 관심은 뜻을 펼치지 못하고 요절한 인텔리 여성을 향한 안타까움의 표현이 아니었다. 사람들은 단지, 스웨덴 유학까지 마친 인텔리 여성이 무슨 까닭으로 인도에서 '혼혈 사생아'를 임신하고 돌아왔는지 궁금해할 따름이었다.

'마르크스 걸'의 멀고 먼 유학길

　최영숙은 1906년 경기도 여주에서 태어났다. 부친 최창엽은 독실한 기독교 신자였다. 일찍이 농사를 정리하고 포목상을 차려 상당한 재산을 모았다. 최영숙은 어려서부터 재주가 비상하고 총명했다. 일곱 살에 여주보통학교에 입학해 열한 살에 우수한 성적으로 졸업했다. 당시 보통학교 수학 연한은 4년이었다. 중등학교는 열네 살 이상만 입학할 수 있었기 때문에 3년을 집에서 보냈다.

열네 살 되던 해는 3·1운동이 일어난 1919년이었다. 최영숙의 부모는 여자가 보통학교를 졸업했으면 그만이라는 생각에 딸이 상급 학교에 진학하는 것을 반대했다. 최영숙은 날마다 예배당에 나가 백일기도를 드리며 완고한 부모를 설득했다. 가까스로 부모의 허락을 얻은 최영숙은 상경하여 이화학당에 입학했다.

3·1운동 직후 이화학당 분위기는 몹시 어수선했다. 학교는 입학식만 치르고 휴교에 들어갔다. 교사와 학생 다수가 투옥되었고, 최영숙의 1년 선배 유관순은 옥중에서 사망했다. 민족 의식이 한껏 고조된 시기에 학업을 시작한 최영숙은 일찍부터 조선이 처한 현실에 눈떴다. 1923년 이화학당을 우수한 성적으로 졸업한 최영숙은 독립운동에 투신하기로 결심하고, 임시정부가 있는 중국을 향해 유학길에 올랐다.

난징(南京)으로 건너간 최영숙은 밍더(明德)여학교에 들어가 중국어를 익혔다. 중국어를 배운 지 단 몇 달 만에 유창하게 구사할 정도로 어학 능력이 탁월했다. 이듬해 난징 후에이원(滙文)여학교에 편입했다. 최영숙은 후에이원여학교에서도 단연 돋보이는 학생이었다. 영어와 독일어 능력은 다른 학생이 감히 넘보지 못할 수준이었고, 성악과 피아노 실력 또한 뛰어났다.

후에이원여학교 시절 최영숙은 사회주의 사상에 심취해 혁명적 마르크스주의자가 되었다. 공부하는 틈틈이 상하이로 가서 중국에 망명 중이던 여러 인사와 교유했다. 당시 최영숙에게 큰 감화를 준 인물은 도산 안창호였다. 안창호도 총명하고 민족 정신이 투철한 최영숙을 남달리 아꼈다.

후에이원여학교를 졸업한 최영숙은 스웨덴 유학을 결심했다. 하고많은 나라 중에 유독 스웨덴으로 유학 가고자 한 이유는 그곳에서 엘렌 케이 Ellen Key(1849~1926)를 만나고 싶었기 때문이다.

엘렌 케이는 스웨덴 출신 여성운동가이자 교육운동가였다. 활동 무대인 서구에서는 그다지 유명하지 않았지만, 조선과 일본, 중국의 여성운동에는 지대한 영향을 끼쳤다. 1910~20년대 동아시아의 자유연애와 여성운동은 엘렌 케이의 사상에 뿌리를 두었다. 이광수가 소설 『무정』(1917)의 주인공 이형식의 박식함을 설명하기 위해 "그는 타고르의 이름을 알고 엘렌 케이 여사의 전기를 보았다."고 기술할 정도로 엘렌 케이는 동아시아 지식인 사회의 저명 인사였다. 엘렌 케이의 저술 『아동의 세기』(1901), 『연애와 결혼』(1911), 『연애와 윤리』(1912)는 신여성의 필독서였다.

최영숙은 난징에 있는 동안 엘렌 케이의 저서를 탐독하고, 중국 친구들과 어울려 그의 사상과 인격에 대해 토론했다. 후에이원여학교를 졸업한 지 1년 후인 1926년 7월, 최영숙은 사상이 같고 깊이 신뢰하던 중국인 친구 한 명과 함께 무작정 난징을 떠났다. 여성운동의 선진국인 스웨덴으로 가서 평소에 동경하던 엘렌 케이도 만나고, 사회과학도 공부할 계획이었다.

난징에서 스톡홀름으로 가려면 육로로 상하이로 이동해 그곳에서 배를 타고 다롄(大連)으로 간 다음, 다롄에서 만주철도를 타고 하얼빈까지 가서, 구아歐亞 연락 열차를 타고 시베리아를 횡단해야 했다. 최영숙의 스웨덴 유학 소식은 「동아일보」를 통해 국내에도 알려졌다.

"경기도 여주군 태생으로 방년 21세 된 최영숙 양은 지난 7월 13일 밤 하얼빈에서 구아 연락 열차를 타고 멀리 스웨덴을 향하여 떠났다. 최영숙 양은 사회과학을 연구하려고 단신으로 만리타국으로 간다고 한다.

지난 9일 기선汽船을 타고 상하이를 떠나 다롄에 상륙했을 때, 최영숙 양은 일본 경찰에게 잡혀 큰 고초를 겪었다 한다. 그는 후일 고국에 돌아와 몸과 마음을 오로지 고국에 바치기 위해 이 같은 고생을 무릅쓰고 공부하러 멀리 떠난다 한다. 그는 나이 어린 여자의 몸으로 일어와 중국어, 영어에 정통하고, 매사에 재주가 뛰어나다. 최근에는 사회주의 사상을 연구한다 하며, 이번에도 사회주의에 관한 서적을 많이 가지고 가다가 경찰에게 체포되었다 한다."

다롄에서 일본 경찰에 체포되어 신문을 받고 있는 동안 난징에서 함께 출발한 중국인 친구는 유학을 포기하고 집으로 돌아갔다. 낯선 나라로 혼자 가려니 앞길이 막막했다. 그러나 일본 경찰이 탄압하고, 함께 가기로 한 친구가 떠났다고 한번 계획한 일을 시작조차 해보지 않고 포기할 수는 없었다. 최영숙은 행장을 수습해 혈혈단신으로 다시 장도에 올랐다.

최영숙은 난징을 떠난 지 두 달 만에 스톡홀름에 도착했다. 그러나 천신만고 끝에 도착한 스웨덴에서 최영숙은 엘렌 케이를 만나지 못했다. 엘렌 케이는 최영숙이 스웨덴으로 출발하기 석 달 전인 1926년 4월, 이미 고인이 되었기 때문이다.

아돌프 황태자의 총애

최영숙은 엘렌 케이의 돌연한 죽음에 낙담만 하고 있을 수 없었다. 어떻게든 스웨덴어를 배우고 학비를 벌어 대학에서 공부할 방도를 찾아야 했다. 최영숙의 부친이 포목상으로 상당한 재산을 모았다곤 하나 딸의 스웨덴 유학비를 감당할 만큼 부유하지는 않았다. 더욱이 최영숙이 스웨덴으로 떠나기 직전, 그의 부친은 명태 무역에 손을 댔다가 엄청난 손해를 보았다. 부친은 얼마 남지 않은 재산을 정리해 여주를 떠나 경성 홍파동 빈민가로 이주했다. 난징 유학 시절 최영숙은 집에서 얼마간 학비를 타 쓰기도 했지만, 스웨덴에서는 오로지 스스로의 힘으로 학비를 조달해야 했다. 영어와 독일어를 할 줄 알고, 한두 달 버틸 수 있는 돈을 난징에서 가져온 게 그나마 다행이었다.

"처음 스웨덴 땅을 밟았을 때, 나는 너무나 외롭고 쓸쓸해 어쩔 줄 몰랐습니다. 스웨덴의 풍경은 내가 어릴 때 지리를 배우며 상상하던 풍경이 아니었습니다. 언어와 풍속이 너무 다르고 아는 사람조차 없었으니 어찌 외롭고 쓸쓸하지 않겠습니까. 그래서 나는 한 달 동안은 밤이나 낮이나 울기만 했답니다. 그러나 목적을 가지고 있는 이상 울기만 해서 아무 소득이 없다는 것을 겨우 깨닫게 되었습니다. 저는 스톡홀름 인근 시골 학교를 찾아가 스웨덴어를 배우기 시작했습니다. 그곳에서 몇 개월간 스웨덴어를 배워 가지고 가을 학기에 스톡홀름대학 정치경제학과에 입학하게 되었습니다."

최영숙은 시골 학교 청강생 신분으로 낮에는 스웨덴어를 공부하고, 밤에는 생계를 위해 자수를 놓았다. 베갯잇 하나를 수놓으면 5~6원의 수입이 생겨 그다지 힘들지 않게 공부할 수 있었다. 얼마 지나지 않아 저금까지 할 여유가 생겼다.

1927년 스톡홀름대학에 입학한 뒤에는 황태자 도서실에서 연구보조원으로 일할 기회가 생겼다. 1926년 아돌프 황태자가 아시아 곳곳을 돌면서 수집해 온 자료의 목록을 작성하고, 중요 내용을 스웨덴어로 번역하는 일이었다. 조선어, 일본어, 중국어, 한문에 능통하면서 스웨덴어까지 할 줄 아는 최영숙은 학구열이 왕성한 아돌프 황태자의 총애를 한 몸에 받았다.

황태자 도서실에서 일한 덕분에 최영숙은 스웨덴 지식인들과 폭넓게 사귈 수 있었다. 1935년 스톡홀름대학 자연과학부 학장 스텐 베르크만 박사가 동식물 표본 수집차 조선을 방문했을 때 '미스 최'의 안부를 물을 정도였다.

▲ 최영숙의 스톡홀름대학 졸업 사진

베르크만 박사는 조선에 대한 이야기를 하면서 '미스 최'를 안다고 했다. '미스 최'는 연전에 스웨덴에서 경제학 학사학위까지 받아 가지고 귀국했지만 불우한 날을 보내다가 요절한 최영숙 씨를 말한다. 기자가 그는 죽었다고 말하니 대단히 놀라면서 다음과 같이 말했다.

"미스 최는 스톡홀름 박물관에서 수삼차 만난 일이 있습니다. 그를 통해 조선 이야기를 들을 수 있었습니다. 미스 최는 황태자 도서실에서 동양 서류 정리 업무를 얼마간 보았는데 매우 성실한 사람이었습니다. 그가 죽은 것은 참으로 애석한 일입니다."

최영숙은 스웨덴에 유학 온 첫 동양인이었다. 스웨덴에서 최영숙이 만난 동양인이라곤 중국 대사와 그의 부인이 전부였다.

최영숙의 대학 생활은 풍요롭고 행복했다. 스웨덴 학생들은 처음 보는 동양인 학생을 친절하게 대했다. 최영숙은 동양에 중국과 일본밖에 없는 줄 알던 스웨덴 친구에게 조선의 존재를 가르쳐 주었다. 친구들과 어울려 여름이면 수영도 하고, 겨울이면 스키도 타러 다녔다. 쓸쓸하게만 느껴지던 스웨덴의 풍경도 점차 아름답게 보였다.

향수병으로 가슴앓이

스웨덴에서 최영숙은 조선과 중국에서는 결코 맛볼 수 없었던 자유와 풍요를 만끽했다. 그러나 외국에서 느끼는 행복에는 한계가 있었다. 20대 초반 여자의 몸으로 홀로 낯선 땅에서 생활하는 것은 정신으로나 육체로나 피곤한 일이었다. 외국 생활이 길어지자 최영숙은 심각한 향수병에 시달렸다. 사후에 공개된 최영숙의 일기장에는 다음과 같은 글이 가득했다.

혈혈단신 20세에
시베리아 머나먼 길

삼등차에 몸을 싣고
밤낮으로 떠나와서

서전瑞典이란 낯선 땅에
고객孤客된 지 3년이라

3년이란 기나긴 날
눈물인들 얼마이며
한숨인들 그 얼만가

말 모르는 외국 땅에
금전까지 없을 때에
이내 마음 어떠하랴

가을 하늘 달 밝을 때
울고 가는 기러기 떼
하염없이 바라보며

멀리 계신 부모님과

사랑하는 동생들아
아~ 언제나 만나 볼까

동편 하늘 바라볼 때
붉은 햇빛 떠오른다
금수산에 비춰든 해

2천만의 배달민족
천재인재天災人災 슬피 울면
황천이 살피소서

어젯밤 침상 위에 누어 생각했다. 명년에 집에 가면 무엇을 먼저 할까. 부모님 노쇠老衰하고 형제들 약소하니, 내 할 일 무엇보다 가정을 정돈할 것. 유일한 나의 오빠 완치될 그날까지 마음을 다 바쳐서 오빠 위해 희생할 것. 그 다음 민족 위해 일할 때에 공민학교 설립하고 노동계급 청년 남녀 몸과 정신 수양하여 삶의 길을 찾게 하자.

처음 보는 동양 여성에게 호기심 반, 사랑 반으로 구애하는 스웨덴 청년도 없진 않았다. 그러나 최영숙은 한 번도 사랑을 받아 주지 않았다. 1928년 8월 일기에는 이런 구절이 있다.

그러나 S 군아

네 사랑 아무리 뜨겁다 해도
이 몸은 당당한 대한의 여자라
몸 바쳐 나라에 사용될 몸이라
네 사랑 받기를 허락지 않는다

1931년 4월, 경제학 학사학위를 받은 최영숙은 안락한 스웨덴 생활의 유혹을 뿌리치고 귀국길에 올랐다. 열여덟 살에 난징으로 유학 떠난 지 9년 만의 귀향이었다.

화물칸의 귀부인

귀국길에 올랐을 때 최영숙의 수중에는 6백 원 남짓한 돈이 있었다. 아돌프 황태자의 연구를 보조하고 받은 돈과 틈틈이 자수를 놓아 번 돈을 모은 것이었다. 한 달에 백 원씩 드는 학비를 대고도 그 정도가 남았다. 최영숙은 귀국길에 유럽, 아프리카, 아시아 여러 나라를 시찰하기로 마음먹었다. 6백 원은 교사 월급이래야 50원 남짓이던 조선에서는 큰돈이었지만, 유럽 여행을 하기엔 빠듯한 금액이었다. 최영숙은 최대한 아껴 쓰고 모자라는 돈은 도중에 벌기로 마음먹고 장도에 올랐다.

친부모 못지않게 그를 아끼던 스웨덴 유력 인사는 최영숙과 작별하면서 "돈이 떨어지면 언제든 전보를 치라."고 당부했다. 최영숙은 자신이 저금한 돈으로 그럭저럭 해결할 수 있다고 호의를 완곡히 거절했다. 유력

인사는 대신 최영숙에게 여행의 편의를 부탁하는 내용의 소개장을 써주었다.

최영숙은 덴마크, 러시아, 독일, 프랑스, 스위스, 이탈리아, 그리스, 터키를 두루 구경하고 이집트 카이로에 도착해 짐을 풀었다. 스웨덴 유력 인사의 소개장 덕분에 가는 곳마다 극진한 환대를 받았다. 이집트에서 최영숙은 고대 유적을 답사하고 민족 운동 지도자와 회견하는 등 분주하게 시간을 보냈다. 그러나 긴 여정에 피로가 쌓인 상태에서 덥고 건조한 이집트의 기후를 접하자 건강이 급격히 나빠졌다. 병석에 누워 요양하는 동안 스웨덴에서 가져온 여비를 거의 다 써버렸다. 호주머니 속에는 인도까지 갈 뱃삯밖에 남지 않았다.

아픈 몸을 이끌고 서둘러 인도행 기선을 타려 했으나 부두로 가는 도중 사고가 생겨 배를 놓치고 말았다. 사나흘 더 지체하는 동안 인도까지 갈 삼등실 뱃삯마저 떨어졌다. 스웨덴 유력 인사에게 전보를 쳐서 도움을 청할까 하는 유혹이 마음속에서 일어났지만, 끝내 이겨 냈다. '다른 사람에게 구구하게 폐를 끼치지 않는다.'는 생활신조를 지킨 것이다. 그 대신 '인도에 가면 조선이 가까우니 거기서 집에 전보를 쳐서 도움을 구하리라.'고 결심했다. 남은 돈을 털어 '쿨리(인도인 노동자)'들이 타는 화물칸에 간신히 자리 하나를 얻었다.

귀부인처럼 차려입은 동양 여성이 일등실을 지나쳐 이등실 부근으로 갈 때, 인도인들은 호기심 어린 눈길로 바라보았다. 이등실을 지나 삼등실 부근으로 가자 이번엔 이상하게 여겼다. 삼등실마저 지나쳐 화물칸으로 가자 놀라며 한마디씩 거들었다.

"일본인 부랑녀인가?"

"아니야. 중국인 노동자 부인일 거야."

"저 차림으로 화물칸이라니……."

"뭐하는 여잔지 한번 물어나 보자."

화물칸의 쿨리들은 자신들만의 공간에 침입한 낯선 이방인 여성을 뚫어지게 바라보았다. 최영숙은 이집트에서 인도까지 가는 긴 여정 동안 주로 갑판에서 지냈다. 밤이면 의자 하나에 의지해 노숙을 하고, 낮에는 자수도 하고, 떨어진 의복도 기웠다.

선상의 기연奇緣

최영숙과 인도 청년의 사랑에 대해 서로 다른 두 가지 이야기가 전해진다. 『삼천리』 1932년 5월호에는 두 사람이 스웨덴에서 만났다고 했으나, 경성여자상업학교 교사 임효정은 두 사람이 인도행 기선에서 처음 만났다고 했다. 임효정은 최영숙의 이화학당 동창으로, 난징 유학 생활을 같이했다. 최영숙의 임종을 지켰고, 홍제원 화장장에서 유골을 수습한 둘도 없는 친구였다. '최영숙과 인도 청년의 사랑'을 선정적인 흥밋거리로 다룬 『삼천리』 기사보다는 임효정의 진술이 좀 더 신빙성이 높다. 이어지는 내용은 임효정의 진술을 바탕으로 한 것이다.

날마다 화물칸 선상에 앉아 있는 동양 여인을 멀리서 바라보는 일등실 승객이 있었다. 문제의 인도 청년 '미스터 로'였다. 미스터 로는 화물칸의 동양 여인이 천한 여자가 아님을 눈치 채고 있었다. 며칠 동안 먼발치에서 최영숙의 행동을 관찰하다가 그에게 다가가 말을 걸었다.

"실례입니다마는 당신은 영어를 하실 줄 압니까?"

"네, 압니다."

"당신은 어느 나라 사람입니까?"

"조선 사람입니다. 스웨덴에 유학 갔다가 귀국하는 길입니다."

"네? 당신이 과연 조선 사람이십니까? 저도 조선 사람입니다. 우리 어머니가 인도 사람인 까닭에 보통 조선 사람보다 얼굴이 다소 검지만, 분명 조선 사람입니다. 우리 아버지는 과거 어찌하여 인도로 왔는지 알 수 없으나 성이 노盧씨입니다. 저의 성은 로Row이고, 이름은 로이Roy입니다. 어머니는 일찍 죽고 계모가 들어왔는데, 그 후 아버지마저 죽어 홀로된 계모 손에 자라났습니다. 영국에서 대학을 졸업하고, 영국과 인도를 오가며 무역상을 하고 있습니다. 지금은 고향인 봄베이로 가는 길입니다."

인도 청년은 자신의 사연을 설명하고 최영숙에게 화물칸에 타게 된 이유를 물었다. 최영숙은 스톡홀름에서 카이로까지 여정을 간략히 설명했다. 인도 청년은 크게 동정했다.

"이렇게 볕은 뜨거워지고 몸은 쇠약한데 무리하지 말고 일등실로 갑시다."

청년은 일등실 배표를 사주겠다며 호의를 보였다. 그러나 최영숙은 초면에 신세를 질 수 없다며 완곡하게 거절했다.

"아니요. 나는 여기가 좋아요."

인도 청년도 더는 권하지 않았다. 대신 매일같이 화물칸에 찾아와 최영숙과 이야기를 나눴다. 그들은 조선과 인도에 대해, 간디와 나이두 여사에 대해 이야기했다. 인도 청년은 고결한 인품과 총기를 지녔고, 최영숙과 정치적 견해가 같았다.

  여행이 길어지면서 최영숙의 건강은 더욱 나빠졌다. 청년은 다시 한 번 일등실로 옮길 것을 청했다. 최영숙도 화물칸에서 더 버틸 자신이 없었다. 집에서 돈이 오면 신세를 갚기로 하고 우선 일등실로 옮겼다.

  인도 청년 미스터 로의 아버지가 조선 사람이라는 임효정의 주장은 사실이 아니다. 다음은 인도 청년과의 관계가 세상에 알려지기 전, 최영숙이 신문에 기고한 글의 일부이다.

  　실상 내가 인도를 찾아간 것이나 인도에서 오래 머물게 된 이유는 간디와 나이두 두 분을 만나고 싶은 까닭이었다. 7월 초순 어느 날 이른 아침이었다. 국민회國民會 일로 그 전날 밤늦게야 간디 씨가 봄베이에 도착했다. 아침 일찍 나는 나이두 여사의 생질이 되는 이로, 이집트에서부터 우연히 동행했고, 그동안 나에게 많은 도움을 준 친구 로 씨와 함께 국민회 장소로 향했다.

  최영숙이 기록한 미스터 로는 나이두 여사의 조카였다. 나이두 여사는 벵골 지방 브라만 명문가 태생의 여성 정치가였다. 유서 깊은 브라만 집안에 조선인의 피가 섞였을 리 없다.

  당시 조선 사회는 해외 유학까지 다녀온 인텔리 여성이 인도인 혼혈아

▲ 최영숙과 인도 청년 '미스터 로'(『제일선』, 1932년 6월호)_ 결혼사진이라고 공개되었지만, 실제로 결혼사진이었는지는 확실하지 않다.

를 임신해 돌아온 것을 그런가 보다 하고 아무렇지도 않게 여길 만큼 개방적이지 않았다. 외국인과 사랑한 것도, 부모 모르게 결혼한 것도, 혼혈아를 임신한 것도 모두 허물이었다. 임효정은 미스터 로가 조선인이라는 거짓말을 해서라도 원통하게 요절한 친구에 대한 사회적 편견을 조금이라도 덜어 주고 싶었을 것이다.

짧은 사랑, 긴 이별

미스터 로의 도움으로 최영숙은 무사히 인도 봄베이에 도착했다. 미스터 로는 최영숙을 위해 친절하게 숙소까지 잡아 주었다. 최영숙은 즉시 집으로 전보를 쳤다. 그러나 한참이 지나도 집에서는 소식이 없었다.

최영숙은 인도의 뜨거운 기후와 객수客愁를 못 이기고 다시 병석에 누웠다. 주머니에는 동전 한 푼도 없었다. 병원비는 미스터 로가 대신 치러 주었다. 더 도와주고 싶은 마음은 굴뚝같았지만, 외조모가 재산을 관리

했기 때문에 금전적으로 더는 도와줄 수 없었다. 숙박비를 장기간 체불하자 여관 주인은 한밤중에 가방을 밖으로 내던지고, 최영숙을 내쫓았다.

최영숙의 부모는 집을 잡혀서라도 여비를 보내려 했으나, 여의치 않았다. '영숙이가 혹시 사고라도 당하는 것은 아닐까?' 하는 애타는 마음에 백방으로 뛰어다녀 가까스로 3백 원을 마련했다. 돈보다 배표가 빨리 간다기에 아무 생각 없이 배표를 사서 보냈다. 그러나 기대했던 돈 대신 배표를 받아 든 최영숙은 낙담할 수밖에 없었다. 집에서 보내 준 배표로 배를 탄다 해도 오는 도중에 음식 사먹을 돈이 없었기 때문이다.

낯선 거리를 방황하던 최영숙은 하는 수 없이 미스터 로의 집으로 찾아갔다. 미스터 로는 우선 자기 집에 머물면서 일자리를 찾아보자고 했다. 얼마 후 최영숙은 기독교여성청년회에서 일어 교사 자리를 얻었다.

그러는 동안 최영숙과 미스터 로는 서로 인격을 존경하고 학식을 숭배하는 연인이 되었다. 그들은 성대한 결혼식을 거행하고 정식 결혼신고까지 마쳤다. 사랑의 선물로 뱃속에 아이까지 생겼다. 그러나 최영숙은 영원히 인도에서 살 수는 없었다. 결혼한 지 석 달이 안 된 어떤 날, 최영숙은 남편에게 귀국할 뜻을 전했다.

"가시오. 당신의 부모가 당신을 공부시킨 뜻을 잊지 않고 조선으로 돌아가 고국을 위해 일하겠다는데 낸들 어찌 말리겠소. 그러면 가시오."

미스터 로는 엄숙히 생이별을 고했다. 그러나 그것이 영원한 이별이 될 줄은 몰랐다.

"1년에 한 번씩은 꼭 오세요. 어린애는 고이 가꾸어 큰 일꾼으로 만들 작정이니……."

그들은 사랑의 애달픈 정을 더 위대한 열정에 희생하고 작별을 고했다.

최영숙은 넉 달간의 짧은 인도 생활을 마치고 1931년 11월 귀국했다. 최영숙은 부모에게도 알리지 않은 결혼과 임신 사실을 임효정에게만 살짝 귀띔했다.

"이 아이는 그 사람에게 받은 선물이다. 이 아이는 위대한 인물이 될 것이다. 아버지가 비범한 인물인 까닭이다."

남편을 인도에 두고 귀국길에 오르면서 최영숙은 우선 직업을 얻어 가정부터 정리해 놓고, 인도로 돌아가 살든지 아니면 남편을 불러 조선에서 살든지 할 계획이었다. 그러나 막상 귀국하고 보니 집안 형편은 상상했던 것보다 훨씬 심각했다. 첫째동생 최영선은 여자상업학교를 마치고 출가하고, 둘째동생 최복정이 이화여고보를 마치고 여학교 교사로 일하면서 부모와 정신병을 앓는 오빠를 부양하고 있었다.

가족들은 '스웨덴'에서 '경제학'을 공부해 '학사학위'까지 받은 최영숙이 귀국만 하면 집안 형편이 한순간에 풀릴 것으로 기대했다. 최영숙 또한 한순간에 모든 것을 해결하진 못한다 해도, 집안에 얼마간 도움을 줄 수 있을 것으로 믿었다. 그러나 현실은 냉혹했다. 아무도 일자리를 주지 않았다.

압록강을 두고 맹세한 사랑

　이쯤에서 잠깐 『삼천리』 1932년 5월호에 실린 다른 버전의 이야기를 알아보자. 임효정의 진술에 비해 다소 신빙성이 떨어지는 이야기지만, 임효정 역시 진실만을 말한 것이 아니었기에 사건의 진상을 파악하는 데 어느 정도 도움이 될 것이다. 이야기는 최영숙의 스웨덴 유학 시절로 거슬러 올라간다.

　국제법의 세계적 권위자 그리치 교수는 스톡홀름대학 정치경제과 제2호 강의실에서 백발을 휘날리며 국제연맹 소속 국제재판소의 조직과 임무에 대해 강의했다. 수강생 중에는 이탈리아와 프랑스에서 온 젊은 교수, 조국의 활로를 모색하고자 멀리서 찾아온 인도와 필리핀 유학생 그리고 최영숙도 섞여 있었다.

　첫 학기가 거의 끝나 가던 토요일, 스톡홀름대학 학생들은 고개 너머에 있는 호숫가로 소풍을 갔다. 푸른 잉크를 풀어놓은 듯 맑고 투명한 호수에서 최영숙은 친구들과 어울려 보트를 탔다. 반대편 호숫가로 한창 노를 저어 가던 중 보트가 솟아오른 바위에 걸려 뒤집히는 사고가 일어났다.

　　저쪽 강변에서 이 모양을 바라보던 여러 학생들은 놀라서 소리칠 뿐 어쩔 줄 몰랐습니다. 그때 인도 청년은 물에 뛰어들어 최영숙을 안고 나와 잔디밭에 누이고, 옷을 갈아입히고, 의사를 불러 놓고 극진하게 간호했더랍니다. 30분쯤 지나 최영숙은 겨우 의식을 회복했습니다. 눈을 떠보니 평소에 호의를 가져오던 그 인도 청년이 자기를 안고 있다가 수줍은지 다시 잔디 위에 내려놓더랍니다.

비록 남녀공학으로 공부하는 대학이라 할지라도 이성의 육체를 만지는 경우는 전혀 없습니다. 최영숙은 처음 이성의 품에 안겨 보았고, 인도 청년 역시 이 세상에 나서 아마 처음으로 최영숙의 실신한 육체를 안아 보았던 듯합니다.

그것이 인연이 되어서 그제부터는 백설이 만건곤滿乾坤할 때 스키 동무가 되어 뒷산으로 올랐고, 달 밝은 밤이면 호숫가 수풀 사이를 남의 눈을 피해 가며 거니는 사이가 되었습니다.

이역만리에서 불붙는 이국 청년과의 사랑! 노들강변에 옹기종기 떠다니는 백구 한 쌍을 상상하신다면 틀림없을 것이외다. 최영숙은 조선의 가장 긴 강인 압록강을 두고 사랑이 길고 끝을 모르기로 맹세했고, 또 인도 청년은 히말라야 산맥의 흰 눈을 두고 영원히 사랑이 변치 말기를 맹세하였습니다.

그때 최영숙의 일기 한 구절을 소개하지요.

"스웨덴은 눈의 나라입니다. 스웨덴의 설경은 다른 곳에서 찾아볼 수 없는 아름다운 경치라고 생각합니다. 눈이 몹시 쌓인 그 위에 그와 손을 잡고 스키 하러 다니던 일! 호숫가에 우거진 꽃을 젖히고 푸른 잔디가 쫙 깔린 넓은 들을 거쳐 물 맑은 바다를 찾아다니던 일도 모두가 다시 돌아오지 못할 옛날의 기억으로 사라지지 않을까 함에 끝없이 안타까울 뿐입니다. 재미있는 '타임'은 가는 줄 모르게 흘러서 재미있던……."

그 다음은 너무 정열적인 문구가 적혀 있기에 생략합니다.

인도 청년은 '마하드 젠나'라는 스물아홉 살 되는 유학생이었습니다.

여섯 달이 지난 1930년 9월, 런던에서 '영인英印 원탁회의'가 개최되었다. 국민회의파를 제외한 인도 대표 다수가 런던에 모이자, 애국심이 남달랐던 마하드 젠나는 졸업을 몇 달 앞두고 런던

▲ **스톡홀름 유르고르덴 섬**_ 1926년 최영숙은 엘렌 케이를 만나고 사회과학을 공부하기 위해 혈혈단신으로 스톡홀름을 찾았다.

으로 달려갔다. 회의가 끝난 뒤, 마하드 젠나는 스웨덴으로 돌아오지 않고 곧장 인도로 떠났다. 인도로 돌아가서도 최영숙에게 뜨거운 사랑의 편지를 보내 왔다. 두 연인은 일곱 달 동안 편지를 주고받으며 그리움을 달랬다.

1931년 4월, 대학을 졸업하고 9년 만에 귀향길에 오르면서, 최영숙은 빠르고 편한 시베리아횡단열차 대신 일부러 프랑스 마르세유 항을 거쳐 인도로 향하는 배에 올랐다. 3주 후 두 연인은 봄베이 중앙정거장에서 재회했다.

봄베이에서 최영숙은 마하드 젠나와 교제하면서 인도의 정치운동과 문화를 연구했다. 특히 국민회의파의 중심 세력인 힌두교의 조직에 큰 관심을 가졌다. 힌두교도인 마하드 젠나는 최영숙의 연구를 성심성의껏 도왔다.

인도에 넉 달간 머문 후, 최영숙은 마하드 젠나와 이후 경성에서 만나 정식으로 결혼식을 거행하기로 굳게 약속하고 난징, 상하이, 나가사키를 거쳐 부산항으로 귀국했다. 몰락한 집안을 일으키려고 백방으로 직업을 구했으나 아무도 일자리를 주지 않았다.

 엎친 데 덮친 격으로 먹은 것도 없는데 배가 불러오고 자꾸만 신 것이 먹고 싶어졌다. 부모가 어찌된 일인지 다그치자 최영숙은, "봄베이에 있을 때, 인도 청년과 백년가약을 맺었고, 어린애를 밴 지가 여러 달이 되었는데, 해산하기 전 인도 청년이 조선으로 찾아와 정동 예배당에서 정식으로 결혼식을 올리기로 했다."라고 말했다. 완고한 부모는 깜짝 놀라 노발대발했다.

 인도 청년! 얼굴이 까맣고, 눈동자가 크고 희고, 외국인이고……. 그리하여 결국 태어날 아이도 조선 아이들과는 달리 살빛은 까맣고 이빨은 희고, 우는 소리도 이상한 튀기 아이……. 부모는 한사코 결혼을 거절하였습니다. 그러나 최영숙의 철석 같은 뜻을 꺾을 길이야 있었으리까.
 영원히 해소할 수 없는 평행선이 되어 일생을 두고 교차하지 못할 모녀의 사상과 감정! 여기에 비극이 움트기 시작하는 것이외다.
 그럭저럭하는 사이에 1932년 3월이 닥쳐 왔습니다. 최영숙은 인도인의 씨인 아이를 낳았습니다. 무엇이라고 이름 지으며 또 어떻게 젖을 먹일까 하고 근심하는 사이에 그만 산후조리가 불량하였는지 갓난애는 열이 오르며 여러 날 앓더니 끝끝내 아버지 얼굴조차 보지 못하고 죽고 말았습니다.

최영숙의 애통함이야 여간하였으랴. 며칠 동안 먹지도 자지도 못하고 지내다가 그만 자신마저 덜컥 병이 들어 동대문부인병원에 입원하였습니다.

임효정의 진술과 『삼천리』 버전은 크게 세 부분에서 차이가 난다. 우선, 임효정은 인도 청년이 조선인 아버지를 둔 '노盧씨'라 한 데 반해, 『삼천리』 버전은 '마하드 젠나'라 했다. 또한 임효정은 인도 청년과 최영숙이 인도로 향하는 선상에서 만났다고 했으나, 『삼천리』 버전은 스톡홀름 대학 재학 중에 만났다고 했다. 마지막으로 임효정은 두 사람이 인도에서 정식으로 결혼하고 한동안 부부 생활을 했다고 했지만, 『삼천리』 버전은 두 사람이 애인 사이일 뿐 정식으로 결혼한 사이는 아니며, 최영숙은 귀국할 때까지 임신한 사실조차 몰랐다고 했다.

최영숙이라는 이름조차 알고 있는 사람이 드문 오늘날, 진상을 정확히 밝힐 방법은 없다. 그러나 임효정은 요절한 친구의 삶을 당대의 윤리에 어긋나지 않도록 포장하려 했고, 『삼천리』는 엘리트 신여성의 삶을 통속적인 연애소설 구조에 끼워 맞춰 한낱 흥밋거리로 다룬 것만큼은 확실하다.

진실은 두 가지 주장 사이 어느 곳에 있을 것이다. 인도 청년의 아버지는 조선인이 아닐 것이고, 두 사람은 카이로에서 인도로 가는 선상에서 만났을 것이다. 전후 정황상 두 사람이 정식으로 결혼한 것 같지는 않다.

『삼천리』 버전 이야기는 이쯤 해두고, 다시 임효정의 진술로 돌아가자.

나는 돈의 철학을 알았소!

　일자리를 얻지 못해 생활이 날로 어려워지자, 최영숙은 결혼반지까지 금은방에 내다 팔았다. 온 집안의 고무신을 모조리 모아다가 전당포에 잡혀서 끼니 때울 양식을 구한 적도 있었다. 그러나 최영숙은 누구에게도 힘든 사정을 말하지 않았다. 절친한 친구가 얼마간 도와주려 해도 한사코 거절했다. '다른 사람에게 구구하게 폐를 끼치지 않는다.' 는 생활신조 때문이었다.
　생활이 이렇듯 어려웠지만, 사회를 위한 일에는 발 벗고 나섰다. 낙원동 여자소비조합이 곤란을 겪고 있다는 소리를 듣자, 손해를 입을 줄 알면서도 자금을 변통해 인수했다. 스톡홀름대학 경제학사가 '콩나물 장사' 에 나선 것은 생계 유지를 위해서가 아니라 소비자 운동을 위해서였다.
　이화학당 시절 은사 김활란이 공민학교를 세울 계획을 말하자 만사를 제쳐두고 공민독본 편찬에 나섰다. 돈 한 푼 받지 않고, 밥을 굶어 가며 도서관에 다녔다.
　임신한 몸으로 취직 자리 알아보랴, 콩나물 장사하랴, 공민독본 편찬하랴, 백방으로 뛰어다니니 몸이 성할 리 없었다. 영양실조, 소화불량, 임신중독이 차례로 찾아왔고 급기야 각기병까지 걸려 두 다리가 부어올랐다. 임효정이 "얘, 임신을 하면 다리가 좀 붓기는 하지만 과로하면 안 된다. 게다가 잘 먹지도 못하잖니. 조금도 염려 말고 우리 집에 와 있어라." 하며 여러 번 권했지만, 최영숙은 "아니다. 가족들이 굶주리는데 나 혼자만 어떻게 배불리 먹니?"하며 한사코 거절했다.

정신과 육체의 고통을 받으며 다섯 달을 지내자 몸은 망가질 대로 망가졌다. 봄기운이 완연한 4월, 최영숙은 실신해 동대문부인병원에 입원했다. 사랑의 결실을 낙태수술로 지웠고, 세브란스병원으로 후송되었고, 회복될 가망이 없다는 진단을 받고 홍파동 자택으로 돌아갔다. 4월 23일 오전 11시, 최영숙은 27년의 짧은 생을 마감했다.

그의 집은 빈한하고 당장 매장할 돈조차 없다. 여사의 평생 동지였던 임효정 여사가 장례비 일체를 부담하는 형편이다. 육십 된 노부모가 망극하여 통곡하는 광경은 실로 쓸쓸하다.

4월 25일, 최영숙은 영면할 묏자리 한 평 구하지 못해 홍제원 화장장에서 재가 되었다. 미스터 로에게 보내는 마지막 편지에서 최영숙은 세상을 달관한 듯 "돈! 돈! 나는 돈의 철학을 알았소이다."라고 썼다. 그러나 편지를 부치지는 않았다. 사랑하는 사람에게 가슴 아픈 기억을 남기고 싶지 않았기 때문이다.

최영숙이 세상을 떠난 지 며칠 뒤, 미스터 로로부터 여비를 보내니 인도로 돌아오라는 편지가 왔다.

조선의 여인, 최영숙

최영숙과 미스터 로가 정식으로 결혼한 사이였는지, 약혼한 사이였는지, 그저 연인 사이였는지 확실치 않다. 미스터 로의 정체 또한 모호하다. 그러나 그런 것은 중요하지 않다. 중요한 것은 최영숙이 투철한 민족주의자이자 사회주의자였고, 여성운동가, 노동운동가가 되기를 희망했고, 조국을 위해 쓰이기를 바랐고, 스톡홀름대학에서 경제학 학사학위를 받았고, 한 남자를 뜨겁게 사랑했고, 조선에서 일자리를 구하지 못했고, 비참하게 죽었고, 죽어서도 부모 몰래 혼혈아를 임신했다고 손가락질당했다는 사실이다.

무엇이 시대를 앞서간 인텔리 여성을 이처럼 비참한 죽음에 이르게 했을까? 따지고 보면 최영숙에게 잘못이 없지는 않았다. 여자로 태어났고, 너무 시대를 앞서갔고, 이방인을 사랑했고, 혼혈아를 임신했다. 무엇보다도 자신을 원하지도 않는 조국으로 모든 것을 포기하고 돌아왔다.

최영숙에게는 행복하게 살 수 있었던 두 번의 기회가 있었다. 만일 그가 스웨덴에 눌러앉았다면, 국왕의 총애를 받으며 한평생 공주처럼 살았을 것이다. 만일 그가 인도에 남았다면, 단란한 가정을 꾸리며 아름답게 늙어 갔을 것이다. 그러나 최영숙은 사랑하는 사람들의 만류를 뿌리치고 조선에 돌아왔고, 스물일곱 살 꽃다운 나이에 비참하게 죽었다.

***

30년 만에 고국을 찾은 하인즈 워드의 어머니는 "그때 내가 워드 데리고 한국 왔다면 어떻게 됐을까? 아마 그놈 거지밖에 안 됐겠지?"라고 말하며 하염없이 눈물을 흘렸다. 최영숙의 삶보다 더 비극적인 것은 1906년에 태어난 최영숙이 백 년 늦게 태어났다 하더라도 똑같은 실수를 범하지 말아야 한다는 씁쓸한 현실이다.

프롤로그
사람 냄새 나는 인문학을 그리며

    사람은 누구나 인생의 삼분의 일은 사회생활을 하고, 삼분의 일은 자기 시간을 갖고, 삼분의 일은 잠을 잔다. 그 비율은 사람에 따라 조금씩 달라질 수 있지만, 인생이 세 영역으로 나누어진다는 것은 만고불변의 진리이다. 사회생활이 인생의 전부가 아니기에 불공평한 세상이 그나마 살 만한 것이다. 말단 공무원이나 대통령이나 집에 돌아가면 남편이요, 아버지인 것은 마찬가지이다. 잠잘 때만큼은 고민 많은 사장보다 속편한 월급쟁이가 낫다.

    흔히 사회생활을 공적인 생활이라 하고, 자기 시간을 사생활이라 한다. 공적인 생활과 사생활은 서로 모순되는 경우가 많다. 공적인 생활이 화려한 사람치고 사생활을 행복하게 보낸 사람은 드물다. 잘나가는 직장인 치고 좋은 아빠는 드물고, 좋은 아빠 치고 인정받는 직장인이 드물다. 친일파라고 다 사생활이 너저분한 것은 아니고, 독립운동가라고 모두 사생활이 깨끗한 것은 아니다. 잠잘 때까지도 예술을 생각하는 예술가는 십중팔구 일생 동안 몇 번의 가정 파탄을 겪는다.

나는 십칠 년 남짓 인문학을 공부하면서 인생이 세 영역으로 나뉜다는, 세상 사람들 모두가 알고 있는 진리를 정작 인간을 연구하는 인문학자만 모르는 것은 아닌가 하는 회의에 시달렸다. 인문학에는 영웅과 역적, 천재와 둔재는 있어도 정작 '사람'은 없었다. 인문학을 공부하면 할수록 사람 냄새가 그리웠다. 모든 것을 다 바쳐 예술을 추구한 예술가, 죽음에 이르는 순간까지 이념을 추구한 사상가의 삶을 만날 때마다 존경심은커녕 소름이 끼쳤다. 진리를 추구하는 대학 강단에서 그들의 삶이 숭고하고 위대하다고 차마 말할 자신이 없었다. 그것은 적어도 나에게는 최악의 삶이었다.

그러나 조금 더 깊이 공부해 보니 그런 것도 아니었다. 누구도 무엇인가를 위해 모든 것을 다 바쳐 헌신하지 않았다. 천재 예술가, 위대한 사상가, 영웅적 정치가에게도 사생활이 있었다. 단지 후대의 사가史家들이 기록하지 않았을 따름이었다. 다행이었다.

사생활의 발견

공적인 생활과 사생활의 관계는 의식과 무의식, 이념과 욕망의 관계로 설명할 수 있다. 공적인 생활은 명분이 지배하고, 사생활은 실리가 지배한다. 무의식과 비교할 때 의식이 그러하듯, 사생활과 비교할 때 공적인 생활은 빙산의 일각에 불과하다. 공적인 생활은 의식적으로 통제가 가능한 반면, 사생활은 자기가 하고도 왜 그런 행동을 했는지 알 수 없는 경우가 많다.

공적인 생활과 사생활은 서로 다르고, 또한 달라야만 한다. 바깥일을 집으로 가지고 들어가는 것을 어리석은 행동이라 여기는 것과 같은 이치다. 공적인 생활은 공적인 생활이고, 사생활은 사생활이다. 마르크스가 자신의 가정부를 착취했다는 것과 『자본론』이 위대한 고전이라는 것은 별개의 문제이다. 마르크스의 사생활이 알려주는 것은 사회주의의 모순이 아니라 마르크스 개인의 인격일 뿐이다.

이 책에서 나는 오랫동안 인문학에서 금기시 되어왔던 명사名士들의 사생활을 파헤쳤다. 박희도의 삶을 살펴보면서 인문학에서 '친일' 보다 '성추행' 이 더 큰 금기라는 사실을 알 수 있었다. 3·1운동 민족대표 33인의 한 사람이었던 박희도의 친일 행적은 속속들이 밝혀졌지만, 정작 당시 전 조선을 뒤흔든 '여 제자 정조 유린 사건' 은 한 줄 이상 기록된 역사책을 찾을 수 없었다. 박희도 연구자들은 문화사적으로 더없이 중요한 그 사건을 그네들끼리 술자리에서만 공유해 왔던 것이다.

사생활이 공적인 삶과 다른 차원의 문제라고, 그것이 하찮은 문제는 아니다. 인생의 복잡성을 보여주는 데 사생활만큼 좋은 연구거리도 드물다. 조선 최고의 테너로 불린 안기영이 병든 아내를 저버리고 여 제자 김현순과 애정의 도피 행각을 벌였다고, 그의 음악적 위대성이 사라지는 것은 아니다. 친일을 했다고 여성운동가로서 박인덕의 선구적 업적이 사라지지 않듯, 청년 부호를 이혼시켜 결혼했다고 박인덕의 공적인 생활에 대한 평가가 달라지지는 않는다. 그들의 허물 많은 사생활이 보여주는 것은 단지 인간이 얼마나 복잡한 존재인가, 욕망 앞에서 이념은 얼마나 무기력한 것인가 하는 것이다. 한 인간의 위대성을 보여주기 위해 부끄러운 사생활을 감춰 두는 것은 옳지 않다. 사생활 역시 인생의 삼분의 일 이상을 차지하는 부인할 수 없는 삶의 일부이기 때문이다.

역사에서 말하는 위대한 삶이란 공적인 생활에 해당되는 것이고, 일상에서 말하는 성공한 삶이란 사생활에 해당되는 것이다. 인문학은 더 이상 인간다운 삶이니 인격적 완성이니 하는 것을 설명하기 위해 공적인 삶을 끌어들이지 말아야 한다. 독립운동가니, 위대한 과학자니 하는 것은 인격적 완성의 궁극적 모습이 아니라 본받을 만한 공적인 생활의 전범典範일 뿐이다. 인문학의 현대적 가치가 물질 만능주의에 맞서 훼손된 인간성을 회복하는 데 있다고 떳떳이 주장하려면 인문학은 더 이상 사생활을 감춰둬서는 안 된다.

펼치지 못한 꿈의 가치

역사는 승리한 자의 기록이라고들 한다. 그러나 역사적 평가가 승리한 자에게 유리하게 기록되었을 뿐, 역사에는 승리자와 패배자가 똑같이 기록돼 있다. 역사에 기록되지 않는 것은 패배자가 아니라 행동조차 하기 전 끝나 버린 펼치지 못한 가슴속의 꿈이다. 세상에는 성공했든 실패했든 일단 한번 펼쳐 본 꿈보다 채 펼쳐 보지도 못하고 사라진 꿈이 훨씬 많다.

이 책의 마지막에 수록한 최영숙을 연구하면서 펼치지 못한 가슴속의 꿈도 인문학에서 다룰 만한 가치가 있는 것임을 절감했다. 최영숙은 그 누구보다도 세상을 치열하게 살았고, 그 누구보다도 조국과 민족을 사랑했지만, 세상에 아무것도 남기지 않았고, 조국과 민족을 위해 아무 일도 하지 못했다. 그렇다고 최영숙이 역사적 현장에 곁다리로 끼어든 사람들보다 의미 없는 삶을 살았던 것일까? 나는 최영숙의 짧은 생애를 추적하면서 펼치지 못한 꿈이 어쩌면 성공한 혁명보다 더 감동적일 수 있음을 깨달았다.

　시대가 영웅을 만든다는 말이 있다. 영웅은 의지의 소산이 아니라 시대의 소산이다. 그렇다고 시대를 잘못 만나 펼치지 못한 꿈은 무의미한 것일까? 만약 임진왜란이 일어나지 않았다면, 묵묵히 전쟁에 대비한 이순신의 노력은 무가치한 것이었을까? 역사는 펼치지 못한 꿈을 기록하지 않는다. 아니, 기록하고 싶어도 기록할 거리가 없다. 그러나 내가 추구하는 사람 냄새 나는 인문학은 시대를 잘못 만난 수많은 의지들과 꿈들에 대해서도 주목하고 싶다. 그래야만 인과론적 결정론으로부터 인간성을 방어할 수 있을 것 같다.

살인 사건의 문화사적 가치

　인간의 내면에는 파괴 본능이 있다. 무언가를 가꾸고, 건설하고, 창조하는 것보다는 때리고, 부수고, 깨뜨려 버리는 것이 좀 더 본능에 가깝다.

이러한 파괴 본능으로부터 인간을 보호하는 것이 도덕이고, 윤리고, 법이다. 그러나 본능을 억누르는 이러한 금기들은 상당히 억압적이고, 거추장스러운 것이어서 인간은 항상 대리 만족을 얻을 길을 찾아 어슬렁거린다. 폭력이 등장하지 않는 영화는 팥소 빠진 찐빵처럼 밋밋하다. 지금도 스크린 속에서는 무수한 건물들이 무너지고, 수많은 사람들이 총에 맞아 쓰러진다. 비행기는 파란 하늘을 유유히 날아가다가 난데없이 폭발한다.

파괴 본능의 총아는 뭐니뭐니해도 살인이다. 아무리 성인군자 같은 사람이라도 살아가면서 한번쯤 누군가를 죽이고 싶다는 충동을 가지게 된다. 못 믿겠으면 동네 꼬마 아이들 싸우는 모습을 구경해 보라. 아이는 파리 한 마리도 잡기 힘들 것 같은 고사리 같은 손을 처들고 앳된 목소리로 이렇게 외칠 것이다.

"너, 오늘 죽었어!"

우리가 아직 선량한 시민으로 남아 있는 것은 누군가를 죽이고 싶도록 미워한 적이 없었기 때문이 아니다. 죽일 만한 용기가 없었거나, 살의를 추스를 줄 알았기 때문이다. 성욕, 식욕, 수면욕 같은 욕망은 적당히 절제되면 크게 문제될 것이 없지만, 살인욕은 절제 정도로는 부족하다. 철저히 금지되어야 한다. 간절히 죽이고 싶은 경우에 한해 부분적으로 살인을 허용해도 이 세상에 살아남아 있을 사람이 몇 안 될 것이기 때문이다.

'살인하지 말라.'는 십계명의 계율은 인간의 살인욕이 얼마나 강렬한 것인지 역설적으로 증명해 준다. 살인의 금기는 전 인류가 공유하는 몇 안 되는 보편 문화의 하나이다. 그러나 아무리 강하게 금지한다 해도 살인 사건은 일어나게 마련이다.

　신창원, 유영철의 엽기적 살인 행각이 우리 시대의 윤리적 수준을 보여 주듯, 옛날 사람들의 윤리적 수준은 그 시대의 살인 사건에서 여실히 드러난다. 살인이라고 똑같은 살인이 아니다. 살인에도 품격이 있고, 그 품격이 곧 윤리적 수준인 것이다.

　이 책의 첫머리에 네 편의 살인 사건을 다루었다. 굳이 일반화시키자면 조선인이 조선인을 살해한 사건, 조선인이 일본인을 살해한 사건, 일본인이 조선인을 살해한 사건 그리고 종교의 이름으로 자행된 희대의 연쇄 살인 사건 정도가 될 것이다. 할리우드 액션 스릴러 영화를 보듯 아무 생각 없이 책장을 넘겨도 좋고, 행간을 읽으며 암울한 식민지 시대의 분위기를 느껴도 좋다.

　공적인 생활과 사생활이 모순된다는 것을 이 책을 쓰면서 절감했다. 오늘밤도 아내는 널찍한 퀸사이즈 침대에 혼자 잠들었다. 큰돈이 생기지도 않는 일에 기꺼이 남편을 양보해 준 아내에게 고마운 마음을 전한다. 작업을 격려하고 조언을 아끼지 않았던 살림출판사 강심호 팀장, 보잘것없는 원고를 꼼꼼히 읽어 준 임중혁 팀장께도 감사드린다.

2006년 7월 3일
전봉관